IN THE
COMPANY
OF WOMEN

HOW
THE FUTURE OF TYPE
& DESIGNING FOR THE WEB
10 WAYS
Londinium
watches blondes boys fashion cars beauty jewellery antiques museums galleries sightseeing restaurants
DANIEL TASHIAN
DAN
IELTAS
HIAND
LEARNING SCIENCES INSTITUTE
MINORITY SCHOLARS PROGRAM
CLEA
FERNANDEZ
TIME
REINVENTING COLLEGE
LAWRENCE
The King and I
PIPPI
OZ
LIVE WITH ART IT'S GOOD FOR YOU!
SOLID CHIPS
SKETCH
GRAPHY BOOKS

사자처럼 대담하게

# 독립 수업

망설이는 여성들을 위한
스타트업 멘토링

그레이스 보니 지음
최세희 · 박다솜 옮김

윌북

## 독립 수업

**펴낸날** 초판 1쇄 2017년 7월 25일
초판 2쇄 2017년 10월 10일
**지은이** 그레이스 보니
**옮긴이** 최세희, 박다솜
**펴낸이** 이주애, 홍영완
**펴낸곳** 윌북
**출판등록** 제406-2004-17호
**주소** 10881 경기도 파주시 회동길 209
**전화** 031-955-3777
**팩스** 031-955-3778
**전자우편** willbook@naver.com
**ISBN** 979-11-5581-119-1 (03320) (CIP제어번호:2017012391)

책값은 뒤표지에 있습니다.
잘못 만들어진 책은 구입하신 서점에서 바꿔드립니다.

줄리아에게 바칩니다
그녀와 함께한 것은
내가 받은 가장 위대한
선물입니다

contents

운동가 메리언 라이트 에덜먼은 "뭔가 되고자 한다면 그 실상부터 봐야 한다"고 말했다. 눈으로 확인하는 것만큼 우리에게 창의적인 아이디어를 주고 배움으로 이끌어 꿈을 찾고 실현가능한 것들을 모두 볼 수 있게 해주는 막강한 비결도 흔치 않을 것이다. 〈독립 수업〉을 쓰면서 나는 자기 일을 하는 여성 가운데 귀감이 되고 공감을 줄 만한 사례들을 소개하고자 했다. 그래서 여성이라면 누구건, 어디에 있건, 이 책을 펼치면 자신의 사례를 찾아볼 수 있기를 바랐다.

내가 인생 최초의 회사인 〈디자인*스펀지〉(크리에이티브한 디자인 콘텐츠를 소개하는 일일 웹사이트)를 시작한 건 2004년이었다. 살면서 내 명의의 사업체를 운영하는 것만큼 보람되고 도전적인 일도 없었다. 위험을 감수하고 내 신조를 굽히지 않는 법을 배웠고 그만큼 자신감과 자긍심을 키울 수 있었다.

〈디자인*스펀지〉를 12년째 운영하는 동안 나의 목표는 극적으로 바뀌었다. 말하자면 예술과 디자인에 대해 이야기할 곳을 마련하고 싶다는 초기의 바람에서 손으로 직접 만든 작품의 플랫폼을 마련하고 그 분야의 종사자들에게 조언을 해주고 방책을 제시하는 것으로 말이다. 사람의 성격이 바뀌듯 사업체와 그 목표도 수시로 바뀌기 마련이어서 바야흐로 나는 예술과 디자인을 세상에 알리는 것 못지않게 전문적인 아이디어와 영감을 주는 것 역시 나의 중요한 소임임을 자각하고 있다.

정확히 10년 전, 창의성을 요하는 분야에서 여성 기업인의 수가 놀랄 정도로 적다는 사실에 심란해진 나는 그 통계를 바꾸는 데 일조할 만한 행사를 만들고 싶었다. 그렇게 해서 탄생한 '비즈 레이디즈Biz Ladies' 시리즈는 즉각 성공을 거두었고 〈디자인*스펀지〉의 고정 칼럼으로 연재되면서 자료와 아이디어를 차곡차곡 쌓아나간 끝에 지금은 이 나라 전역에 회사들을 세우고 협업 시스템을 만들어나가는 중이다. 이런 그룹들을 조직해나가면서 나는 심오한 교훈을 얻었으니 압축해 말하자면 이렇다. 여성들은 스스로 사업을 일궈나가기를 바라며, 실제로 다른 여성의 원조를 받을 때 얼마든지 그럴 수 있다는 점이다.

나와 내 친구들은 여성 기업인들을 돕는 커뮤니티로서 지금껏 우리가 거둔 성과에 자부심을 느끼지만 2014년에 확인한 바로는, 여성이 중심이 된 비즈니스 행사, 출판물, 플랫폼의 태반이 똑같은 여성 기업인들을 지속적으로 홍보하고 있었다. 이런 성공 스토리의 주역 대부분은 젊은 백인 시스젠더(타고난 젠더와 사회적 젠더가 일치하는 사람) 이성애자들이었다. 나는 세상을 이롭게 하는 사업체라면 가리지 않고 진심으로 지원하지만 이런 논의에서 존중받지 못하거나 배제된 여성들(소수 인종, LGBT 커뮤니티, 장애인 여성들)이 많다는 사실은 제대로 인식하지 못했다.

〈독립 수업〉은 내가 아는 재능이 출중한 백 명의 여성들을 조명한다. 젊은 미디어 거성을 비롯해 모녀가 운영하는 고급 부티크에서 영감을 고취시키는 화가와 시인들까지, 이 책에 등장하는 열아홉 살에서 아흔네 살에 이르는 여성들은 우리가 노력하고 서로를 돕기만 한다면 이룰 수 있음을 보여주는 귀감이다. 수십 년의 경험을 무기로 이제 첫발을 내디딘 여성 스타트업 기업부터, 수백 명의 직원들과 함께 규모가 큰 기업체를 운영하는 여성 대표까지 그들의 사업 범주 또한 다양하다.

나는 미국 전역을 돌며 이 여성들을 직접 만나 인터뷰를 했다. 그들의 이야기를 듣고 배우는 순간마다 향후 수십 년 동안 활용할 수 있을 만큼 창의적인 아이디어들을 얻을 수 있었고, 내 회사의 운영방식을 재고할 만한 자극을 받았으며, 사람들이 자기 목소리로 자기 이야기

를 할 수 있도록 범주를 넓히고 플랫폼을 제공하는 방향으로 쇄신할 수 있었다. 이 책에 반영된 귀중한 가르침은 나이지리아, 오스트레일리아, 페루처럼 내가 사는 곳과 까마득하게 멀리 떨어진 곳에서 평생토록 쌓아올린 경험에서 녹아나온 것이다.

여성 한 명 한 명의 이야기마다 고유한 가치가 담겨 있지만 메시지는 보편적이다. 그들은 역경을 극복했고, 혼자서 먼 여정을 소화해내면서 꿈을 이루기 위해 함께 힘을 모을 때 힘을 가질 수 있음을 배웠다는 것이다. 서로에게서 좋은 자극을 받았고, 바야흐로 차세대의 역할 모델이 된 경우는 셀 수 없이 많다. 독자 여러분이 이 책에서 어떤 여성의 사례에 감화를 받아 자신의 열정을 따를지 알 수 없지만 함께 연대할 때 가공할 힘이 생긴다는 말은 꼭 하고 싶다.

모쪼록 이 책을 읽으며 동기와 자극을 받아 당신이 가장 염원하는 바를 추구하길 바란다. 내가 그랬듯이.

그레이스 보니

RESALE/W9

# 대니얼 콜딩

인테리어 디자이너 | 브루클린, 뉴욕

풀 서비스 인테리어 디자인 회사 〈Danielle Colding Design, Inc.〉 대표

"성공은 전적으로 자신에게 달려 있다는 것을 인식하면 두려워질 때도 있지만, 지금의 나를 절대 바꾸고 싶지 않다."

**어렸을 적 꿈은?**

직업 무용가가 되고 싶었다. 어린 시절 내내 춤을 췄고, 고등학교, 대학에 가서도 춤을 췄다. 결국엔 샌프란시스코의 〈로버트 모지즈 킨〉 소속 무용가가 되었다.

**창업할 때 들은 최고의 조언은?**

자신이 없거나 잘 알지 못하는 일을 할 때는 반드시 전문가를 고용해야 한다는 조언. 요점은 하나부터 열까지 다 잘할 필요는 없다는 것. 필요할 땐 전문가를 찾으면 된다.

FRED TROADEC
c. 917.803.1802
f. 646.358.4512
e. info@ateliertroadec.com
w. www.ateliertroadec.com
dcdny
Madame Dan
est conviée à la présentation de
Gaultier
Automne-Hiv
Mercredi 7 Juillet 2010 à 14

**작업 공간에서 가장 마음에 드는 점은?**

예술 작품. 한쪽 벽에 미국의 미니멀 아트 작가인 솔 르위트의 경이로운 벽화(12쪽)가 있고 다른 쪽 벽엔 내가 가장 좋아하는 패션과 영감을 일깨우는 사진들을 붙여놓았다. 공간에 관해서라면 단연 '넓을수록 좋다'고 생각하고, 넓은 곳에 있으면 기분이 좋아진다. 지금은 이 공간을 남편과 함께 쓰고 있기 때문에 우리 집의 진정한 중심이 되었다. 작업실은 집에서 남편이 가장 좋아하는 공간이기도 하다.

**일하면서 가장 크게 희생한 것은?**

안정성. 자영업은 위험을 무릅써야 한다. 하루하루가 불확실해서 모험을 하는 것 같다. 굳건히 발을 딛고 앞으로 나가지 않으면 어떤 것도 이룰 수 없다. 성공은 전적으로 자신에게 달려 있다는 것을 인식하면 두려워질 때도 있지만, 지금의 나를 절대 바꾸고 싶지 않다!

**당신에게 성공이란?**

윤택한 인생. 나에게 윤택한 인생은 두려움 없이 선택할 수 있는 자유를 누리는 것이다. 내가 하고 싶고 배울 수 있는 유형의 프로젝트를 선택하는 능력이건, 몇 달 휴가를 내고 여행을 떠날 수 있는 능력이건 상관없이. 선택할 자유가 있다는 건 궁극의 사치다.

**회사를 경영하며 얻은 가장 큰 교훈은?**

모든 걸 차치하고 엄연한 사업이라는 점. 사업의 유형을 불문하고 다른 어느 것보다 먼저 사업으로서 접근하지 않으면 안 된다. 아무리 창의적인 사람이라 해도 매일 지켜야 할 기본은 결국 자신의 비즈니스 감각을 갈고 닦는 것이다. 그렇지 않으면 이윤을 내기가 정말 어렵기 때문에 결과적으로 창의적인 자유를 누릴 수 없게 된다. 내가 사업을 시작한 후 계속 싸워야 했던 문제다.

**자신감이 떨어지거나 난관에 부딪혔을 때 극복하는 본인만의 비결이 있다면?**

주변에 도움을 구한다. 친구들과 동료들에게 터놓고 이야기한다. 나는 취약점을 드러내는 걸 부끄러워하지 않는다. 힘들 때마다 이야기를 해야 한다. 끝을 볼 때까지 계속 논의를 해야 직성이 풀린다. 속내를 터놓고 이야기한다고 모두가 다 받아주는 건 아니지만 내게는 곤경에 처할 때 의지할 수 있는 탁월한 전문 지원 체제가 있다.

**당신다운 모습으로 당신이 사랑하는 일을 하도록 영감을 주는 문구가 있다면?**

에머슨이 말했다. "대세를 따르며 사는 건 어렵지 않다. 스스로의 고독에 취해 사는 것도 어렵지 않다. 그러나 위대한 인간은 군중 속에서 고독의 자주성을 온전히 만끽하는 사람이다." 고등학교 때부터 지금껏 이 말에서 늘 용기를 얻었고, 내가 가는 길에 한눈을 파는 법 없이 마음의 소리를 따를 수 있었다.

**당신의 전문 분야를 처음 접하고, 일하게 된 경위는?**

나의 가족은 '안목'이 좋았다. 안목 좋은 사람들에 둘러싸여 살았다고나 할까. 성장할 때도 집이 세상의 오아시스였고, 가족 모두 아름답게 집을 꾸미는 데 많은 시간을 들이며 살았다. 그런 게 내 일이라고 처음 깨달은 건 언제인지 잘 모르겠지만 무용을 직업으로 삼은 후에 뛰어들게 되었다. 나는 늘 창의적인 일에 목말라하고 있었다. 사람들과 함께 일하면서 문제를 해결하고, 쇼핑하는 것 또한 정말 좋아한다. 나로선 그 모든 게 매우 자연스럽게 와준 것 같다.

**지금 세상에 더 필요한 게 있다면? 줄여야 할 게 있다면?**

---

더 필요한 건 감사하는 마음.

줄여야 할 건 나르시시즘.

---

**스스로 생각하는 자신의 장점은?**

융통성. 지금껏 힘든 삶을 살았고 온갖 일을 겪어봤음에도 여전히 꿋꿋하게 버티고 있다. 기복이 많았음에도 나는 결국 성공과 행복의 길을 찾아냈다.

**긴 일과를 마치고 집에 왔을 때 당신을 가장 기쁘게 하는 것은?**

나의 사랑하는 반려견 미아. 미아는 날 보면 언제나 좋아 죽는다. 보면서도 믿기지 않는다. 미아야말로 어떻게 살아야 하는지의 진정한 본보기다. 지금 이 순간에 충실하고 만사를 즐긴다. 미아와 함께 있는 것 자체가 아름다움을 보는 것이다.

# 타냐 아기니하

가구 디자이너 · 제작자 | 로스앤젤레스, 캘리포니아

가구에 공예 요소를 결합시키는 〈Tanya Aguiniga Studio〉 대표

"성공의 의미는 인클루시브티(성, 인종, 계층, 성, 장애에 근거한 차별에 반대하는 방침)와 공동체를 독려하는 뜻깊은 일을 하는 것이다."

**어렸을 적 꿈은?**

공무원이 되고 싶었다. 선생님이 되고 싶다고 처음으로 생각했고, 그 다음엔 우주비행사가 되고 싶었는데 수업 중에 '챌린저 호' 미션의 비극을 실황으로 보고는 마음을 접었다. 그러다 우리 할머니가 돌아가셨을 때 제일 먼저 현장에 온 소방관을 보고 소방관이 되고 싶었다.

**창업할 때 들은 최고의 조언은?**

남보다 더 열심히 일하는 게 아니라, 더 똑똑하게 일하는 게 중요하다는 조언을 늘 명심하고 있다. 과정 초기부터 성공할 수 있는지 확실히 해둔다. 시간은 돈이니까. 탁상공론만 하다가 이도 저도 아닌 상황에 처하지 않으려고 노력한다. 확실한 전망이 없으면 그냥 놔버린다.

**작업 공간에서 가장 마음에 드는 점은?**

나의 작업 공간은 이웃의 예술 복합단지의 일부로, 공동체 개념이 매우 강한 성격을 띠고 있다. 우린 하는 일 안팎으로 상호공동체의 일원

이기 때문에 내 스튜디오의 이웃들은 협조하고 우정을 나누며 상대의 사업이 번창하도록 돕는 것에 대체적으로 열려 있는 편이다. 스튜디오 이웃들은 매년 나와 꽤 많은 거래를 한다.

**일하면서 가장 크게 희생한 것은?**

안정성. 자기 일을 하면 수도 없는 위험과 변수들을 만난다. 내 업무는 다면적이며, 공동체와 비영리적 성격의 노동에 집중되어 있어서 언제나 기복이 심한 편이다. 일거리를 따내고 자금을 지원한 후 잘 실행하고 지속할 수 있을지 방법을 찾아내는 것이 나로선 큰 스트레스다.

**당신에게 성공이란?**

내게 성공의 의미는 인클루시브티와 공동체를 독려하는 뜻깊은 일을 하는 것이다.

**밤잠을 설칠 만큼 두려운 일이나 직업적인 고민이 있다면?**

돈 문제가 늘 속을 썩인다. 이는 내 사업을 계속 해나가면서 지속적으로 작품 활동을 하는 데 필요한 돈 말고도 가족을 부양하고 회사의 훌륭한 직원들에게 봉급을 지불하는 데 필요한 돈을 말한다. 그 모든 걸 채우고도 충분한 작업 공간과 무보수 프로젝트를 기획하는 사치를 부릴 금전적 여유를 누려야 하니 끝없는 도전이 아닐 수 없다.

**회사를 경영하며 얻은 가장 큰 교훈은?**

이 일을 하면서 가장 크게 배운 건 자원이 많아야 하고 열심히 일해야 하고 친절해야 하며 끊임없이 쇄신해야 한다는 점이다. 생판 모르던 사람이 언제 사업적으로 중요한 사람이 될지 모르므로 만나는 모든

COMMUNITY
SHOP
BROWN
AND
PROUD
TODOS SOMOS
ARIZONA
JUKI

사람을 존중해야 하며 원수지는 일은 절대 없어야 한다. 그리고 자신의 스토리를 영감의 원천 삼아 디자인을 하고 에디팅을 하고 탐구하려면 무엇보다 자기 자신에게 진실해야 한다. 그래야 자기완결적인 작품을 만들어낼 수 있고, 남다른 개성을 갖출 수 있다.

**이 일을 하면서 맛본 최고의 성공은?**

지금까지는 미국 공예전통예술 부문 장학금을 받은 게 내 인생 최고의 성취다. 이렇게 훌륭한 커뮤니티의 일원으로 일하는 건 어마어마한 영예이며 그에 걸맞은 일을 해내고자 더욱 노력하게 된다.

**자신감이 떨어지거나 난관에 부딪혔을 때 극복하는 본인만의 비결이 있다면?**

스튜디오 식구들에게 내 느낌을 말하고 함께 어려운 일을 헤쳐나가려 노력한다. 그래야 다 함께 머리를 모아 전략을 짜고 앞으로 나아갈 수 있으니까. 내 일은 곧 그들의 일이며, 우리 일상에 직접적인 영향을 줄 만한 것은 가리지 않고 논의하고 제시하는 분위기가 형성되어 있다.

**이 일에 대해 언제 처음 알게 되었고, 어떤 계기로 뛰어들게 되었나?**

맨 처음 공예에 빠져든 건 기능성 때문이었다. 손에 닿는 건 모두 활용하는 멕시코 특유의 환경에서 자라서 그런지 하나부터 열까지 기능적인 예술적 표현방식에 이끌렸다. 열여덟 살의 나이에 인생 최초로 독립해 혼자 살게 된 아파트가 5백 년 된 가구점 위층에 있어서, 밤마다 쇼윈도로 가구들을 들여다보며 관심을 갖게 되었다. 그러다 하루는 가게 안으로 들어가 사장에게 자원봉사자로 일하면 안 되겠느냐고 물었다. 남자 사장은 점원 일을 자원봉사로 하는 건 불가능하다고 말했지만, 당시 샌디에이고 주립대학에서 가구 디자인을 가르쳤던

웬디라는 젊은 여자가 자기와 함께 공부하면 어떻겠느냐고 말했다. 이를 계기로 샌디에이고 주립대학에 들어가 웬디 마루야마(294쪽)에게서 사사받게 되었다. 그런 후 로드아일랜드 디자인스쿨에 들어가 로잰 서머슨 교수의 지도하에 순수미술로 석사학위를 받았다. 대학원생으로 목공을 공부하면서 보석제작 및 금속세공, 도예, 텍스타일에 눈을 떴다. 이런 일련의 과정을 거치며 공예학을 더 심층적으로 탐구하게 되었고, 공예학이 문화, 전통, 자재 사용, 기능, 공동체를 매개로 우리 일상과 더 폭넓게 인연을 맺는 것에 주목하게 되었다.

**지금까지 축적한 노하우를 가지고 창업할 때로 돌아간다면 바꾸고 싶은 것은?**

비즈니스 강좌를 들을 거 같다. 컴퓨터 프로그램에 대해 더 배우고, 보조금에 대해 알아보고 회계사를 고용할 거 같다.

**과거와 현재를 통틀어 가장 존경하고 닮고 싶은 여성은?**

웬디 마루야마와 로잰 서머슨. 가구 디자인 분야의 선도자인 두 여성 밑에서 공부할 수 있었던 건 진정한 행운이었다. 웬디는 최초로 가구 디자인 석사가 된 두 여성 중 한 명이다. (다른 하나는 게일 프레델이다.) 웬디는 일본계 미국인으로 청각장애가 있음에도 역경을 이겨낸 끝에 미국 가구 디자인계의 독창적인 존재가 되었다. 또한 나는 로잰 서머슨을 과장이자 교수이자 멘토이며 친구로 삼아 공부하는 특권을 누렸다. 로드아일랜드 디자인스쿨에 들어간 데엔 그녀 밑에서 공부하고 싶은 이유도 크게 작용했다. 결국 그녀는 나의 역할 모델이 되었다. 대학원생 시절, 로잰은 나 자신보다 더 나의 가능성을 믿어주었다. 이 두 명의 강한 여성들을 내 이력의 조타수로 삼게 되니 두려울 것이 하나도 없었다.

# 마야 고고니 × 테타 고고니

패션 디자이너 | 뉴욕

아프리카에서 영감을 받은 의류 및 홈 데코 회사 〈Royal Jelly Harlem〉 대표

"나는 언제나 여성 사업가가 되고 싶었다."

**어렸을 적 꿈은?**

마야 발레리나, 아니면 기수騎手.

테타 어렸을 적 뒤뜰에 마분지 상자들을 가져다 청과물상을 차렸다. 형제자매와 이웃들이 '손님'이었다. 그때가 여덟 살이었으니 늘 여성 사업가가 되고 싶었다고 말해도 되지 않을까. 사업가 여성 말이다.

**창업할 때 들은 최고의 조언은?**

마야 현재의 사업체인 〈로열 젤리 할렘〉을 우리 체력과 정서와 재정이 지탱할 수 있는 정도보다 더 빨리 키우지 말라는 조언을 들었다. 창업 5년째인 지금 우리 회사엔 부채가 없다. 경쟁이 극심한 분야임에도 신설업체가 겪기 마련인 위험 부담을 최소화하는 데 성공했다.

**당신에게 성공이란?**

마야 우리 옷을 입고 만족한 구매자가 기뻐하는 모습에서 내가 성공했음을 만끽한다.

**일하면서 가장 크게 희생한 것은?**

마야 어떤 점에서도 희생을 치른 적은 없다고 생각한다. 오히려 그 반대가 맞다. 내가 사랑하고 즐기는 일을 하고 있으니까. 늘 독립적인 여성 사업가가 되기 위한 준비를 해왔던 것 같다. 아낌없이 지원해주시는 부모님을 만난 건 행운이다. 그분들은 나의 역할 모델이기도 하다.

**밤잠을 설칠 만큼 두려운 일이나 직업적인 고민이 있다면?**

---

테타 내 깜냥을 넘어선 일을 하지 않도록 분명히 선을 그으려 한다. 하루하루 즐겁게 받아들일 수 있을 만큼의 시간적 여유를 고려해 스케줄과 업무를 짠다. 그러면 언제나 밤에 푹 잘 수 있다!

---

**회사를 경영하며 얻은 가장 큰 교훈은?**

마야 모든 걸 이루는 건 결코 하루아침에 되지 않는다. 특히나 우리처럼 작은 사업체를 운영하는 경우는 더욱 그렇다. 하지만 우리는 업무의 페이스를 조절하는 덕에 많은 것을 이뤄내고 있으며 생산 과정에서도 여전히 시간상의 여유를 즐길 수 있다.

**자신감이 떨어지거나 난관에 부딪혔을 때 극복하는 본인만의 비결이 있다면?**

마야 엄마.

테타 스스로 확신할 수 없거나 역경에 부딪힐 때라…… 그럴 때가 몇 번 있었다. 그럴 때 우리는 한 팀으로서 문제를 해결한다. 함께 제반

사안에 대해 이야기를 깊이 나누다 보면 으레 둘 중 한 명이 해결법을 찾아낸다.

**당신의 전문 분야를 처음 접하고, 일하게 된 경위는?**

마야 엄마가 딸들 옷을 전부 다 만드셨기 때문에 자연스럽게 옷을 만들고 재봉하는 일을 배우게 되었다. 열네 살이 되었을 때 이미 내 옷은 직접 디자인하고 만들고 있었다. 살면서 가장 많은 시간을 들여 생각한 것이 패션이고, 지금껏 패션 모델, 스타일리스트, 패션 에디터, 디자이너로 일해왔다. 패션에 대한 사랑은 내 운명이다!

**스스로 생각하는 자신의 장점은?**

---

마야 결단력, 제안을 거절당하는 경우가 거의 없다는 것.

---

# 태비 게빈슨

작가 · 잡지 편집장 | 뉴욕

10대를 위한 예술, 사진, 아트워크를 소개하는 온라인 잡지 〈Rookie〉 설립자

"생각이나 느낌을 적절하게 표현해낸 순간,
성공한 기분이 든다."

**어렸을 적 꿈은?**

낮엔 아이들을 가르치고 밤엔 극장 나들이를 하는 초등학교 교사.

**창업할 때 들은 최고의 조언은?**

포부를 크게 가져라.

**작업 공간에서 가장 마음에 드는 점은?**

창문 옆 식탁과 구석의 아늑한 데스크를 오가며 작업할 수 있다.

**일하면서 가장 크게 희생한 것은?**

내 일을 시작하지 않았다면 방과 후나 대학원생 시절, 남는 시간을 누렸을 것이다. 하지만 나로선 남는 시간에 지금 이 일을 하고 싶었기 때문에 딱히 희생이란 생각은 들지 않는다. 굳이 말하자면 전형적이지 않다고 해야겠지.

SUPERSTITIOUS

**당신에게 성공이란?**

생각이나 느낌을 적절하게 표현해낸 순간.

**밤잠을 설칠 만큼 두려운 일이나 직업적인 고민이 있다면?**

내 능력만큼 하루를 채우지 못하는 것.

**회사를 경영하며 얻은 가장 큰 교훈은?**

---

## 독자의 피드백을 존중하라.

---

**성공의 밑거름이 된 실수가 있다면?**

〈루키〉 독자들과 쉼 없이 소통을 하는 건 언제나 소중한 자산이 된다. 독자들이 지금보다 더 원하는 것, 혹은 필요로 하지 않는 것을 직접 들을 수 있고 우리가 간과하는 것들을 제대로 파악할 수 있으니까.

**슬럼프를 극복하고 영감을 얻는 당신만의 비결은?**

자가 치료. 혼자서 산책하는 것, 일기를 쓰는 것, 요가를 하는 것.

**당신다운 모습으로 당신이 사랑하는 일을 하도록 영감을 주는 문구가 있다면?**

"나는 인생이 갈망과 획득으로 채워지지 않음을 자나 깨나 명심한다. 나는 나름의 성실한, 성난, 착한 소녀의 방식을 통해 '의미'를 추구했다." 비비안 고딕이 한 말이다.

**이 일을 하면서 맛본 최고의 성공은?**

4권까지 출간한 〈루키〉 연감.

**스스로 생각하는 자신의 장점은?**

시간을 허비하는 것을 몸이 거부한다. 그 덕에 보통 자신감을 잃었다고 말하는 상태를 쉽게 자각하는 편이다.

**개인적 또는 직업적 모토가 있다면?**

---

## 눈앞의 일부터 해라.

---

**좋은 하루를 시작하기 위해 매일 아침 첫 번째로 하는 일은?**

팟캐스트를 듣는다. 소속감을 가지고 사람들의 이야기를 직접적으로 들어야 직성이 풀리니까.

**긴 일과를 마치고 집에 왔을 때 당신을 가장 기쁘게 하는 것은?**

드라마 〈사인필드〉와 시리얼.

**과거와 현재를 통틀어 가장 존경하고 닮고 싶은 여성은?**

사진작가 샐리 만.

# 미셸 콴

도예가 · 디자이너 | 브루클린, 뉴욕

수제 도예품을 만드는 〈MQuan Studio〉 대표

"단순성을 유지하고 일을 하라."

**어렸을 적 꿈은?**

열세 살 때 샌프란시스코 외곽에서 여름을 보냈는데 그때 사촌과, 나중에 오토바이를 타고 다니고 아트 스쿨에 들어가며 결혼은 죽어도 하지 말자고 다짐한 적이 있다.

**작업 공간에서 가장 마음에 드는 점은?**

지난번 스튜디오를 정말 좋아했다. '마초 스튜디오'라고 불렀는데 윌리엄스버그의 오래된 벽돌 건물로 난방도 에어컨도 없었다. 가마는 섭씨 1,242도에 툭하면 꺼져서 가마에 불을 때는 날은 새벽 다섯 시부터 밤 열한 시까지 지키고 있어야 했

다. 지금 여기 '프린세스 스튜디오'는 난방과 에어컨 시설이 갖춰져 있고 바닥에 배수구도 있고 스튜디오 내에 싱크대도 있다. 가마에 불 때는 일도 대개 저녁 일곱 시면 끝난다!

**당신에게 성공이란?**

성취감과 힘을 얻을 수 있는 일을 하는 것. 그 의미가 무엇이든, 어떤 형태든 상관없이 일로 인해 힘을 얻어야 한다.

**1억 달러가 주어진다면 사업을 지금과 다르게 경영할 건가? 무엇을 바꿀 텐가?**

원조 및 교육을 지원하는 단체와 손을 잡고 일할 것이다.

BOXWOOD TOOLS

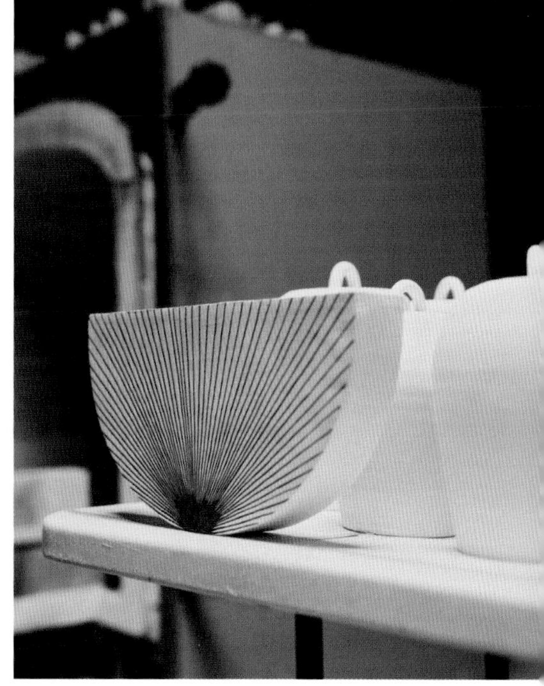

**성공의 밑거름이 된 실수가 있다면?**

실수는 언제나 어떤 곳으로든 이끈다. 큰 실수를 두어 번 한 후 그 속에 숨겨진 보석을 발견하는 데 몇 년이 걸렸다. 하지만 곧바로 발견한 게 하나 있다. 어제 주문을 받을 수 있도록 회계 시스템의 아이템들을 검토하던 중에 아이템 코드들을 단순화해서 전반적으로 더 빨리 구동할 수 있게 바꿔야겠다고 다시금 마음먹었다. 내 딴엔 마침내 기본 뼈대만 남게 한 거라고 생각한다. 그렇게 하면 수많은 영역에서 일이 더 수월해진다. 그러다 여기까지 오는 데 얼마나 많은 시간이 걸린 건가 하는 생각이 새삼 들더라.

**회사를 경영하며 얻은 가장 큰 교훈은?**

---

단순성을 유지하고 일을 하라.

---

**이 일을 하면서 맛본 최고의 성공은? 혹은 스스로 평가하기에 지금껏 가장 잘한 일은?**

물건을 만들어 팔 때, 그리고 회사를 경영할 때 공정한 태도와 남을 배려하는 마음을 가지려고 노력한 점.

**창의적인 사업을 시작하려는 사람이 쌓아야 할 자원을 추천한다면?**

사업체를 운영하는 데 필요한 기본적인 사항들을 가르쳐주는 강좌나 워크숍. 호된 고난 속에서 악전고투하지 않으려면 알아야 할 절차들이 있다.

**개인적 또는 직업적 모토가 있다면?**

손에서 놓아라, 안 그러면 끌려간다.

**자신감이 떨어지거나 난관에 부딪혔을 때 극복하는 본인만의 비결이 있다면?**

독서.

**일할 때 반드시 챙기는 도구나 물건, 의식이 있나?**

내가 쓰는 연장 중에 단 하나도 빠져선 안 되지만 최근 몇 년 동안 '어디 좋은 칼 하나 없을까?' 하는 생각을 늘 하고 있다.

**과거와 현재를 통틀어 가장 존경하고 닮고 싶은 여성은?**

너무 많지만…… 자기만의 아름다운 세계를 구현해냈다는 점에서 패티 스미스, 메릴린 로빈슨, 페마 초드론을 말하고 싶다. 그리고 엄마와 할머니와 언니도.

# 프리티 미스트리

셰프 | 오클랜드, 캘리포니아

인도 길거리 음식과 유럽 음식을 결합한 퓨전 레스토랑 〈Juhu Beach Club〉 대표

"나는 나 자신이다. 사람들이 바라거나 기대하는 방식에 나를 끼워 맞출 생각은 추호도 없다. 내가 믿는 바를 지지하고 또 지켜낼 것이다."

**창업할 때 들은 최고의 조언은?**

배우자가 아니었다면 나 자신을 믿는 법을 알지 못했을 것이다. 내 식당 〈주후 비치 클럽〉을 차리고 싶단 생각을 했을 때 돈이 한푼도 없었고 날 위해 돈을 물 쓰듯 써줄 투자자도 없었다. 하지만 배우자는 무조건 시작하고 보라며 용기를 주었다. 하늘에서 백만 달러가 뚝 떨어지기를 마냥 기다리지 말고 어떻게든 수를 내보라면서.

**작업 공간에서 가장 마음에 드는 점은?**

식당 주방은 언제든 적대적인 공간이 될 수 있다. 내 식당의 주방은 그런 점에서 산뜻한 곳이라고 믿어도 좋다. 우린 서로 돕고 배려하며, 누구에게도 실례가 되지 않는 선에서 농담을 주고받는다. 행복한 공간이다. 자영업자가 된다는 것 또한 행복이다.

**일하면서 가장 크게 희생한 것은?**

난 24시간 일을 한다. 배우자와 함께할 때도 늘 식당 이야기를 한다. 식당은 곧 내 삶이다. 집보다 식당에 있을 때 더 마음이 편할 때도 있을 정도니까. 결국 시간을 희생한다고 해야겠지. 배우자와 함께 보낼 시간, 친구와 가족과 함께할 시간, 이런 걸 다 희생하게 된다. 그냥 점검만 한 후 맘 편하게 식당을 뜨는 게 나로선 불가능하다. 모든 것을 다 책임지지 않으면 안 되니까.

**당신에게 성공이란?**

요새 꽤나 많이 자문했던 문제다. 예전엔 그냥 재정적인 자유가 곧 성공이라고 생각했다. 정작 그건 그렇게 믿으며 살아온 나 자신의 착오였을 뿐이다. 이만하면 성공한 것 아니냐고 말하는 사람들도 많은데 나로선 동의할 수 없다. 그게 내가 진짜로 바라는 거였다면 셰프가 아니라 주식 투자자가 되었을 것이다. 나는 앞으로도 할 일이 정말 많은 사람이다. 이 세계에 이바지하고 싶은 바가 정말 많다. 현재로선 진정한 '성공'의 면모가 무엇인지 꼬집어 말할 수 없지만 알게 된다면 그때 가서 이 질문에 다시 답하겠다.

**밤잠을 설칠 만큼 두려운 일이나 직업적인 고민이 있다면?**

내가 사기꾼은 아닌가 하는 생각이 들 때. 나를 실제보다 더 부풀려 모두를 속인 건 아닌가 하는 생각이 들 때.

**성공의 밑거름이 된 실수가 있다면?**

내 인생이 그렇다. 행복한 사고라고 말해야 할 것이다. 실수를 통해 주방은 창의성을 발휘하고 전에 없는 훌륭한 요리를 만들어내는 곳이 된다. 특정한 재료를 깜빡하고 주문하지 않아서 다른 재료로 대체한 때가 있었고, 음식을 태우는 바람에 신상 스페셜 요리를 급조한 적도 있다. 이런 실수들 때문에 억지로라도 창의성을 발휘하지 않으면 안 되고, 그 덕에 처음보다 훨씬 더 좋은 아이디어를 생각해낼 수 있다.

**자신감이 떨어지거나 난관에 부딪혔을 때 극복하는 본인만의 비결이 있다면?**

〈옐프Yelp〉에 들어가 내가 좋아하고 경외하는 식당에 관한 시시콜콜한 리뷰들을 읽는다. 농담이 아니라, 가끔 옐프를 서핑하며 시간을 보낸다. 나에게 요리는 하나의 명상이 되었다. 주방에 들어가 요리를 만들고 시식을 하는 행위는 내게 왜 지금 이 일을 하는지, 우리 요리가 과연 맛이 좋은지 상기시킨다.

**창업 전 고려해야 할 가장 중요한 세 가지는?**

1. 부수입원이 있는가? 자금 조달, 동업자, 아르바이트 같은?
2. 본업 말고도 잘할 수 있고 하는 동안 보람을 느낄 만한 일이 있나? 있다면, 창의적으로 몰두하는 일을 취미로 삼을 수도 있나?
3. 꿈을 실현하기 위해 생일, 결혼식, 휴일 등등을 얼마나 많이 반납할 수 있는가?

**스스로 생각하는 자신의 장점은?**

---

나는 나 자신이다. 사람들이 바라거나 기대하는 방식에 나를 끼워 맞출 생각은 추호도 없다. 내가 믿는 바를 지지하고 또 지켜낼 것이다.

---

**이 일에 대해 언제 처음 알게 되었고, 어떤 계기로 뛰어들게 되었나?**

〈구글〉의 총괄 셰프를 그만둔 후, 휴가여행차 샌프란시스코에서 팜스프링스까지 자동차 여행을 했다. 그때 내 머릿속은 온통 인도 요리에 대한 생각뿐이었고, 이미 인도에 가서 얼마간 경험을 쌓기도 했던 터였다. 파소 로블레스에서 배우자와 와인 시음을 하다가 문득 '주후 비치 클럽'이란 이름이 떠올랐다. 동시에 메뉴, 브랜딩 등 관련된 아이디어들이 일제히 쏟아졌다.

**과거와 현재를 통틀어 가장 존경하고 닮고 싶은 여성은?**

셰프 라지 잘레팔리. 안타깝게도 불과 52세에 세상을 떠난 인도의 셰프다. 잘레팔리는 1990년대에 세계 최초로 인도 요리에 유럽 요리를 접목하고 그 기술을 인도에 들여온 장본인이다. 내가 처음 요리업계에 뛰어든 15년 전에 그녀가 쓴 책을 접했는데 어마어마하게 감화를 받았다.

# 조디 패터슨

뷰티 사업가 | 브루클린, 뉴욕

온라인 뷰티 상점 〈DOOBOP〉, 천연 스킨케어 화장품 〈Georgia by Jodie Patterson〉 대표

"나의 최고 자산은 계량될 수도, 복제될 수도, 계산될 수도 없는 것이다. 그것이 나만의 매력mojo이다. 여기서 내 모든 것이 출발한다."

**어렸을 적 꿈은?**

초등학교 시절엔 교사가 되는 게 꿈이었다. 엄마는 할렘에서 사립학교를 설립하고 운영했고, 난 그런 엄마 뒤를 그림자처럼 따라다녔다. 그때는 교사가 세상에서 가장 고결한 직업 같았다. 그러다 고등학교에 가선 고층 건물의 고급 사무실에서 시크한 도나 카란 정장 차림에 하이힐을 신고 일하는 여성 사업가인 내 모습을 그려보았다. 대학을 졸업한 후엔 오로지 문학에만 빠져 살고 싶었고, 작가가 될 거라고 생각했다.

**성공의 밑거름이 된 실수가 있다면?**

허구한 날 매달려봐도 성과가 없던 비즈니스 모델을 붙잡고 있던 적이 있다. 처음 뷰티 사업에 뛰어들면서 뉴욕시티 상가에 부티크를 열었다. 화려한 부티크였고 뷰티 산업 안에선 하나의 전환점이 되기도 했다. 글로벌 브랜드와 중소 독립 브랜드가 막 주목을 받기 시작한 때였으니까. 그때가 2006년이었다. 하지만 우리가 부티크를 열기 무섭게 경제가 급변하면서 소비 성향도 달라졌다. 결국 가게를 계속 운영하면서 사업을 키우는 게 현실적으로 불가능해졌다. 우리는 사업 부진에 시달렸고 점점 망해갔다. 주변에선 가게를 닫고 온라인숍으로 재개장하라고 채근했다. 하지만 그랬다간 진짜로 죽고 말 거란 생각이 들었다. 온라인 공간에 대해선 아무것도 아는 게 없었다. 그런 마당에 어떻게 성공할 수 있겠나 싶었다. 뿐만 아니라 고객을 잃을 거라고 생각했다. 요점만 말하면 결국 가게문을 닫았고 몇 년 후 온라인 뷰티 상점인 〈DOOBOP〉을 열었다. 〈DOOBOP〉은 지금까지 내가 가장 성공을 거둔 비즈니스 모델이다!

**슬럼프를 극복하고 영감을 얻는 당신만의 비결은?**

다섯 아이의 엄마로서 실망과 실패와 드라마 같은 위기라면 이미 이골이 나 있다. 그런 게 다 삶의 단면들 아니겠나. 하지만 그런 것들 때문에 발목이 잡혀서 옴짝달싹 못할 때가 있기 마련이다. 나라고 그런 '부정적인 측면들'에 예외일 리 없다. 내가 자기 확신이 유별나게 강한 사람도 아니고. 다만 끈질긴 데가 있을 뿐이다. 곤경에 빠져 아무것도 계획대로 움직여주지 않을 때면 몰두할 만한 프로젝트를 찾아 나선다. 나는 투지를 요하는 일을 좋아하고, 당장 뛰어들어야 할 때가 되면 언제나 의기양양하게 뛰어든다. 사업이 침체될 때 내 웹사이트를 다시 디자인했고, 소셜미디어를 배웠고, 블로그를 시작했으며, 에이전트를 찾았고, 또 책을 썼다. 창의성은 다시 자신을 돌아보게 하며 결과적으로 더 좋은 나를 만들어준다. 내가 창의적인 일을 하는 이유는 버티기 위해서다.

**당신의 전문 분야를 처음 접하고, 일하게 된 경위는?**

마담 C. J. 워커라는 여성에게서 뷰티 비즈니스 전반을 배웠다. 할렘에 사는 흑인 여성으로 흑인 여성들의 머리를 펴는 용품을 만들어 수백만 달러를 벌었다. 그녀야말로 뷰티 기업의 선구자로 수조 원에 달하는 헤어 미용 산업의 시장을 열었다. 개인적인 경험을 통해 공동체에 봉사했고 해당 분야의 전문가로서 자기 사업에 접근한 사례라고 할 수 있다. 워커는 똑똑하고 직관적이며 비즈니스에 대한 이해가 있었다.

**스스로 생각하는 자신의 장점은?**

두 가지 성격이 가장 마음에 든다. 첫 번째는 절대로 그만두는 법이 없다는 것. 절대로. 내 주변엔 유별나게 똑똑한 사람들이 많아서 통상적으로 내가 가장 똑똑한 사람인 경우는 없는 편이다. 그렇지만 근성과 배짱과 뻔뻔함에서 날 따라올 사람은 없다. 두 번째로 자부심을 갖는 성격은 낙천주의자라는 것. 언제나 희망을 품고 미래를 내다본다.

**창업할 때 들은 최고의 조언은?**

어렸을 때 아빠가 그러셨다. "네 갈색 피부는 정말 예뻐. 세상이 너에게 문을 활짝 열어줄 거야." 아빠는 비즈니스에 관해서 그 말을 한 게 아니었고, 딱히 사실에 준해 한 말도 아니었다. 자기를 믿으라는 말이었고, 그 말을 들었을 때 나는 실로 믿을 수 없을 만큼 자신감에 부풀어 오르는 것을 느꼈다. 내가 매혹적이고 아름다우며 힘이 있는 사람처럼 느껴졌다. 아빠의 가르침에서 배운 것, 사업을 하면서 내가 반영해온 것은 나의 아우라와 나 자신에 대해 고마움을 표시하라는 것이다. 나의 최고 자산은 계량될 수도, 복제될 수도, 계산될 수도 없는 것이다. 그것이 나만의 매력mojo이다. 여기서 내 모든 것이 출발한다.

**긴 일과를 마치고 집에 왔을 때 당신을 가장 기쁘게 하는 것은?**

내 아이들. 언제나 애쓰지 않아도 미소가 절로 나오게 되는 유일한 존재다. 아이들만 보면 몸 구석구석 긴장이 풀리면서 내가 꿈꾸는 여성으로 되돌아가는 기분이다.

**작업 공간에서 가장 마음에 드는 점은?**

대부분 브루클린 집의 사무 공간에서 일을 하는 편이다. 벽에 걸린 예술 작품들이 좋아서다. 대개 인물화들인데, 알고 지내는 사람도 있고 그렇지 않은 사람도 있지만 모두가 내겐 영감의 원천이다. 그들을 보면서 그들의 삶과 그들과 나눈 대화와 그들이 간직했던 꿈을 생각한다. 소호 중심가에 멋진 사무실이 마련되어 있지만 나의 지극히 개인적이고 생산적인 홈오피스에 비견할 만한 데는 어디에도 없다.

**일하면서 가장 크게 희생한 것은?**

사업가로서 '쿠션'을 포기한 사람이다. 잭 포즌Zac Posen의 홍보 일을 하던 시절엔 하는 일마다 보수를 받았고 하나부터 열까지 다 보장되어 있었다. 하지만 내 꿈을 이루고 싶었고, 그래서 그 일을 그만두었다. 다른 사람한테서 보험금 혜택을 받은 지 몇 년이 지났다. 지금은 내 주머니에서 우리 가족 건강보험료가 나간다. 민영보험금을 낼 형편이 안 돼서 몇 년 동안 메디케이드(저소득층을 위한 의료보장제도)에 의지한 적도 있었다. 나로선 내 아이들보다는 나 스스로에게 드는 비용을 절감하는 게 더 타당하다. 사실 아이를 낳았을 때 민영보험의 혜택을 누린 적이 단 한 번도 없다. 보건진료소 구역을 찾아내고 시간을 들여 제대로 나를 보살펴줄 훌륭한 의사를 찾아내는 건 쉽지 않은 데다 시간이 드는 일이다. 하지만 우린 그러고 산다. 결국 방법을 찾아내고야 만다. 우리의 꿈을 이루기 위해선 감수해야 할 희생이다.

**당신에게 성공이란?**

언제까지나 꿈을 위해 노력할 수 있다는 것. 그리고 하고 있는 일과 자신에 대해 희열을 느낀다면 성공한 것이다. 나는 여섯 가지 사항에 비추어 스스로의 완전성을 추구한다. 그것은 아이들, 사랑, 비즈니스, 건강, 여행, 정신성이다. 매일 다양한 강도로 이 사항들을 충족할 수 있다면 그때 나는 성공한 것이다.

**1억 달러가 주어진다면 사업을 지금과 다르게 경영할 건가? 무엇을 바꿀 텐가?**

정말로 똑똑한 여자들을 무진장 고용해 콘텐츠, 마케팅, 비즈니스 개발과 연구 영역에서 활약하게 하겠다. 스토리텔러들도 영입해 협업할 것이다. 사회의 리더들이라면 건강과 창의성을 육성하는 것이 의무다!

**회사를 경영하며 얻은 가장 큰 교훈은?**

승자는 다시 일어선 패자다. 원한다면 움켜쥐라. 네 것으로 만들라. 네 것이 되었다고? 좋겠구나!

PICASSO
JOHN RICHARDSON
PAUL FLATO

# 린다 로댕

스타일리스트 · 뷰티 사업가 | 뉴욕

화장품 회사 〈Rodin Olio Lusso〉 대표

"성공은 자신이 하는 일에 열정을 느끼는 것."

**어렸을 적 꿈은?**

인어.

**창업할 때 들은 최고의 조언은?**

비즈니스 강좌를 들어라.

**작업 공간에서 가장 마음에 드는 점은?**

내가 있는 곳은 어디나 다 마음에 든다. 대개는 내 머릿속이고, 집일 때도 있고.

**일하면서 가장 크게 희생한 것은?**

희생 같은 건 없었다. 무엇 하나 소홀히 하지 않고 늘 챙겼으니까.

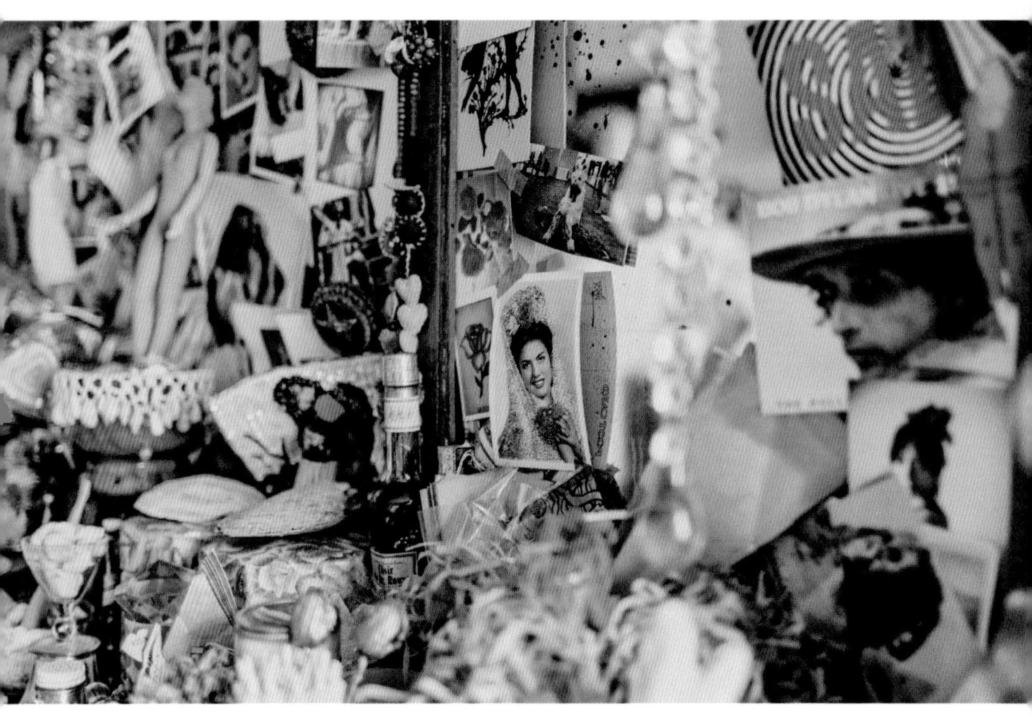

**자신이 생각하는 성공의 의미는?**

성공은 자신이 하는 일에 열정을 느끼는 것.

**밤잠을 설칠 만큼 두려운 일이나 직업적인 고민이 있다면?**

내가 감당할 수 없는 범위로 가버린 것들.

**회사를 경영하며 얻은 가장 큰 교훈은?**

인내.

**성공의 밑거름이 된 실수가 있다면?**

인생의 8할이 시행착오가 아닐까. 그런 의미에서 살짝 자신감을 잃어

보는 것도 약이 된다.

**자신감이 떨어지거나 난관에 부딪혔을 때 극복하는 본인만의 비결이 있다면?**

---

## 계속 앞으로 나아가는 것. 한 걸음 내디뎌야 다음 걸음에 힘이 실리는 법. 좋든 싫든.

---

**당신다운 모습으로 당신이 사랑하는 일을 하도록 영감을 주는 문구가 있다면?**

밥 딜런 가사 한 줄. "시간은 대양처럼 펼쳐져 있어도 결국 뭍에서 끝난다."

**지금 종사하는 분야에 대해 언제 처음 알게 되었고, 어떻게 뛰어들게 되었나?**

내 피부에 맞다 싶은 화장품을 찾을 수 없어서 직접 만들었다. 그때 내 나이 59세였다.

**스스로 평가하기에 지금껏 가장 잘한 일은?**

매우 오랫동안 관계를 유지해온 것.

**창의적인 사업을 시작하려는 사람이 쌓아야 할 자원을 추천한다면?**

---

우리만의 비전과 당신만의 상상.

---

**좋은 하루를 시작하기 위해 매일 아침 첫 번째로 하는 일은?**

우리 개와 함께 놀며 맛있는 카푸치노를 마시는 것.

**긴 일과를 마치고 집에 왔을 때 당신을 가장 기쁘게 하는 것은?**

혼자 있는 것.

# 셀마 고든

뮤지엄 디렉터 · 수석 큐레이터 | 뉴욕

아프리카 출신 예술가들의 작품을 소개하는 <The Studio Museum> 수석 큐레이터

"자신이 이루고자 하는 목표를 향한 심도 깊은 판단력과 자신의 열정을 잘 조화시키는 능력. 이것이 내가 정의하는 성공이다."

**어렸을 적 꿈은?**

큐레이터! 어렸을 때부터 미술관에 푹 빠져 있었다. 예술과 예술가들에게서 다각도로 배울 수 있다는 점에 매료되었다.

**다른 여성 창작자에게서 가장 존경하는 점은?**

난 예술가들에게서 늘 영감을 얻는다. 그들은 누구보다도 창의적인 존재니까. 기꺼이 위험을 감수하고 질문을 던질 줄 아는 그들의 능력을 대단히 존경한다.

**당신에게 성공이란?**

자신이 이루고자 하는 목표를 향한 심도 깊은 판단력과 자신의 열정을 잘 조화시키는 능력. 이것이 내가 정의하는 성공이다.

**작업 공간에서 가장 마음에 드는 점은?**

예술가와 예술에 관련된 우리 일을 반영하고 있고, 출판물, 오브제, 과거부터 현재까지 잠깐씩 쓰고 버린 모든 것들을 통해 <스튜디오 뮤지엄>의 역사를 구현하는 공간이라는 점.

**일하면서 가장 크게 희생한 것은?**

취미 활동이라는 걸 꾸준히 할 수 있었던 적이 없다.

**성공의 밑거름이 된 실수가 있다면?**

결정을 내릴 때마다 배움의 기회가 찾아오는 것 같다. 과정이 만만치 않아 보이는 결정을 내릴 때가 있고, 그걸 실수라고 말할 수도 있겠지만 난 배움의 기회로 생각하는 쪽이 더 좋다!

**밤잠을 설칠 만큼 두려운 일이나 직업적인 고민이 있다면?**

남들에겐 애로사항일지 모르지만 난 기회로 바꿔 생각하고 싶다. 생각의 방향을 달리 해서 새로운 것을 만들어내는 그런 기회 말이다. 그런 기회들을 인식할 때 느껴지는 희열을 반긴다.

**당신다운 모습으로 당신이 사랑하는 일을 하도록 영감을 주는 문구가 있다면?**

"나는 신중하고 두려워하는 것이 없다." 오드르 로드가 한 말이다.

**지금 세상에 더 필요한 게 있다면?**

더 많은 예술.

**10~20년 전 자신에게 들려주고 싶은 말은?**

위급하고 치명적으로 보이는 장애물도 시간이 지나면 대개 사라진다는 사실.

**개인적 또는 직업적 모토가 있다면?**

"지금 네가 발을 딛고 있는 곳에서 시작하라. 지금 네가 가지고 있는 것을 활용하라. 네 능력이 허하는 것을 하라." 위대한 테니스 선수 아서 애쉬가 말했다.

**지금 종사하는 분야에 대해 언제 처음 알게 되었나?**

수많은 미술관을 찾아다닌 후 큐레이터가 되겠다고 결심했다. 열 살 때였나, 우리 가족 모두와 친했던 한 분이 나와 오빠에게 준 '마스터피스' 보드게임에 시카고 미술관 소장품들의 모형이 있었다. 난 게임 자체엔 전혀 관심이 없었다. 다만 게임용 카드를 정리하고 또 정리하면서 '진열'하는 게 너무도 재미있었다.

**아이디어가 모자랄 때, 슬럼프에 빠졌을 때 신뢰하고 기댈 대상은?**

두로 올로우. 내 남편이다. 정말 재능이 많은 디자이너다.

**일할 때 반드시 챙기는 도구나 물건, 의식이 있나?**

125번가까지 걸어가서 할렘 동네에 내 몸과 마음을 완전히 내맡기고 심기일전한 후 일을 한다. 창의적인 아이디어를 무궁무진하게 얻을 수 있다. 이토록 역사적이고 생동감 넘치며 구성원이 가지각색인 지역 공동체에서 살고 또 일하는 내가 복이 많다는 생각도 한다.

**과거와 현재를 통틀어 가장 존경하고 닮고 싶은 여성은?**

우리의 영부인, 미셸 오바마.

**슬럼프를 극복하고 영감을 얻는 당신만의 비결은?**

자기 일을 했고, 성과를 남겼고, 살아남았으며, 성공한 모든 멘토와 친구, 동료를 생각한다. 그들의 스토리 하나하나가 엄청난 영감을 준다.

# 사이 로즈

란제리 디자이너 | 롱아일랜드, 뉴욕

트랜스젠더 여성을 위한 란제리 브랜드 〈Chrysalis Lingerie〉 대표

"내가 생각하는 성공은
내가 이 세상에서 사라진 후에도
세상에 남아 있을 나의 유산이다."

**어렸을 적 꿈은?**

예술가부터 수의사와 변호사까지 다 되고 싶었다. 대학 시절엔 수의사로 목표를 정한 후 뉴저지 호보켄의 수의학 병원에서 3년을 일했다. 그러던 어느 날 개한테 얼굴을 물리고 바로 다음날 고양이한테 공격을 당했더니 언제 그랬냐는 듯 야심이 사라져버렸다!

**창업할 때 들은 최고의 조언은? 혹은 무시해서 다행인 조언은?**

무시해서 다행인 조언은 있다. "트랜스젠더 커뮤니티를 위한 시장은 없다. 넌 시간을 낭비하고 있는 거야!"

**작업 공간에서 가장 마음에 드는 점은?**

집 안에 있다는 점. 복도 많지. 일신의 안전을 꾀할 수 있고 영감을 얻을 수 있는 곳에서 살고 있으니까. 집에서 '회사'까지 통근하는 것도 금방이다.

CHIC
A place for everything, and
everything in its well-designed place.
BRING HOME
GLOBAL
CHIC
Natural

**일하면서 가장 크게 희생한 것은?**

신생 회사를 스스로 운영해야 했기 때문에 내 돈을 투자한 것이 가장 큰 희생이었다. 갖고 있던 돈을 쏟아부어 〈크리섈리스 란제리〉를 더 키우느라 사무실 임대료를 마련하지 못한 적도 있다.

**당신에게 성공이란?**

성공의 의미는 사람마다 다른 것 같다. 내가 생각하는 성공은 내가 이 세상에서 사라진 후에도 세상에 남아 있을 나의 유산이다. 그런 의미에서 이렇게 물을 것이다. 다른 사람에게 도움을 주었는가? 전반적으로 지역 공동체나 사회 발전에 이바지했는가?

**밤잠을 설칠 만큼 두려운 일이나 직업적인 고민이 있다면?**

내가 종사하는 분야에서 가장 힘든 건 다른 누구보다 나 자신을 믿는 것이다.

**자신감이 떨어지거나 난관에 부딪혔을 때 극복하는 본인만의 비결이 있다면?**

자신에 대한 회의는 내겐 크립토나이트(《슈퍼맨》에 등장하는 우주의 방사능 물질로 슈퍼맨의 유일한 약점이다-옮긴이)다. 하지만 난관에 부딪힐 때면 오히려 사는 맛이 난다! 그럴 때면 이런 식으로 드라마를 쓴다. 온 세계가 날 없애려 하는데 나 자신과 막가파 정신 말고는 아무것도 가진 게 없다고. 슈퍼히어로물 줄거리가 다 이렇지 않나? 내 몸에 흐르는 낙오자의 피가 끓어오를 때마다 난 그냥 그러라고 놔두는 쪽이다. 어렸을 때부터 유독 그랬고, '어릴 때 이미 다 거친 거니까 이번에도 문제없어!'라고 생각한다.

**개인적 또는 직업적 모토가 있다면?**

내게 가장 소중한 자산은 바로 나라는 사실을 인식하고 존중하는 것.

**슬럼프를 극복하고 영감을 얻는 당신만의 비결은?**

제일 편한 신발을 신고 이스트 빌리지로 기차를 타고 가서 산책을 한다! 이스트 빌리지에서 시작해 스패니시 할렘 116번가까지 쭉 걸어간다. 뉴욕은 누구나 자신이 필요로 하는 영감을 얻을 수 있는 곳이다.

**과거와 현재를 통틀어 가장 존경하고 닮고 싶은 여성은?**

이렇게 말하면 신파라고 하겠지만 난 진심으로 모든 여성을 존경한다. 신입생 시절 사회학개론 시간에 여성이 얼마나 힘 있는 존재인지 깨달았다. 그 강의에서 "여성의 삶을 바꾸는 것은 곧 한 가족의 삶을 바꾸는 것이며, 가족의 핵심적 가치가 바뀔 때 세계도 영원히 바뀐다"라고 배웠다. 트랜스젠더 여성으로서 나는 오늘날 여성으로 산다는 게 어떤 것인지, 그리고 나의 불을 가리려 하는 세계에서 살더라도 눈부시게 빛날 수 있다면 그 자체가 위업임을 경험으로 터득해가고 있다.

# 리사 헌트

디자이너·예술가 | 브루클린, 뉴욕

스크린프린팅 기법으로 금박의 반복 패턴 작품을 만드는 〈Lisa Hunt Creative〉 대표

"내면의 목소리가 내가 원하는 것, 내게 필요한 것,
내가 믿고 기댈 사람이 누군지 말해줄 때는 찰나의 순간이다.
나는 내 마음의 목소리를 존중하는 법을 터득해나가고 있다."

**어렸을 적 꿈은?**

단계별로 다른 직업을 꿈꿨는데 발레리나, 〈솔리드 골드(1980년대에 방영된 미국 TV 음악쇼-옮긴이)〉 댄서, 건축 노동자, 버스 운전사가 되고 싶었다. 어렸을 때 예술가가 되고 싶다고 했더니 할머니가 굶어죽기 십상이라고 말씀하셨던 게 기억난다. 그때 얼마나 큰 상처를 입었는지 죽을 때까지 못 잊을 것이다! 내 방 창문을 통해 우리 집 바로 옆에서 새집을 짓는 것을 지켜보던 기억도 있다. 공사 현장의 인부들이 벽돌을 하나씩 쌓아올려 마침내 벽이 되는 게 얼마나 멋지던지. 밖에서 하루 종일 햇빛도 쬐고 흙먼지도 뒤집어쓰면서 집을 짓다니 진짜 멋진 직업이란 생각을 했다. 두 손으로 뭔가 쓸모 있는 것을 만들어내니까. 그래서 엄마에게 공사장의 일꾼이 될 거라고 말했다! 이제 해가 잘 드는 스튜디오에서 쓸모가 있으면서도 집을 아름답게 해주는 것들을 나의 두 손으로 디자인하고 만들어내고 있으니, 공사장 인부들을 보며 감탄했던 내 어린 시절을 자연스럽게 떠올리게 된다.

**창업할 때 들은 최고의 조언은?**

자신이 운영하는 사업의 성격에 맞게 업무를 빈틈없이 조정해야 한다는 것. 자신의 시간을 어느 정도까지 기꺼이 바칠 수 있는지 명확히 정해야 한다는 것.

**일하면서 가장 크게 희생한 것은?**

시간이다. 여가 시간, 가족과 친구와 함께하는 시간, 자신을 위해 쓰는 시간.

**당신에게 성공이란?**

꿈을 이루기 위해 일할 수 있는 능력과 더불어, 현재 자신의 위치에 감

사하며 그 중심에 발을 확실히 디딜 수 있는 능력을 갖추는 것. 성공을 향한 과정을 여행으로 여기며 즐겨야 한다. 이 점을 간과하기엔 인생은 너무 짧다.

**밤잠을 설칠 만큼 두려운 일이나 직업적인 고민이 있다면?**

어렸을 때 굉장히 낯을 가리는 편이었고, 지금도 내성적인 태도를 보일 때가 가끔 있다. 아버지가 공군이어서 이사를 많이 다니는 편이라 늘 '신참' 신세를 벗어나지 못했다. 그래서 모나지 않게 섞여들면서 관찰하는 것이 내 나름의 대응방식이었다. 사업체를 운영하는 사람으로서 고객들과 관계망을 형성하고 개인적인 인맥을 구축하는 것이 중요하다는 걸 알고 있다. 이는 내 일과 중 하나다.

**회사를 경영하며 얻은 가장 큰 교훈은?**

자신의 직감을 믿어라! 첫 번째 직감을 따라야 했는데 두 번째 직감을 믿는 바람에 출혈이 큰 실수를 저질렀다고 깨닫는 것만큼 고약한 일도 없을 것이다. 우리 여성들은 두 번 생각하고 다른 사람들을 통해 방향을 잡고 방법을 구하라는 가르침을 받는다. 정작 내면의 목소리가 내가 원하는 것, 내게 필요한 것, 내가 믿고 기댈 사람이 누군지 말해줄 때는 찰나의 순간이다. 나는 내 마음의 목소리를 존중하는 법을 터득해나가고 있다.

**당신다운 모습으로 당신이 사랑하는 일을 하도록 영감을 주는 문구가 있다면?**

어머니는 늘 내게 '자신에게 솔직해야 한다'고 말씀하셨다. 한 순간도 그 말을 잊은 적이 없다. 내 회사의 비전을 일구는 데도 도움이 된다. 물론, 중요한 건 '진정한 자신'의 모습을 알고 그런 자기를 좋아하는 것이다. 그것도 많이 좋아하는 게 중요하다. 진정한 자신을 존중하자! 자기 자신과 친해지고, 자신을 지지하며, 너그럽게 봐달라고 할 땐 너그럽게 봐주자! 무조건적으로 사랑해주자!

**개인적 또는 직업적 모토가 있다면?**

스스로에 대해 너무 심각하게 생각하지 말 것. 웃음과 즐거움을 잃지 말 것.

**긴 일과를 마치고 집에 왔을 때 당신을 가장 기쁘게 하는 것은?**

소파! 소파 없이는 못 산다! 15년 전쯤 산 건데 아직도 잘 버티고 있다. 크고 푹신해서 잠깐 눈 붙이는 데 최고다. 몇 년간 내 고락을 지켜본 친구다.

**마법에 의해 하루에 3시간씩 더 주어진다면?**

몸을 움직이는 데 더 많이 쓰고 싶다. 책상에 붙어살다시피 해서, 자전거를 타거나 심지어 잠깐 산책을 하는 것조차 엄두가 나지 않는 사치다.

**자신감이 떨어지거나 난관에 부딪혔을 때 극복하는 본인만의 비결이 있다면?**

공처럼 통통 튀는 에너지가 없으면 난 시체다! 어려서부터 신경이 과민했지만 일단 뛰어드는 것, 설령 실수를 하거나 잘못 판단하는 일이 있어도 용케 해결해내는 능력을 키웠다. 늘 그랬던 건 아니지만, 나이를 먹으면서 현명함도 따라온다.

# 아멜리어 메사-베인스

예술가 · 큐레이터 · 작가 | 산 후안 보티스타, 캘리포니아

멕시코계 미국인의 전통예술을 소개하며, 〈Ceremony of Spirit〉 집필

"나의 모토는

문화는 치유La cultura cura라는 것이다."

**어렸을 적 꿈은?**

늘 예술가가 되고 싶었다.

**창업할 때 들은 최고의 조언은? 혹은 무시해서 다행인 조언은?**

내 작품에만 몰두하고 다른 예술가에 대한 글은 쓰지 말란 말을 들은 적이 있다. 조언이 아니라 악담이었다. 왜냐면 다른 여성 예술가들의 작품을 이해하려고 노력하는 과정에서 정말 많은 걸 배웠으니까.

**일하면서 가장 크게 희생한 것은?**

작품 활동을 하면서도 가르치는 일을 해야 했고, 가족부터 챙겨야 할 때가 많았다. 결국 시간을 희생할 수밖에 없었다.

**당신에게 성공이란?**

지금보다 젊었을 때는 대규모의 명망 높은 전시를 하게 되면 성공한 거라고 생각했다. 하지만 시간이 흐르면서 내 일인 미술과 집필이 둘

다 젊은 세대에게 유용할 때, 말하자면 유산을 남겨주는 것이 훨씬 더 큰 성공이라는 생각을 하게 된다.

**회사를 경영하며 얻은 가장 큰 교훈은?**

직업의식을 가지고 한 모든 일에 끝까지 책임을 다하고, 친구와 동료 간 네트워크를 형성하는 것이 중요하다는 걸 배웠다.

**성공의 밑거름이 된 실수가 있다면?**

커다란 세 폭짜리 거울을 오브제로 작업을 한 적이 있었다. 거울 뒷면을 긁어 표현하고 싶은 이미지의 일부가 앞면에 드러나게 해놓았다. 17세기에 지적 욕망을 좇다가 처벌을 받은 멕시코의 소르 후아나 이네스 데 라 크루스 수녀의 '독방'에 설치할 작품이었다. 그런데 작업대에 있던 거울이 바닥에 떨어져 산산조각이 났고 수녀의 이마 부분에 셀 수 없이 많은 금이 갔다. 난 소심하게도 조각 하나하나를 다시 제자리에 붙였고, 그러다 손가락을 베는 바람에 거울에 피가 스며들게 되었다. 미술관 측에서 받아주길 바라며 그대로 보냈는데, 수녀의 고통을 형상화했다고 해석한 큐레이터 덕에 대단한 상찬을 받았다. 뿐만 아니라 미술관에선 결국 설치한 모든 작품들을 샀다. 내 작품 가운데 가장 성공한 사례다.

**이 일을 하면서 맛본 최고의 성공은? 혹은 스스로 평가하기에 지금껏 가장 잘한 일은?**

1995년 스미소니언 박물관에서 소장하게 된 내 작품, 〈리오의 돌로레스에게 바치는 공물An Ofrenda for Dolores del Rio〉. 그리고 1992년에 받은 맥아더 장학금.

**지금 세상에 더 필요한 게 있다면?**

연민과 정의.

**개인적 또는 직업적 모토가 있다면?**

문화는 치유다La cultura cura.

**일할 때 반드시 챙기는 도구나 물건, 의식이 있나?**

---

## 아침의 커피 타임과 저녁의 명상과 기도.

---

**과거와 현재를 통틀어 가장 존경하고 닮고 싶은 여성은?**

나의 멘토, 욜란다 가르피아스 우, 벽화가 주디 바카, 카리브의 문화센터장 마르타 모레노 베가.

# 멀린 바넷

섬유 디자이너 | 브루클린, 뉴욕

홈 텍스타일 디자인 회사 〈Malene B〉 대표

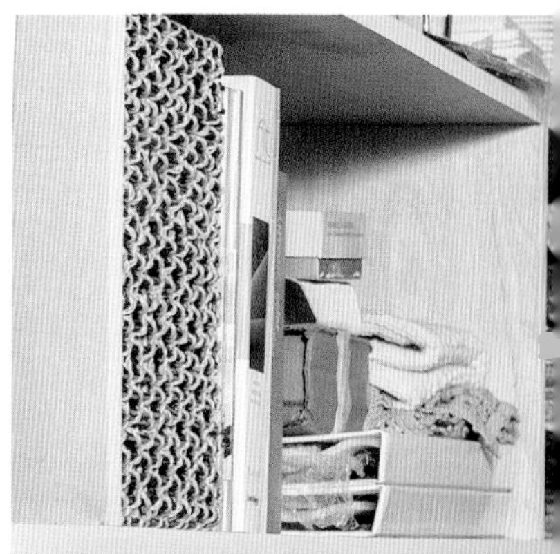

"내가 사랑하는 일로
하루를 보낸 다음날이면
매일 성공하는 삶을 산다는
생각이 든다."

**어렸을 적 꿈은?**

3학년이 되었을 때 어머니 뜻에 따라 예술 영재 프로그램에 등록했다. 그곳에서 바이올린과 피아노를 연주했고 춤을 추었다. 당시 나는 진심으로 무용수가 되고 싶었다. 여동생과 함께 뮤직비디오에 열광했고 거기서 본 안무를 우리 나름대로 재해석했던 게 큰 몫을 한 것 같다. 결국 난 바이올린과 피아노를 버렸고 내가 열정을 발휘할 진정한 대상, 미술을 찾았다. 춤은, 어디까지나 재미로 했다.

**창업할 때 들은 최고의 조언은?**

내 사업체, 〈멀린 B〉는 처음부터 내 힘으로 일궜고, 2년간 운영한 끝에 엔젤 투자자들에게 나름의 성장전략을 소개할 기회를 갖게 되었다. 투자자 중 한 명이 내게 어느 투자자와도 동업하지 말고 혼자 해나가라고 조언하면서, 일단 '덩치 큰 계약'만 성사되면 그 수익이 다 내 것이 된다고 귀띔해주었다. 지금 이 순간까지도 그녀의 현명한 조언은 힘이 되어주고 있고, 내 사업체는 수익을 거둬들이며 유기적으로 성장하고 있다.

**작업 공간에서 가장 마음에 드는 점은?**

브루클린의 앤 여왕 양식의 타운하우스에서 재택근무를 하고 있다. 침실을 개조해 탁 트인 다락방으로 만든 건 이번이 세 번째다. 탄제린 색조로 칠한 벽 덕분에 한겨울에도 여름의 느낌과 분위기가 난다.

**당신에게 성공이란?**

목적에 근거한 삶을 사는 것. 내가 사랑하는 일로 하루를 보낸 다음 날이면 매일 성공하는 삶을 산다는 생각이 든다. 가장 큰 희망은 다른 사람들도 나의 일과 삶을 통해 감화받아 마찬가지로 열정을 발휘하는 삶을 사는 것이다.

**회사를 경영하며 얻은 가장 큰 교훈은?**

아름다운 제품을 만드는 것도 멋지지만 그건 취미일 뿐, 팔리지 않는다면 사업을 유지할 수 없다는 사실을 깨달았다. 디자인 사업의 중점은 최고의 디자인을 만들어내는 게 아니다. 그보다는 특정한 방식의 삶을 추구하는 사람들을 위한 디자인 솔루션을 만들어내는 것이라

할 수 있다. 이 점을 이해하고 나니 창작 행위에서 개인적인 취향을 걷어내고, 대신 내 재능을 우리의 글로벌 커뮤니티와 공유할 도구의 차원에서 보게 되었다.

**당신다운 모습으로 당신이 사랑하는 일을 하도록 영감을 주는 문구가 있다면?**

---

"준비와 기회가 만날 때 성공이 이루어진다."
이 말을 만트라 삼아 내 사업을 준비하는 것으로
무한한 기회에 대비하고 있다.

---

**일할 때 반드시 챙기는 도구나 물건, 의식이 있나?**

아이폰. 아이폰으로 파일을 열고 SNS에 글을 올리고 사진을 찍고 음악을 듣는다. 그 밖에도 수없이 많은 걸 한다. 이렇게 멋진 모바일 기기가 없었을 땐 어떻게 살았나 싶다.

**마법에 의해 하루에 3시간씩 더 주어진다면?**

내가 제일 좋아하는 레게 음악을 연주하고 소카(소울과 칼립소 스타일을 접목한 음악-옮긴이)를 부르고 싶다. 그리고 마음에 떠오르는 대로 자유롭게 디자인하고 싶다.

# 셰릴 데이

베이커 · 저자 | 사바나, 조지아

〈Back in the Day Bakery〉 대표로 〈The Back in the Day Bakery Cookbook〉 집필

"자신만의 스타일을 만들 것.
성공하려면 자신의 됨됨이를
바꿔야 한다는 생각은 하지도 말 것."

**어렸을 적 꿈은?**

연기자, 사진작가, 작가가 되고 싶었다. 아주 어렸을 때부터 창의적인 삶을 꿈꿨다.

**창업할 때 들은 최고의 조언은?**

아무도 못 말리는 창업가였던 언니가 사업과 인생에서 가장 소중한 교훈들을 알려주었다. 언니는 나에게 늘 일관성이 있어야 한다고 했다. 사업 초기에 손님이 별로 없는 오후가 되면 피곤해진 나머지 "오늘은 여기까지"라고 외치고 싶은 유혹에 꽤 시달렸지만, 그럴 때마다 언니가 해준 말을 떠올렸다. 이미 성취한 것에 안주하지 말라는 조언은 스타트업이나 자리를 잡은 사업주에게나 정말 유용하다고 생각한다. 영업시간이든 블로그 포스팅 횟수든, 당신이 믿을 만한 사람이라는 것을 널리 알려라. 일관성을 유지하는 것이야말로 평판을 쌓고 사업을 확장하는 가장 좋은 방법의 하나였다.

**작업 공간에서 가장 마음에 드는 점은?**

빵집 그 자체가 좋다! 나를 그대로 반영하는 공간이니까. 사바나의 오래된 건물에서 우리가 작업하는 부엌으로 건져온 거대한 공장 창문처럼, 사소한 세부까지 우리가 직접 만든 곳에서 일하는 것은 축복이며 사치다.

**당신에게 성공이란?**

먼 훗날, 내 가족사를 돌아봤을 때, 나 이전에 스스로 성공의 발판을 마련했던 여자들보다 내가 이룬 것이 더 많다고 생각된다면 그때 비로소 내가 성공했다고 말할 것이다. 그녀들에겐 주어진 적 없는 기회를 나는 누릴 수 있었으니 마땅히 그래야 할 것이다. 그녀들도 내가 성취한 바를 확인하면 매우 자랑스러워할 것이라고 생각한다. 이 모든 것은 증조모인 머디부터 시작된 것 같은데, 그녀는 놀랍도록 근면했고 앨라배마에서 훌륭한 요리사이자 사업가셨다.

**밤잠을 설칠 만큼 두려운 일이나 직업적인 고민이 있다면?**

양을 세는 대신, 다음날 모든 것을 최대한 순탄하게 진행할 수 있는지 일정을 확인하다가 잠이 든다. 모두가 출근할까? 어제보다 더 잘할 수 있는 일이 있는가, 있다면 방법은 뭘까? 내일 필요한 것들은 다 주문

LITTLE MOMMA

BAKED GOOD

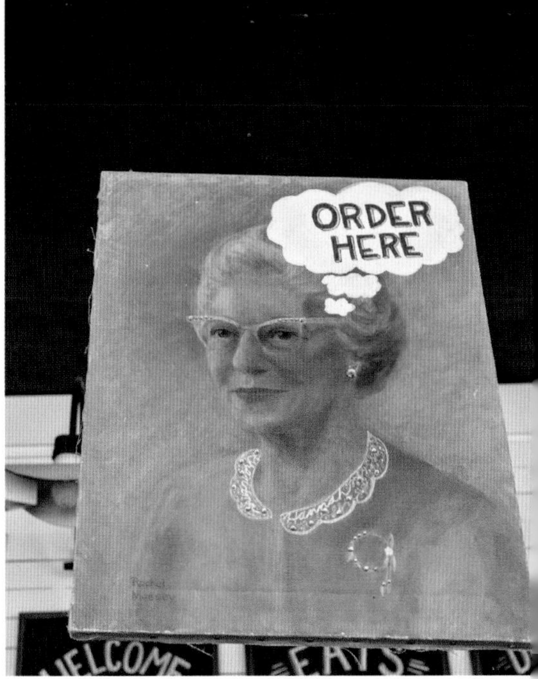
ORDER
HERE

을 해줬나? 이런 것들을 생각하다가 밤잠을 설친다.

**회사를 경영하며 얻은 가장 큰 교훈은?**

자신만의 스타일을 만들 것. 그리고 성공하려면 자신의 됨됨이를 바꿔야 한다는 생각은 하지도 말 것. 친한 친구가 해준 말이 있다. "성공에 유념하되, 자신이 정한 길을 가라."

**자신감이 떨어지거나 난관에 부딪혔을 때 극복하는 본인만의 비결이 있다면?**

사업을 한다는 것은 매일 믿음의 세계로 나가는 일이다. 긍정적인 에너지를 가지고 앞으로 나아가는 사람들을 주변에 둔다. '부정적인 징징이'들은 내 세계로 들어올 수 없다.

**스스로 평가하기에 지금껏 가장 잘한 일은?**

사랑하는 파트너를 사업과 삶에 들일 수 있었던 것에 감사하다. 둘이서 함께 베스트셀러 요리책을 두 권 쓰고, 요리 분야에서 나름의 기념비를 세웠고, 제임스 비어드 상 '우수 제빵사' 부문 준결승까지 올랐다. 늘 예산 부족으로 허리띠를 졸라맨 상태에서도.

**창의적인 사업을 시작하려는 사람이 갖춰야 할 자원을 추천한다면?**

몸담고 있는 분야의 문화에 도통해야 한다. 멘토, 또는 견습할 수 있는 곳을 찾거나 전문적인 단체에 가입해보라. 사업적인 면을 배우는 것도 잊지 말라. 그리고 자기 자신을 솔직히 바라보고, 지금 뛰어든 분야에서 성공하기 위해 무엇이 필요한지 제대로 파악하는 것도 중요하다.

**스스로 생각하는 자신의 장점은?**

날 아는 사람들은 내가 개척자이며, 트렌드를 파악하는 능력이 뛰어나다고들 하더라.

**개인적 또는 직업적 모토가 있다면?**

길은 하나만 있지 않다. 일이 제대로 풀리지 않을 때 그 원인을 파악하는 건 쉽지 않다. 하지만 길을 돌아서기만 하면 더 나은 게 있다는 것을 알게 되었다.

**긴 일과를 마치고 집에 왔을 때 당신을 가장 기쁘게 하는 것은?**

남편과 반려견 엘라 데이와 시간을 보내는 걸로 긴장을 푼다. 가족은 내 전부이며, 나의 것이라 말할 수 있는 존재다.

**과거와 현재를 통틀어 가장 존경하고 닮고 싶은 여성은?**

에드나 루이스, 남부 요리의 '귀부인'. 그녀 덕에 남부 요리가 살아남을 수 있었다. 나는 그녀를 통해 남부식 빵을 만드는 꿈을 키웠고, 다른 사람에게도 그녀 같은 존재가 되고 싶다.

**마법에 의해 하루에 3시간씩 더 주어진다면?**

예전에 꿈만 꾸느라 허비했던 그 시간들로 되돌아가 창업을 하게 될 것 같다.

# 자넷 모크

작가·TV 진행자 | 뉴욕

뉴스 채널 MSNBC의 〈So Popular〉 진행자로
베스트셀러 〈Redefining Realness〉 집필

"우리 여성들은 타인의 기준에 스스로를 맞추고 동화되고 섞이도록 훈육되어왔기 때문에, 그 틀을 벗어나 끝까지 자기 길을 걷는 여성들을 보면 나는 그냥 무장해제되고 만다."

**어렸을 적 꿈은?**

어릴 적에는 변호사가 되리라 생각했다. 매일 펜슬 스커트를 차려 입고 말로 사람들을 가르치는 운동가의 모습을 상상했다. 〈앵무새 죽이기〉의 그레고리 펙과 드라마 〈앨리 맥빌〉에 매료되었기 때문이다.

**다른 여성 창작자에게서 가장 존경하는 점은?**

남다른 것을 실행하고, 자신의 개

성을 표현하는 대담함. 우리 여성들은 타인의 기준에 스스로를 맞추고 동화되고 섞이도록 훈육되어왔기 때문에, 그 틀을 벗어나 끝까지 자기 길을 걷는 여성들을 보면 나는 그냥 무장해제되고 만다.

**당신에게 성공이란?**

작가, 방송인으로서 나는 다음 질문들에 근거해 성공을 정의하겠다. 사람들 앞에 참다운 내 모습을 보여줄 수 있는가? 어떤 경우에도 진실만 말할 수 있는가? 다른 사람들과 가감 없이 진실을 공유할 공간을 만들어낼 능력이 있는가?

**작업 공간에서 가장 마음에 드는 점은?**

---

빈 종이와 마주할 수 있는 공간이라는 점.
그렇게 내 마음속 얘기를 하고, 진실을 밝히고,
세상과 나를 연결하는 무한한 가능성을 누리는 것.
그것이 에세이든 방송대본이든 책이든.

---

**일하면서 가장 크게 희생한 것은?**

시간. 특히 친구들, 사랑하는 사람들과 함께하는 시간. 일의 규모가 커지고 날 필요로 하는 일이 많아지면서 그런 시간을 따로 내는 것에 더욱 신경 쓰게 되었다.

**성공의 밑거름이 된 실수가 있다면?**

대중을 대상으로 글을 쓰기 시작하면서 나는 나를 너무 솔직하게 바닥까지 드러내 보였다. '분명하고 정확한' 선을 그을 필요가 있다는 것을 배웠고, 정말 공개적으로 공유할 각오가 서지 않은 일에 대해서는 그 선을 넘지 않기로 정했다. 초기에 했던 이 실수는 나의 모든 것이 대중에게 소비될 필요가 없다는 사실을 깨닫게 만들었다.

**밤잠을 설칠 만큼 두려운 일이나 직업적인 고민이 있다면?**

내가 가진 한결같은 두려움은 다음과 같다. '나는 모자람 없이 하고 있는가?' '내 일이 정말 의미가 있는가?' 나만이 아니라 많은 사람들이 안고 있는 일반적인 고민이지만, 나는 그런 의심을 받아들이되, 너무 오래 안고 있지 않으려 한다. 나 자신과 내 일이 어디쯤 와 있는지 스스로 점검하도록 만들어주는 손님쯤으로 생각한다.

**자신감이 떨어지거나 난관에 부딪혔을 때 극복하는 본인만의 비결이 있다면?**

내 온전한 모습을 보여주는 것 말고는 내게 기대하는 게 없는 몇몇 친구들과 시간을 보낸다. '그럼에도 불구하고'가 아니라 나이기 '때문에' 사랑해주는 사람들이다.

**지금 세상에 더 필요한 게 있다면? 줄여야 할 게 있다면?**

---

지금 세상은 더 많이 들어야 하고

더 적게 말해야 한다.

---

# 제네비에브 고더

인테리어 디자이너·TV 진행자 | 뉴욕

인테리어 브랜드 〈Genevieve Gorder〉의 창립자

"나에게 영감이 부족할 거라는 걱정은 절대 하지 않는다. 오히려 한 번 인생을 사는 것으로는 그 영감을 모두 실현시키지 못할까봐 걱정이다."

**어렸을 적 꿈은?**

무용수와 피부과 의사가 되고 싶었다. 네 살 때 스스로 춤을 정말로 잘 추는 줄 알았고, 손에 잡히는 건 뭐든 잡아뽑는 것을 좋아했기 때문이다. 다섯 살이 되었을 때 공식적으로 그 둘을 통합해 누가 물어보면 "내 꿈은 춤추는 의사가 되는 거예요"라고 말했다.

**창업할 때 들은 최고의 조언은?**

셀 수 없이 많았다. 디자인 학교를 다니던 시절 한 교수가 한 말이 있다. "아이디어를 말할 땐 언제나 다

섯 번째 것을 말하라. 처음 떠올리는 것들은 다른 디자이너들도 생각하는 것들이다. 자기만의 엉뚱한 지점, 자기만이 생각해낼 수 있는 지점, 다섯 번째, 여섯 번째 콘셉트가 나올 때까지 밀고 나가라. 그러면 마침내 보물을 발견할 것이다." 이 조언을 매우 좋아했다. 방송 쪽에선 한 피디가 해준 조언이 있다. "침묵의 순간이 있어도 말로 때우려 하지 말라. 그 순간이 불편하게 느껴지긴 하겠지만, 나뭇가지에 매달린 과일이 떨어질 때까지 기다리듯, 말없이 버텨라. 그러면 결국 당신이 질문을 던지는 상대 쪽에서 보다 정직하게 자기를 드러내 보이게 될 것이다".

**작업 공간에서 가장 마음에 드는 점은?**

설계도 위치도 아니니다. 단지 내 것이라는 사실이 좋다. 내 일의 특성상 나를, 나의 디자인을, 내 시간을 세상에 너무도 많이 내주고 있어서 그런 모양이다. 이곳은 내가 입을 다물고 있을 수 있는 공간이며 어린 아이처럼, 미술과 대학생처럼 창작에 몰두할 수 있는 곳이기도 하다. 가타부타 평가를 받지 않아도 되는 나만의 공간이다.

**일하면서 가장 크게 희생한 것은?**

시간과 나의 20대. 열정 때문에 하는 일을 희생이라고 부르기 힘들 테지만, 내 직업에서 오는 생활 방식 때문에 가족과 나 자신의 중요한 일이나 행사를 많이 놓쳤다. 그렇지만 방송일이 삶을 집어삼킨다고 해도, 영화판을 제외하고 그 어느 직업에서도 재현할 수 없는 많은 경험을 하게 해준다.

**당신에게 성공이란?**

마음에 드는 질문이다. 대답하기 어려워서다. 당장 떠오르는 답변은,

내가 상상하는 대로 산다는 것. 또 그 상상에서 사는 동안 최대한 많은 사람과 공유할 수 있다는 것. 나에게 영감이 부족할 거라는 걱정은 절대 하지 않는다. 오히려 한 번 인생을 사는 것으로는 그 영감을 모두 실현시키지 못할까봐 걱정이다.

**밤잠을 설칠 만큼 두려운 일이나 직업적인 고민이 있다면?**

내 일은 마치 저글링 같다. 모든 공이 공중에 떠 있는 동시에 반짝거리게 할 수 있을까?

**회사를 경영하며 얻은 가장 큰 교훈은?**

성장을 위해서는 한계를 넘어야 한다. 믿고 일을 맡길 수 있을 만큼 재능이 있는 건 물론이요, 선한 사람들을 곁에 두어야 한다. 아무리 실력이 뛰어나다 해도 예의와 친절을 모르는 사람은 필요없다.

**성공의 밑거름이 된 실수가 있다면?**

모든 게 시행착오 아니겠는가? 중서부 출신이라서, 여성이라서, 프리랜서라서, 이례적인 일을 하는 디자이너라서, 배려를 중시하는 사람이라서 무조건 '네'라고 말하는 경향이 내겐 있다. 즐겁게, 열심히 일하고 싶고, 모두가 만족했으면 하는 생각에서 그런 거지만 그러면서 자기를 돌보지 않으면 결국엔 쓰러지기 마련이다. 이제 나는 엄마로서, 디자이너 공동체에서 경험이 많은 사람으로서 '아뇨'라고 말할 수 있게 되었다. '아뇨'라는 말엔 힘이 있다. '아뇨'라고 말하는 건 자신의 가치를 올리는 방법이다. 특정한 일이나 다른 생활 방식을 거절하면서 배운 것이다. 그 덕에 좀 더 균형잡힌 삶을 누릴 수 있고 더 나은 제안도 빨리 들어오게 된다.

**당신의 전문 분야를 처음 접하고, 일하게 된 경위는?**

만약 내 유년 시절을 찍는 TV 카메라가 있었다면 재건축을 소재로 한 방송도 만들 수 있었을 것이다. 우리는 80년대 내내 그리고 90년대 초까지 미니애폴리스의 빅토리아 시대 주택을 복구하고 보수하는 일을 했다. 나는 자라면서 인테리어 디자이너를 본 적이 없었고, 어떤 사람이 그 일을 하는지도 알지 못했다. 외무부 직원의 꿈을 안고 대학에 들어가 국제관계를 공부하다가 미술 필수과목으로 그래픽 디자인 강의를 듣게 될 때까지는 그랬다. 늘 미술을 잘했고 좋아했지만 그걸 업으로 삼게 될 줄은 몰랐다. 그런데 강의를 듣는 것만으로도 구름이 걷히고 빛이 보이는 것 같았다. 열여덟 살에 평생을 함께할 일을 찾은 셈이었다. 그때 생각에 디자이너는 궁극의 미학을 추구하는 오케스트라의 지휘자 같았고, 내겐 절대적인 것이었다. 사실, 지금도 마찬가지다.

**창업 전 고려해야 할 가장 중요한 세 가지는?**

1. 소셜미디어를 전적으로 활용하라. 당신의 청중들을 만족시키거나, 참여시키거나, (교묘하게) 광고를 보게 할 수도 있는 가히 최고의 수단이다. 창의적인 사업주로서 소셜미디어에 매일 일정한 시간을 할애해야 한다. 오래 전부터 사용해온 사람들, 이 일을 정말 잘하고 있는 사람들을 팔로우해서 필요한 기술을 습득하라.
2. '개자식은 가까이하지 마라' 원칙을 세워라. 그런 인간을 동료나 직원으로 들여선 안 된다. 심성이 나쁜 사람 때문에 속을 끓이기엔 삶은 너무 짧고 우린 너무도 예민한 존재 아닌가. 친절하라. 당신이 만든 결과물이 그 성품을 반영할 것이다.
3. 여행으로 충전하라. 우리는 다른 사람들보다 더 열심히 보아야 한다. 새로운 삶을 보지 않으면 스스로를 반복하게 된다. 여행은 필수다.

# 카를라 페르난데스 × 크리스티나 랑헬

패션 디자이너 | 멕시코 시티, 멕시코

멕시코 전통의 기하학 무늬와 섬유를 활용한 패션 브랜드 〈Carla Fernández〉 공동 대표

"삶에는 늘 즉흥성이 필요하다. 유연성은 창조력을 가져다준다."

**창업할 때 들은 최고의 조언은?**

크리스티나 인내할 것, 겸손할 것, 조언을 구할 수 있는 사람들과 친하게 지낼 것.

카를라 열네 살 여름방학 때였다. 사고 싶은 게 있으면 스스로 벌어서 사보라는 부모님의 권고로 친구들과 일을 시작했다. 그 덕에 직업의 중요성을 일찍 깨달을 수 있었다.

**작업 공간에서 가장 마음에 드는 점은?**

크리스티나 우리 작업실에는 특유의 혼란스러운 분위기가 존재하는데, 삶에는 늘 즉흥성이 필요하고 유연성은 창조력을 가져다준다는 것을 상기시켜주곤 한다.

**일하면서 가장 크게 희생한 것은?**

---

크리스티나 경제적인 안정성이다. 다행히 창업에 뛰어든 후 처음 몇 해는 가족으로부터 경제적인 도움을 받을 수 있었다.

카를라 밤낮없이 일하고 있고, 휴가마저 일에 묶여 보낸다. 그래도 내가 정말 사랑하는 일을 하고 있기 때문에 내게 희생은 즐거움의 다른 말이 되었다.

---

**당신에게 성공이란?**

크리스티나 나에겐 카를라와 내가 성공할 거라는 확고한 믿음이 있다. 벌써 어느 정도 성공한 것 같긴 하다. 우리가 가진 최고의 자산은 멕시코 전통의 유산임을 인정한다. 우리 문화권 사람들의 도움으로 모두가 꿈꾸는 멕시코를 우리가 만들 수 있을 것이다. 공정하고 정직하며 수준이 높고 다양한 멕시코를 원한다.

**자신감이 떨어지거나 난관에 부딪혔을 때 극복하는 본인만의 비결이 있다면?**

크리스티나 자꾸만 잊어버려서 틈나는 대로 이렇게 되새기며 다짐한다. 우리가 실패하거나 이 회사가 성공하지 못하더라도 나는 괜찮을 것이며, 실패는 인생의 일부분이라고. 이 회사에 투자하면서 배운 것이 너무도 많기 때문에 실패한다 해도 이후 성공의 디딤돌이 될 것이다.

카를라 우리와 함께 일하는 사람들을 생각하면서, 각자의 강인함이 서로에게 얼마나 큰 힘이 되는지 새삼 깨닫는다. 우리는 협력하고 서로를 돕기 위해 여기에 있다.

**지금까지 축적한 노하우를 가지고 창업할 때로 돌아간다면 바꾸고 싶은 과거는?**

카를라 10년 전에 함께 일했던 동료, 크리스티나를 수소문해 찾았을 거 같다.

# 사민 노스라트

셰프 · 작가 | 버클리, 캘리포니아

소금 · 지방 · 산 · 열 4가지 요소로 만드는 요리를 소개하며, 〈SALT FAT ACID HEAT〉 집필

"규칙을 뛰어넘어서가 아니라 자기가 정한 규칙을 통해 성장해나가는 창작자 여성들이 내겐 귀감이 된다."

**어렸을 적 꿈은?**

어렸을 적에 같이 살았던 이모를 사랑하고 동경했다. 우리 집 근처의 대학에 들어가면서 같이 살았던 이모는 시간제로 대학 도서관에서 일을 했고, 나도 어른이 되면 이모처럼 도서관 사서가 되겠다는 생각을 했다. 그러다 고등학교 때 만난 국어 선생님이자 크로스컨트리 코치가 내 인생을 바꿨다. 톰 도먼 선생님은 내가 처음 만난 페미니스트였다. 그에게서 타이어를 가는 법, 자연을 사랑하는 법, 권위에 의심을 품는 습관을 배웠다. 선생님은 나에게 글쓰기 재능이 있다고 하시며 〈뉴요커〉 구독권까지 주셨다. 그때부터 작가가 되고 싶었다. 요리 인생을 시작한 뒤로도, 언젠가 책을 쓰리라는 꿈을 절대 버리지 않았다.

**다른 여성 창작자에게서 가장 존경하는 점은?**

규칙. 정해놓은 규칙이 없어서 번번이 낭패를 본다. 그래서인지 규칙을 뛰어넘어서가 아니라 자기가 정한 규칙을 통해 성장해나가는 창작자 여성들이 내겐 귀감이 된다.

**작업 공간에서 가장 마음에 드는 점은?**

나의 주방은 아름답고 각자의 의미와 쓸모를 담은 물건들로 가득한 영감의 원천이다. 이곳은 또, 세계 곳곳에서 구해온 물건들의 집합소이기도 하다. 쿠바와 멕시코에서 온 나무 숟가락, 이탈리아산 놋쇠와 동으로 만든 파스타 제작 기구들, 파키스탄산 양념통. 친구들이 준 선물도 있다. 일본산, 페루산, 콜롬비아산 도자기 그릇, 기대어 앉기 좋아했던 나무로 손수 제작한 도마, 행사차 베이징에 함께 간 앨리스 워터스가 중국에서 가장 오래된 칼 가게에서 사준 식칼. 나의 아담한 주방을 오갈 때마다 나의 일과 인생, 내가 사랑하는 사람들이 은연중에 서로 어떤 영향을 주고 발전하게 해주는지 생각하게 된다.

**1억 달러가 주어진다면 사업을 지금과 다르게 경영할 건가? 무엇을 바꿀 텐가?**

그렇다! 세 가지 기본적인 변화를 줄 것이다.

1. 아름답고 영감을 주는 작업실을 만들어 내 집필 공간, 교육과 주방 실험실은 물론, 책 사인회나 특별한 저녁식사 같은 규모 있는 모임을 주최하고 싶다. 자연광이 많이 들어오고, 천장이 높고, 내가 좋

아하는 작가들의 작품도 걸어놓고, 야외 장작 화덕과 그릴을 두고, 채소와 꽃을 키우는 정원과 낮잠을 잘 곳도 꼭 만들 것이다.

2. 지원팀을 고용하고, 그들을 돕고 싶다. 나는 작은 사업체 운영의 핵심을 못 잡고 헤매곤 한다. 내가 능숙하지 못한 일들을 처리해줄 수 있는 근면한 사람들을 데려오고, 나만이 할 수 있는 일에 집중하고 싶다. 디자이너부터 회계사나 선생님, 그리고 모두를 관리할 사람까지, 똑똑하고 재능있고 독립적인 사람들을 고용하고 싶다. 그들은 핵심 목표(모두가 요리하고 식사를 함께하는 것을 우선으로 둘 수 있도록 교육하고, 영감을 주고, 격려하는)를 향해 같이 달려갈 의지가 있는 사람들이어야 한다. 그리고 나는 고용인으로서 그들을 정말 잘 보살필 것이다.

3. 비영리 재단을 만들고 싶다. 데이브 에거스가 저소득층 학생들의 글쓰기 기량을 연마할 수 있도록 설립한 비영리 단체인 〈826 발렌시아〉를 존경해왔다. 나는 그가 최근에 문학계에서 얻은 악명을 이용해 저명한 작가 지인들을 〈826〉에 참여시키고 지지하게 해서 결국 세간의 관심을 끈 능력에 탄복한다. 청소년들에게 부엌일을 가르쳐주는 것도 못지않게 중요하다고 생각한다. 마법의 돈 일부를 사용해 〈826〉의 요리 버전을 설립하고 내가 아는 모든 이들을 끌어들일 수 있으면 정말 신날 것이다.

**자신감이 떨어지거나 난관에 부딪혔을 때 극복하는 본인만의 비결이 있다면?**

심리 상담.

**스스로 생각하는 자신의 장점은?**

무한한 호기심.

**지금 세상에 더 필요한 게 있다면? 줄여야 할 게 있다면?**

비극적으로 세상을 떠난, 빛나는 아티스트 수잔 오말리의 말을 빌자면 "인터넷은 더 적게, 사랑은 더 많이".

**당신다운 모습으로 당신이 사랑하는 일을 하도록 영감을 주는 문구가 있다면?**

---

"상상력은 잘 드는 도구보다 낫다. 관심을 갖는 일이야말로 우리의 영원하고 참된 일이다." 메리 올리버가 말했다.

---

**슬럼프를 극복하고 영감을 얻는 당신만의 비결은?**

바다로 뛰어든다.

**좋은 하루를 시작하기 위해 매일 아침 첫 번째로 하는 일은?**

항우울제를 먹는다.

**과거와 현재를 통틀어 가장 존경하고 닮고 싶은 여성은?**

앨리스 워터스, 줄리아 차일드, 엘레나 페란테, 존 디디온 그리고 우리 국회의원 바바라 리. 2001년 9월 11일 공격이 있은 후 미국 의회에서 무력사용 허가에 반대표를 던진 유일한 의원이었다.

**마법에 의해 하루에 3시간씩 더 주어진다면?**

잔다.

# 엘리스 코낙 × 안나 히에로니무스

셰프 · 식당 경영자 | 브루클린, 뉴욕

미국 스타일의 현대식 레스토랑 〈Take Root〉 공동 대표

"우리는 아주 어릴 때부터 다른 사람과 달라도 괜찮다는 걸 교육받고 보고 자란 덕에 지금 여기까지 올 수 있었다."

**어렸을 적 꿈은?**

엘리스 의사.

안나 수의사.

**창업할 때 들은 최고의 조언은?**

엘리스 꿈을 믿고 인내하라.

안나 어머니가 항상 하신 말씀이 있다. "최선을 다하고 있다면, 더 할 건 없다."

**작업 공간에서 가장 마음에 드는 건?**

엘리스 자연광. 상업성에 치우친 부엌은 자연광이 전혀 안 들어오는 경우가 대다수다.

**일하면서 가장 크게 희생한 것은?**

엘리스 여유 시간. 자신의 공간을 소유하거나 사업을 시작하고 스스로가 자신의 상사가 되면, 직장 밖에서 보내는 시간엔 대개 일만 하게 된다.

**밤잠을 설칠 만큼 두려운 일이나 직업적인 고민이 있다면?**

엘리스 몇 년 전, 신혼여행을 떠나 있는 동안 홍수가 나서 가게가 망가진 적이 있다. 돌아온 우리를 맞아준 건 폐허가 된 식당이었다! 꼬박 두 달을 수리한 끝에야 영업을 재개할 수 있었다. 그래서 가게를 얼마간 비울 일이 생길 때마다 겁이 난다. 다행히 아직까진 아무 일 없었다!

**회사를 경영하며 얻은 가장 큰 교훈은?**

엘리스 기대한 대로 일이 풀리는 적은 거의 없지만, 그게 꼭 나쁜 것만은 아니더라. 목표는 꼭 쥐고 있되, 기대는 놓으라.

안나 언제 어디서나 인내심을 가져라.

**성공의 밑거름이 된 실수가 있다면?**

안나 처음 식당을 개업했을 때 테이스팅 메뉴는 공동 식탁에 차려놓았다. 우리가 계획한 구상이었는데, 몇 달이 지나서야 고객의 편의에 어긋나는 것임을 깨닫게 되었다. 가끔, 애초의 관점이나 계획을 버리

2015
MICHELIN Guide
Take Root

고 다른 방향으로 가야 할 때가 있다. 애초의 계획을 수정한 후, 우리도 손님들도 더 만족하게 되었다. 이 일을 시작하고 몇 달 후에 깨달은 교훈은 손님 입장에서 생각할 때 가장 만족스러운 결과를 끌어낼 수 있다는 것이었다.

**자신감이 떨어지거나 난관에 부딪혔을 때 극복하는 본인만의 비결이 있다면?**

엘리스　가족에게 조언을 구한다. 그들이야말로 절대적인 지원군이다.

**이 일을 하면서 스스로 평가하기에 지금껏 가장 잘한 일은?**

엘리스　2015년에 미슐랭 별을 받은 일. 미슐랭 별은 모든 셰프가 꿈꾸는 경지다. 최고의 영광이며 축복으로 느낀다.

안나　이 사업을 성사시킨 것. 처음 이 식당을 차리겠다고 했을 때 주변에선 부정적인 반응을 보였다. 비웃을 뿐만 아니라, 남다르다는 점 때문에 '기괴하다'는 말까지 했었다. 그러나 우린 기어코 일을 성사시켰고, 이제 모든 면에서 성공적으로 운영해나가고 있다. 그런 점에서 우리가 이긴 것 같다.

**개인적 또는 직업적 모토가 있다면?**

---

안나　식당일이 견디기 힘들거나 정신없다고 생각될 때에도, 우리의 모토는 "끝까지 밀고 가야 한다"이다. 어떤 일도 끝이 있기 마련이고 가끔 힘들더라도 끝까지 밀고 가야 하는 경우가 있다.

---

**당신의 전문 분야를 처음 접하고, 일하게 된 경위는?**

안나 〈테이크 루트〉 사업을 처음 구상했을 때 우린 메릴랜드의 20만 제곱미터에 달하는 나의 부모님 집에 있었다. 엘리스는 아르바이트를 관둔 지 얼마 안 된 때였고, 나도 뉴욕에서 다니던 직장을 그만둔 터였다. 숲을 산책하다가 사업 아이디어를 처음 떠올리게 되었고, 그때 주운 나뭇잎을 아직도 간직하고 있다.

**일할 때 반드시 챙기는 도구나 물건, 의식이 있나?**

엘리스 함께 하루를 시작하고 끝내는 의식이 있다. 아침엔 커피를 한 잔하면서 하루를 준비하고 밤엔 와인 한잔을 기울이며 그날 있었던 일을 돌아본다.

**과거와 현재를 통틀어 가장 존경하고 닮고 싶은 여성은?**

안나 우리 가족의 여성들, 언니와 우리 어머니들. 모두 창의적이고, 근면하고 의지력이 강하며 각자 개성대로 살고 있다. 우리는 아주 어릴 때부터 다른 사람과 달라도 괜찮다는 걸 교육받고 보고 자란 덕에 지금 여기까지 올 수 있었다.

TURTLE KING
LOVE

# 케이트 본스타인

작가 · 예술가 · 활동가 | 뉴욕

〈Gender Outlaws〉, 〈My Gender Workbook〉 등
여성과 젠더 분야의 책을 집필

"질문은 더 많아져야 하고
대답은 더 적어져야 한다."

**어렸을 적 꿈은?**

여자가 되는 것, TV에 출연하는 것, 만화에 나오는 영웅이 되는 것! 만사태평이었다! 여자는 1986년에 되었다. 첫 TV 출연은 1992년쯤 제랄도 리베라의 토크쇼였고, 최근엔 〈나는 케이트〉에 케이틀린 제너와 출연했다. 90년대 초반엔 작가 레이첼 폴락이 나를 모델로 〈둠 패트롤〉의 응고물 캐릭터, '케이트 고드윈'을 만들었다. 고체를 액체로, 액체를 고체로 만들 수 있는 슈퍼파워를 가진 트랜스섹슈얼 레즈비언이다. 그 능력을 키우는 데 평생이 걸렸지만, 내 능력이 맞다.

ANNIE SPRINKLE'S
BOSOM BALLET

**다른 여성 창작자에게서 가장 존경하는 점은?**

창의적인 여성은 "쇼는 계속되어야 한다"는 것을 알기 때문에 절대 멈추는 법이 없다. 안 그럴 때도 있긴 하지. 분야를 막론하고 예술의 벽은 높다. 우유부단함, 자기에 대한 의심, 대인관계에서 받는 상처 등이 날 둔화시킨다.

**당신에게 성공이란?**

독자와 관객이 내 농담을 이해할 때, 슬픈 대목에서 울 때, 감탄하느라 말도 못할 때. 이 세 가지가 다 이뤄질 때에만 성공했다고 말할 수 있을 것 같다. 인간으로선, '이 정도면 할 만큼 했다'라고 스스로 말할 수 있을 때 성공했다는 기분이 든다.

**1억 달러가 주어진다면 사업을 지금과 다르게 경영할 건가? 무엇을 바꿀 텐가?**

예전부터 꿈꿔오던 일이라 간명하게 답변할 수 있을 것 같다. 인생의 속도를 완전히 바꿀 것이다. 저지 해변의 오래된 호텔 한 채를 사서 예술을 위한 입주형 학교로 바꿀 것이다. 괴짜고, 쿨한 예술인 친구들과 함께 위기 청소년들을 가르치고 싶다.

**일하면서 가장 크게 희생한 것은?**

대중의 인정. 나는 버르장머리 없고, 괴짜에 변태인 것도 모자라 미친 년이다. 지금보다 좀 더 조신한 길을 걸었다면 적어도 여섯 번은 주류 스타가 될 기회가 있었다. 하지만 기회는 매번 같은 조건을 달고 왔다. 깨끗할 것, 끔찍한 얘긴 하지 말 것, 너무 야한 분위기를 만들지 말 것. 나는 청소년이나 괴짜들과 무법자들이 내 가족이라 생각하며, 그들을 위해 글을 쓴다. 끔찍함과 야함은 내 가족의 피에 흐르고 있고, 서로를 위해서만 깨끗이 치우고 산다.

**밤잠을 설칠 만큼 두려운 일이나 직업적인 고민이 있다면?**

여자친구에게 나의 밤잠을 설치게 만드는 것을 대보라고 했더니 사회 운동부터 뷰티 비결까지 긴 목록을 줄줄이 대기 시작했다. 그만하라고 했더니 더 길게 늘어놓더라. 고맙다, 이런 질문을 해줘서. 대답을 찾느라 잠을 못 자게 생겼다.

**자신감이 떨어지거나 난관에 부딪혔을 때 극복하는 본인만의 비결이 있다면?**

경계성 인격장애를 안고 산다는 것은 스스로가 자기 회의에 붙잡힌 데다가 역경으로 가득 찬 삶을 살아간다는 얘기다. 그래도 이제 변증법적 행동 치료를 받은 지 좀 되었다. 마샤 라인한이 개발한 인지 행동 치료와 젠의 결합이다. 스트레스 참는 법, 인간관계, 마음챙김, 감정 관리와 관련된 실용적인 테크닉을 배웠다. 변증법적 행동 치료 덕분에 힘든 일이 있어도 그럭저럭 넘기고, 그런 후에도 망가지지 않는 법을 배우고 있다.

**스스로 생각하는 자신의 장점은?**

'지금 이 순간 있는 그대로 받아들이기'를 좀 더 잘하게 되었다. 그러면서 마음의 평화와 안정도 찾을 수 있게 되었고.

**개인적 또는 직업적 모토는?**

살면서 선택하는 그 어떤 길도 정답은 아니니 가장 마음에 들고 가장 재미있는 길을 선택해도 좋을 것이다.

**지금 세상에 더 필요한 게 있다면? 줄여야 할 게 있다면?**

질문은 더 많아져야 하고 대답은 더 적어져야 한다.

**10~20년 전 자신에게 들려주고 싶은 말은?**

삶에 가치를 더하는 것이라면 뭐든 다 해도 괜찮다고 할 것 같다. 그 어떤 것이라도. 단, 한 가지 명심할 규칙은 '못되게 굴지 말 것'. 미리 알았더라면 아마 마음 아플 일이 훨씬 적었을 것 같다.

**슬럼프를 극복하고 영감을 얻는 당신만의 비결은?**

사랑하는 사람들과 이야기를 한다. 악몽 같은 시련으로 헤매는 날 도와줄 수 있을 정도로 날 잘 아는 친구들이다.

**마법에 의해 하루에 3시간씩 더 주어진다면?**

한 시간은 일하고, 한 시간은 놀고, 한 시간은 잘 것이다.

**긴 일과를 마치고 집에 왔을 때 당신을 가장 기쁘게 하는 것은?**

투어를 끝내고 집에 돌아온 내 무릎 위에서 갸르릉대는 시베리안 고양이.

**과거와 현재를 통틀어 가장 존경하고 닮고 싶은 여성은?**

하퍼 리. 할 일을 다한 후 미련 없이 물러났다.

**일할 때 반드시 챙기는 도구나 물건, 의식이 있나?**

인터넷에 연결된 나의 맥북 프로.

# 카렌 영

제품 디자이너 · 사업가 | 브루클린, 뉴욕

친환경적인 직물을 이용해 제품을 만드는 〈Hammocks & High Tea〉 대표

"길게 보고 준비해야 하며,
그 과정에서 맛보는 성공에도,
실패에도 스스로 함몰되는 일은
없어야 한다."

**어렸을 적 꿈은?**

어릴 적부터 이치를 따지거나 탐구하길 좋아해서, 변호사나 인류학자가 되고 싶었다.

**창업할 때 들은 최고의 조언은?**

사업가가 뭔지도 몰랐던 일곱 살 때 할머니가 진지한 눈으로 날 바라보며 차분하고 상냥한 말투로 "사람은 인내할 줄 알아야 한다"고 말했다. 그리고 내게 '인내'란 말을 반복해 따라 하게 하면서 철자를 알려줬고, 그 뜻을 잊지 말라고 했다. 또, 살면서 엄청난 도전과 시련이 찾아와도 헤쳐나가야 한다고 했다. 왜 그런 말을 했는지는 기억나지 않지만, 한 번도 잊을 수 없었다. 창업의 밑거름이 되는 단 하나의, 가장 중요한 각오가 되어줬으니까. 사업 전반에 관한 기술은 얼마든지 배우면 됐지만, 인내만큼은 그 뜻도 알지 못한 때부터 터득한 셈이었다.

THE LEAN STARTUP
A MEMOIR
MARRAKESH BY DESIGN

**일하면서 가장 크게 희생한 것은?**

좋아하는 여행을 마음껏 할 수 없게 되었다. 사업을 하려면 내 시간을 엄청나게 투자하지 않으면 안 된다. 사업은 한 단계씩 성장할 때마다 다른 종류의 에너지, 학습, 헌신을 요한다.

**당신에게 성공이란?**

성공에 대한 생각이 달라졌다. 어렸을 때는 성공이란 손에 만질 수 있는 것, 즉 어렵게 번 돈으로 구입한 것들을 의미했다. 나이가 들고 세상을 보는 눈이 생기면서는 내가 즐길 수 있는 시간과 그 시간을 함께 보낼 사람들에게 더 관심이 많아졌다. 이제 나에게 성공이란 친구들과 보내는 여유 있는 저녁 식사, 웃음, 가족과의 시간, 여행을 가급적 많이 다니기 등이라고 할 수 있다. '물건보다 경험'이 내 모토다.

**회사를 경영하며 얻은 가장 큰 교훈은?**

'자고 일어나 보니 성공'한 사람이 되려면 10년은 족히 투자해야 한다고 1년에 한 번씩 말해주는 친구가 있다. 사업가 정신이라는 것이 매우 낭만적으로, 매끈한 것으로 보일 수 있다. 사업을 키우는 데 필요한 용기와, "할 수 있어!"라는 구호에 가려진 현실적 어려움에 대한 기사는 찾아보기 힘들다. 내가 얻은 가장 큰 교훈은 길게 보고 준비해야 하며, 그 과정에서 맛보는 성공에도 실패에도 스스로 함몰되는 일은 없어야 한다는 것이다.

**성공의 밑거름이 된 실수가 있다면?**

사업을 확장하는 방법을 알지 못해 한참을 고전했다. 다른 사업가들에게 물어보고 책과 블로그도 닥치는 대로 읽어봤지만 물음표뿐이었다. 다들 성장을 얘기하지만, 정작 과정의 요모조모를 아는 사람은 없었다. 사업 확장이 마치 반질반질한 유리산처럼 느껴졌다. 발 디딜만한 데가 하나도 없는데 정복한 사람이 있다는 소문만 무성한. 그런 사람들은 어떤 장비를 썼을까? 어떻게 그 산까지 갔을까? 힘든 건 뭐였을까? 결국 정답을 찾는 건 포기하고 무작정 달려들어 회사 규모를 키웠다. 유통을 확대했고 다수의 영업팀을 관리했으며 제품 생산을 세 배로 늘렸다. 팀으로 해야 할 일을 혼자 하려 하다 결국 그 무게에 짓눌리고 말았다. 시간, 인내, 일정한 속도, 기술, 자금, 약간의 운까지 다 있어야 했다. 민첩하고 피드백과 변화에 빨리 적응할 줄도 알아야 했다. 또 사업을 성공시키려면 도움이 필요할 때 언제 어디서 구할지도 알아야 했다. 그런 끝에 많은 일을 성사시킬 수 있었다. 거대한 유리산을 오르는 방법을 알게 된 것이다. 결과적으로 내 사업은 개선된 제품, 멋진 스토리, 내가 필요할 때 바꿀 수 있는 정도의 속도로 성장하는 것에 초점을 맞추게 되었다. 다른 사람들이 하고 있으리라 짐작하는 사업이 아니라, 내가 필요한 사업을 만들어야 함을 배웠다.

**자신감이 떨어지거나 난관에 부딪혔을 때 극복하는 본인만의 비결이 있다면?**

필요할 때마다 틈날 때마다 나 자신을 위한 시간을 내려고 한다. 그 시간은 아침 명상을 위한 단 5분일 수도 있고, 유치한 TV 쇼를 보는 30분일 수도 있다. 사업은 내가 택한 길이고 나 자신을 다 쏟아붓게 만드는 강력한 경험이며, 나의 역량이 사업가의 길에 잘 맞는다 해도, 일이 곧 내가 아님을 잊지 않으려고 노력한다.

**당신다운 모습으로 당신이 사랑하는 일을 하도록 영감을 주는 문구가 있다면?**

"내가 길을 찾아 나설 때 길도 내 앞에 열릴 것이다." 루미의 말이다.

**스스로 생각하는 자신의 장점은?**

불굴의 끈기.

**일할 때 반드시 챙기는 도구나 물건, 의식이 있나?**

하얀 종이와 검은색 펜. 해야 할 일의 목록이 내 앞에 있어야 일이 된다. 목록의 항목을 하나하나 지워나갈 때 정말 뿌듯하다.

**좋은 하루를 시작하기 위해 매일 아침 첫 번째로 하는 일은?**

'감사 목록'을 작성한 지 1년째다. 하루 전에 내가 해낸 것, 겪은 일 가운데 감사할 만한 것을 세 가지씩 생각한다. 타성에 젖지 않으려고 노력한다. 감사하는 이유도 생각한다. 하루를 의미 있게 시작하는 비결이다. 그리고 먼지 한 조각조차 움직이지 못한다는 자괴감이 들 때, 실은 산을 옮기느라 그런 거란 생각을 하게 해준다.

**지금 세상에 더 필요한 게 있다면? 줄여야 할 게 있다면?**

진정한, 진솔한, 섬세한 연결이 더 필요하다. 개인은 더 풍요로운 인간관계를, 경영자는 손님과 더욱 진솔한 협력을 이뤄나갈 수 있을 것이다. 가식은 줄이고, 진정성을 늘리자.

# 크리스틴 슈미트

예술가 · 디자이너 | 샌프란시스코, 캘리포니아

수제 종이 카드, 스탬프 등을 판매하는 〈Yellow Owl Workshop〉 대표

"혁신이나 영감을 얻고 싶다면 다른 사람들이 아니라 자신의 내면을 들여다보라. 그것만이 자신에게 솔직해지고 일을 재미있게 할 수 있는 방법이다."

**어렸을 적 꿈은?**

예술이나 디자인 쪽에서 일할 거라는 건 늘 알고 있었지만, 이 일을 하게 될 줄은 몰랐다. 그만두게 되더라도, 나는 언제나 예술가일 것이다.

**작업 공간에서 가장 마음에 드는 점은?**

거대한 작업대. 새 작업실에서 여러 프로젝트를 동시에 진행한다. 날 위해 처음, 그리고 가장 잘 구입한 것이 이 작업실이다.

**일하면서 가장 크게 희생한 것은?**

나 자신, 일 바깥의 시간. 엄마가 되어서야 비로소 일이 자나 깨나 내 시간을 온통 빨아들이고 있음을 알아차렸다. 딸을 낳은 후 실제로 일을 관둘 생각도 했지만, 다행히도 그런 생각이 잦아들면서 이 모든 걸 하나로 통합해야 함을 깨달았다. 이상하지만, 할 일이 많아지면 시간을 더 잘 활용하고 스스로를 의심할 일도 적어지더라.

**당신에게 성공이란?**

자율성. 예전에는 엄두도 내지 못했던 모험을 해볼 수 있다. 창의성을

BRITTLE
DUCTILE
LOW MELTING
Si P S Cl
As Se Br
Te I
At
Pm Sm Eu Gd Tb Dy Ho Er Tm Yb Lu
Np Pu Am Cm Bk Cf Es Fm Md No Lw
THE WELCH SCIENTIFIC COMPANY

발휘하면서 사업을 해나가려면 언제나 절충해야 하기 마련이지만, 그 가운데 균형을 잡아간다면 그것 역시 성공을 뜻한다고 생각한다. 나는 일하면서 내준 것만큼 돌려받아야 직성이 풀린다.

**밤잠을 설칠 만큼 두려운 일이나 직업적인 고민이 있다면?**

솔직히 말하면 없다. 이 사업을 막 시작한 2006년, 나의 쌍둥이 언니 제시가 세상을 떠났다. 서서히 슬픔을 극복해나가면서 규모가 큰 일부터 수습했는데, 그러면서 사소하고 불필요한 일을 수습할 여력도, 그럴 필요도 없음을 알게 되었다. 그중 하나가 내 선에서 해결되지 않는 것에 대한 두려움이었다. 사람들이 내 스케치를 좋아해줄지, 배송이 제 시간에 될지 걱정하지 않게 되었다는 건 아니고, 일이 어떻게 되건 나는 살아 있으리라는 걸 알게 되었다는 뜻이다.

**1억 달러가 주어진다면 사업을 지금과 다르게 경영할 건가? 무엇을 바꿀 텐가?**

직원들에게 여왕처럼 살 수 있게 급여를 대폭 인상하고 그들의 학자금 대출을 갚아주고 싶다. 다들 예술가 아니면 음악가들이어서 나 자신 못지않게 후원해주고 싶다. 그들을 직원으로서 존중하려면 사업장 밖에서도 꿈과 욕망이 있는 존재로 대해야 한다.

**성공의 밑거름이 된 실수가 있다면?**

사업을 시작한 지 얼마 안 돼서 소셜미디어가 흥하기 시작했다. 비즈니스 상식을 허투루 몸에 익힌 건지, 내 분야에서 일어나는 모든 것에 발맞추겠다는 생각에 전략적인 관계에 억지로 맞추려 했고, 하고 싶지 않은데도 하겠다고 했다. 몸을 낮추고 적응하려 했지만 부질없는 일이었다. 번잡한 일들을 놔버렸더니 다시 집중할 수 있었고, 더 독창적인 일을 할 수도 있었다. 트렌드엔 유효기간이 있다는 것도 알게 되었다. 혁신과 영감을 얻고 싶다면 다른 사람들이 아니라 자신의 내면을 들여다보라. 그것만이 자신에게 솔직해지고 일을 재미있게 할 수 있는 방법이다.

**자신감이 떨어지거나 난관에 부딪혔을 때 극복하는 본인만의 비결이 있다면?**

생각은 멈추고 만드는 일을 한다. 내 눈과 뇌, 손과 종이와 물감 말고는 아무것도 끼어들 수 없는 경지까지 집중한다. 이렇게 집중하는 맛에 이 일을 한다. 창의적으로 사업을 운영하려면 내 안의 많은 것을 밖으로 꺼내놔야 하기 때문에 다시 채울 필요가 있다.

**지금 세상에 더 필요한 게 있다면?**

창의성이 돈과 정치에 어떻게 연결되는지를 이야기하는 진짜 토론. 창의적인 일을 할 만큼 여유가 있다면 실천하고 즐기고 고마워해야 한다. 또 당신이 누리는 투표권, 돈, 시간을 다른 사람도 누릴 수 있게 해줘야 한다. 자신을 내보일 기회가 없다는 이유로 이 책에 실리지 못한 여성이 얼마나 많겠는가.

**개인적 또는 직업적 모토가 있다면?**

실패를 기회로 바꿔라. 결과가 참담할수록 내 작업에 대해 더 잘 알게 된다. 실수와 변화가 없다면 부진해진다. 안정은 사후경직과도 같아서 뒤처지게 만든다. 부진을 만회하고 성장하려면 설령 후퇴하더라도 움직여야 한다.

**스스로 생각하는 자신의 장점은?**

다른 이들과 나를 비교하지 않는다. 나는 경쟁하고 있는 게 아니다.

# 록산 게이

작가 · 교수 | 뉴욕

퍼듀 대학 교수이자 뉴욕타임스의 필자로, 〈나쁜 페미니스트〉 집필

"끈질기게, 야심차게, 탁월하게."

**어렸을 적 꿈은?**

의사가 되고 싶었다. 외과의나 응급실 전문의 중 하나.

**다른 여성 창작자에게서 가장 존경하는 점은?**

그들의 끈기, 아름다움을 창조하는 능력과 그 아름다움의 예기치 않은 형태를 존경한다.

**당신에게 성공이란?**

아직도 답을 찾고 있는 질문이다. 내가 거둔 성공을 스스로 어떻게 느끼고 인식해야 할지 몰라서 두렵다.

**작업 공간에서 가장 마음에 드는 점은?**

나에겐 정해진 작업 공간이 없다. 여행을 꽤 많이 하는 편이고, 그런 과정에서 일이 생기는 경우가 많다. 내가 있는 곳이 곧 작업실인 셈이다. 노트북이 있다면 글을 쓴다. 가장 마음에 드는 건 아마도 내 적응력, 창작을 위해서 한곳에 묶여 있지 않다는 것이다.

**1억 달러가 주어진다면 사업을 지금과 다르게 경영할 건가? 무엇을 바꿀 텐가?**

지금보다 훨씬 더 시간을 들여서 천천히 글을 쓸 것이다. 충분한 시간적 여유를 두고 내가 말하고 싶은 문제를 숙고하고 싶다. 그렇다고 지금 무분별하게 글을 쓴다는 얘긴 아니지만 내가 바라는 것보다 더 많은 청탁에 응하고 있으니까. 또, 무명작가를 지속적으로 후원하는 시스템을 만들고 싶다. 꿈을 따르는 동시에 관리비를 내는 건 불가능한 일이다. 재능이 있음에도 세상에 잘 알려지지 않은 작가들의 스트레스를 덜어주고 싶다. 마침내 족쇄에서 풀려나 마음껏 글을 쓰게 된 그들이 들려줄 이야기를 상상해보라.

**이 분야에서 경력을 쌓으면서 가장 크게 치른 희생은?**

생각할 것도 없다. 엄마로서의 역할을 희생했다.

**성공의 밑거름이 된 실수가 있다면?**

완벽주의자이기 때문에 실수를 하면 몹시 호되게 자책하는 편이다. 하지만 정신을 좀 차리고 나면 내가 뭘 잘못했는지 되짚어보고 어떻게 하면 만회할 수 있을지, 다시 그런 실수를 번복하지 않을 확실한 방법을 찾아본다.

**밤잠을 설칠 만큼 두려운 일이나 직업적인 고민이 있다면?**

다음 에세이나 책을 훌륭하게 써내지 못할까봐, 팬을 실망시킬까봐, 어느 날 아침 눈을 떴더니 내 언어를 잃어버리는 날이 올까봐 걱정한다.

**자신감이 떨어지거나 난관에 부딪혔을 때 극복하는 본인만의 비결이 있다면?**

다행히도 지원 체제가 존재하고, 사람의 형태를 하고 있다. 물론 스스로도 극복할 수 있다. 그렇지만 솔직히 말해서, 내가 흔들릴 때 믿음을 주는 사람이 있고 그 사람의 존재를 기꺼이 인정한다. 고독한 예술가라는 이미지는 터무니없다. 내가 이룬 성공은 내 노력과 야망, 그리고 언제든지, 무엇이건(응원의 말, 따뜻한 미소, 극복하라는 따끔한 충고까지) 지원해주는 사람들 덕에 이루어진 것이다. 나 자신의 딜레마를 극복하기 위해선 내가 글쓰기를 얼마나 사랑하는지를 생각해본다. 나는 누구보다 나 자신을 위해 쓰고, 그런 후에 다른 이들을 돌아본다.

**개인적 또는 직업적 모토가 있다면?**

---

끈질기게, 야심차게, 탁월하게.

---

activa 130
BERNINA

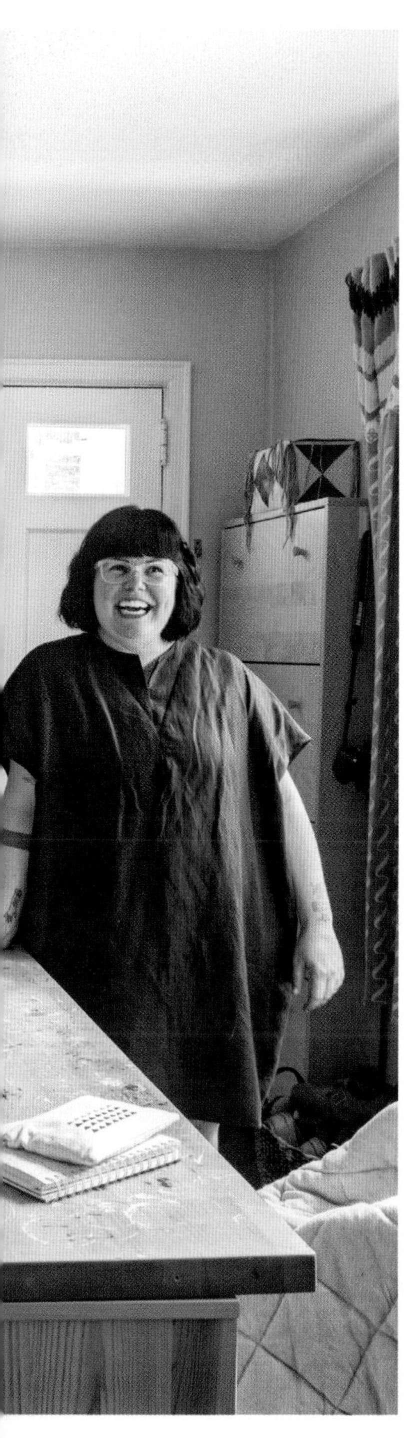

# 새러 너버거

화가 · 디자이너 | 디케이터, 조지아

종이 제품의 삽화 등 일러스트 인쇄물을 제작하는 〈Paper Ghost Press〉 창립자

"우리는 이미지가 아니라
에너지임을 상기할 때
세상은 정말 달라 보인다."

**스스로 평가하기에 지금껏 가장 잘한 일은?**

인맥

클라이언트나 고객들로부터 내 일이나 그림이 그들의 일상에 어떤 도움을 주었는지를 듣는 것.

**창업할 때 들은 최고의 조언은?**

'안 하는 게 좋다', '할 수 없는 일' 같은 말에 절대 흔들리지 말라는 조언.

**어렸을 적 꿈은?**

어렸을 적의 나: "교사"

고등학교 시절의 나: "회계사"

정작 진짜로 좋아했던 건 수업이 끝난 후 엄마가 데리러 올 때까지 칠판에 그림을 그리는 것이었다. 나의 엄마는 유치원 교사였다.

숫자들의 패턴과 상관관계에 푹 빠져 지냈다. 특히 기하학을 좋아했는데 어떤 문제건 내가 알아낼 수 있는 해결법이 있다는 점 때문이었다.

그러다 어느 날 미술 선생님이 날 따로 불러선 내가 미술에 뛰어난 소질이 있는 특별한 아이란 말을 해주면서 모든 것이 바뀌었다. 그 선생님이 내 꿈의 행로를 보여주신 거다. 단 한 사람이 모든 걸 바꾸었다.

**작업 공간에서 가장 마음에 드는 점은?** 문!

스스로 원해서 집 밖에서 일하고 있지만, 그래도 문이 작별의 표시라는 점이 너무 좋다. 그리고 이 모든 보관함도 다 좋다!

* 판매용 아님 * 평면도라고 하긴 뭐함 * 오래전 도서관 카드함이었던 보관함 (사실임)

**마법에 의해 하루에 3시간씩 더 주어진다면?**

**창업 전 고려해야 할 가장 중요한 세 가지는?**

1

당신에게 즐거움을 주는 건 뭔가요?

2

당신의 마음을 평온케 하는 건 뭔가요?

3

사는 문제와 병행해 어떤 결정을 내릴 수 있나요?

**일하면서 가장 크게 희생한 것은?**

내 경우는 배우자도 일을 하고, 건강관리 계획을 꼼꼼히 세우며 나까지 챙겨주고 있는 데다 비용 면에서 공동 부담을 하기 때문에 남들에 비해 훨씬 수월하게 창업한 편이다. 그래서 희생 같은 건 전혀 없었다고 생각하지만, 나 혼자 해야 했다면 생각이 달라졌을 것 같다. 물론 막 창업했을 무렵은 배우자를 만나기 전이었지만, 그때도 여동생과 함께 살았기 때문에.... 비용을 공동으로 부담했었다. 재정적인 희생을 차치하더라도 내가 놓치지 않은 경험들 덕에 창업할 수 있었다는 사실로 미뤄볼 때 정말 운이 좋았다는 생각이 든다.

**밤잠을 설칠 만큼 두려운 일이나 직업적인 고민이 있다면?**

내가 '모자람 없이' 잘하고 있나
하는 의문이 들 때.
그리고 세금 문제

**당신에게 성공이란?**

성공이란

a. 우리 모두에게 전적인 신뢰를 갖는 것.

b. 일을 하면서 시간, 자원, 인식, 돈 부족에 시달리지 않는 것. 우리의 경우 그런 걱정을 하는 사람은 없다.

우리는 이미지가 아니라 에너지임을 상기할 때 세상은 정말 달라 보인다.

**당신다운 모습으로 당신이 사랑하는 일을 하도록 영감을 주는 문구가 있다면?**

나에게 한계란
내가 부과한 것이다.

**이 일을 하며 얻은 가장 큰 교훈은?**

나 자신을 믿는 마음.
그
마음에
기대보면
어떨까?


나 자신의 직감을 따르면 후회할 일도 없고, 내가 택한 길을 갈 때도 더 큰 자신감을 얻게 된다.

**자신감이 떨어지거나 난관에 부딪혔을 때 극복하는 본인만의 비결이 있다면?**

주변을 점검하며 자신감 되찾기.

지금 하는 일에서 행복을 얻고 있는지 자문한다. '내 에너지의 방향을 다른 쪽으로 전환하고 싶은가?' 지금까지의 비결은 내 목표와 우선사항들을 재정비하는 것이다.

**당신의 전문 분야를 처음 접하고, 일하게 된 경위는?**

페미니스트

뉴욕에서, 비영리 페미니즘 미디어 예술 단체에서 일을 하던 어느 날, 미술로 석사학위를 땄는데도 하는 일은 궤도에서 멀어져 있음을 깨닫게 되었다. 남은 건 그런 깨달음을 모른 척하거나 바로잡는 것이었다.

# 고리 난다

제품 디자이너 | 브루클린, 뉴욕

도망가는 알람, 엄마의 메시지를 전달하는 스마트 장난감 등 기존 제품에 꼭 필요한 기능을 더하는 〈Toymail〉 대표

"이 세상엔 더 많은 진실된 관계, 서로가 함께 보내는 시간이 더 많이 필요하다."

**어렸을 적 꿈은?**

어릴 적부터 하고 싶은 게 확실히 있었다고 말한다면 정말 멋질 텐데. 정작 난 어떤 생각도 없었던 게, 성공하는 방법은 정해져 있다고 알고 자랐기 때문이다. 내게 정해진 길은 법학, 의학, 공학 셋 중의 하나였다. 그래서 기대에 부응해 컴퓨터 공학을 전공했고 애플에서 일하게 되었다. 이후 MIT의 미디어랩을 알게 되었고, 내가 있을 곳이라는 직감이 들었다. 그곳에서 난 창의적인 환경을 한껏 즐겼고, 독립의 자유를 누렸다. 그 덕에 배짱까지 생겨 내게

할당된 프로젝트를 참신하고 독특한 방법으로 시도하게 되었다. 〈디자인과 인간 심리〉란 책을 읽으며 세계에 대한 전망이 바뀌었다. 세상의 많은 것들이 해결책이 필요한 디자인의 문제로 보이기 시작한 것이다. 잠을 깨우는 데 젬병인 알람시계 문제부터 궁극적으로 자동차 사고를 방지하는 도로 디자인까지, 과학 기술이 더 좋은 디자인을 가능케 한다면 내가 그 일의 적임자였다. 더 중요한 건 내가 열정을 쏟을 곳을 찾았고, 나만의 길을 만들어갈 수 있었고, 그럼으로써 훨씬 더 성공적이고 만족스러운 인생을 살 수 있다는 것을 깨달았다는 것이다.

**일하면서 가장 크게 희생한 것은?**

애초 바란 것보다 화면을 들여다보는 시간이 너무 많아졌다.

**당신에게 성공이란?**

이 세상에 긍정적인 영향을 주고, (측정하기 힘들다 해도) 다른 사람에게 좋은 자극을 주는 것. 가장 중요한 것은 진정성 있는 사람들과 유의미하고 꾸준한 관계를 맺는 일.

**회사를 경영하며 얻은 가장 큰 교훈은?**

함께 일하는 사람들이 적임자여야 하는데 그런 사람들을 만나기까지 수많은 시행착오를 겪기 마련이다. 세상 밖엔 상어가 득실대고 믿을 만한 사람을 가려내는 건 힘든 일이다. 그러니 무턱대고 일을 맡겨선 안 된다. 뭔가 꺼림칙하다면 그 느낌이 맞을 수도 있다. 사람은 본모습이 아닌 자기가 바라는 모습을 드러내기 마련이니까.

**성공의 밑거름이 된 실수가 있다면?**

새 사업체 〈토이메일〉을 시작하면서 내가 할 일을 정확히 알고 있다고 생각했다. 처음부터 내 손으로 시작해 성공리에 회사를 운영한 적도 있었으니까. 하지만 그때 쌓은 노하우를 〈토이메일〉에 적용했을 때 효과를 보지 못했다. 몇 번이나 백지 상태로 돌아간 후에야 비로소 뭔가를 만들어내고자 할 때 미리 정한 개념 없이 부딪치는 쪽이 훨씬 쉽다는 것을 깨달았다. 〈토이메일〉은 아직 병아리 단계지만, 유연하고 전략 변경이 용이한 덕분에 아마존과 버라이즌의 투자를 받을 수 있었고, 곧 대규모의 유통 계약을 맺을 예정이다. 제일 중요한 건 최소 두 살배기 아이들이 화면을 마주하지 않고서도 자기들이 사랑하는 사람들과 직접 소통할 수 있다는 점이다. 우리는 아이들이 건강해질 수 있는 테크놀로지를 만들고자 하며, 그 목적을 이루리라 굳게 믿고 있다.

**자신감이 떨어지거나 난관에 부딪혔을 때 극복하는 본인만의 비결이 있다면?**

제일 친한 친구에게 전화한다. 또한 내가 공감하는 말을 기록해놓은 '기억하자' 리스트를 읽는다. "골칫거리의 대부분은 가면을 쓰고 있는 축복이다"라거나 "이 모험을 즐기고 문제에 발목이 잡힐지 말지는 선택의 문제다" 같은 문장들이 적혀 있다.

**지금 세상에 더 필요한 게 있다면?**

---

진실한 소통과 서로 함께 보내는 시간이 더 많아져야 한다.

---

**스스로 생각하는 자신의 장점은?**

공감할 줄 아는 능력.

**개인적 또는 직업적 모토가 있다면?**

그냥 하는 말이 아니라 나이키의 "저스트 두 잇Just do it"이란 말에 동감한다. 이 말을 중얼거리면 내 친구는 웃어대지만, 실제로 자기 생각에 갇힌 나머지 뭔가 바꾸고 싶어도 그러지 못하는 사람이 엄청 많으니까.

**일할 때 반드시 챙기는 도구나 물건, 의식이 있나?**

청소를 한다. 주변에 있는 물건이 정리가 잘 되어 있어야 집중이 더 잘되고 일처리를 꼼꼼히 할 수 있다. "사물을 제자리에 돌려놓는 건 삶에서 맛볼 수 있는 큰 기쁨이다"라는 문구를 읽은 적 있다. 사실이고 재미난 말이라는 생각이 들었다.

**좋은 하루를 시작하기 위해 매일 아침 첫 번째로 하는 일은?**

아침 식사를 두 번 한다. 한 번은 달콤하게, 한 번은 기름지게.

# 메리 고잉

패션 디자이너 | 버클리, 캘리포니아

남성 정장이 필요한 여성을 위한 맞춤 정장을 만드는 〈Saint Harridan〉 창립자

"사업의 성공은 아무리 호된 실패를 해도
변함없이 자기를 사랑할 수 있는지 아는 능력이다."

**창업할 때 들은 최고의 조언은?**

나의 멘토인 마이클 부시가 늘 하는 말이 있다. "사람을 들일 땐 천천히 시간을 들이되 해고할 땐 1초도 망설이지 마라." 늘 따르는 조언은 아니지만 따를 경우 정말로 도움이 되는 멋진 조언이다.

**작업 공간에서 가장 마음에 드는 점은?**

세인트 해리던에 있는 작업장은 치열한 창의정신으로 넘쳐난다. 디자인을 '난도질'하는 것이 좋다. 지금의 작업장으로 처음 옮겨왔을 때 울퉁불퉁한 벽을 매끈하게 다듬고 페인트칠을 하는 데만 6천 달러가 들었다. 핀터레스트에서 보고 종이봉투와 엘머즈글루 솔루션을 구해서 애초 견적가보다 훨씬 싼 비용으로 작업할 수 있었다. 밋밋하게 페인트칠한 것보다 더 보기 좋았다. 마찬가지로 오래된 문짝을 드레싱룸으로 탈바꿈했다. 그래서 벽 작업보다 훨씬 더 흥미로운 드레싱룸이 탄생했고, 마찬가지로 비용을 최소화할 수 있었다.

**개인적 또는 직업적 모토가 있다면?**

뭔가를 잘하려면 망치게 될 가능성도 기꺼이 감수해야 한다.

**당신에게 성공이란?**

사업의 성공은 아무리 호된 실패를 해도 변함없이 자기를 사랑할 수 있는지 아는 능력이다.

**창의적인 사업을 시작하려는 사람이 갖춰야 할 자원이 있다면?**

가장 중요한 자원은 다른 사업가들이다. 그들에게 조언을 구할 때 마냥 두루뭉술하게 물어선 안 된다. 그보다는 구체적으로 숙고한 질문을 던지는 게 좋다. 사업가들은 대개 같은 사업가들이나 사업을 시작하려는 사람들을 아낌없이 도와주는 편이다.

**회사를 경영하며 얻은 가장 큰 교훈은?**

사업은 천성으로 하는 게 아니라 배움의 과정이라는 것이다. 나는 경영학 석사 과정까지 밟았지만 그게 최상의 교육 자원은 아니라고 말하고 싶다. 예전에 내 아이들에게 무슨 일이 있어도 대학은 가야 한다고 말했지만, 도서관, 유튜브, 칸아카데미를 잘 활용한다면 대학보다 더 낫지 않을까 생각한다.

**성공의 밑거름이 된 실수가 있다면?**

지금껏 실수를 저지른 적이 한두 번이 아니고, 모쪼록 그럴 때마다 배운 게 있길 바랄 뿐이다. 한번은 이런 적이 있었다. 똑똑하고 성실히 일한다는 생각에 한 직원에게 막중한 프로젝트를 맡겼다. 그 친구라면 어떻게든 해낼 거라고 생각했다. 그러나 성공하지 못했고 당황한 나머지 내게 말도 못 꺼내고 있다가 사태가 건잡을 수 없이 나빠졌다. 결국 내 쪽에서 일이 제대로 되지 않고 있음을 눈치 챘다. 여기서 첫 번째 실수는 비현실적으로 기대해놓고 제대로 감독하지 못했다는 것이다. 두 번째 실수는 사태가 악화되면서 한 달 동안 수습해야 했을 때 화를 냈다는 점이다. 화를 낸 것 때문에 관계만 나빠졌다. 그 실수를 만회하기까지 오랜 시일이 걸렸다. 그런데도 그 경험을 성공이라고 여기게 된 건 주어진 프로젝트를 다른 사람에게 무책임하게 던져선 안 된다는 것을 배웠기 때문이다. 더 중요한 건, 화를 내지 않도록 감정을 통제하는 법을 배웠다는 점이다. 그 덕에 좀 더 나은 리더가 되었지만, 실패의 쓴맛을 사람을 통해 알게 된 것은 유감스럽다.

**창업하기 전에 고려해야 할 게 뭐라고 생각하나?**

파이를 굽거나, 가구를 만들거나, 옷을 만드는 것처럼 좋아하는 일을 사업화할 생각을 하는 경우가 많다. 사업체 운영의 현실은 파이 굽기, 가구 만들기, 옷 디자인이 아닌 사업가가 직업이 된다는 점이다. 사업 자체를 좋아하지 않는 사람은 자기 일도 좋아하지 못하게 될 것이다.

**좋은 하루를 시작하기 위해 매일 아침 첫 번째로 하는 일은?**

줄리아 카메론의 '모닝 페이지'를 따라 아침에 세 페이지의 글을 자유롭게 쓴다.

**과거와 현재를 통틀어 가장 존경하고 닮고 싶은 여성은?**

애나 데버 스미스를 정말로 존경한다. 자신의 재능을 발휘하는 걸 보면 놀랄 정도로 탁월하고 노련하다. 대중적인 논의의 방향을 이끌어 긍정적인 변화를 만들어내는 것에 경외감을 표한다.

**마법에 의해 하루에 3시간씩 더 주어진다면?**

내 성격으론 아마도 일을 할 거 같은데, 잠을 더 많이 잘지도 모르지!

# 데지레 애커번

작가 · 배우 · 영화 제작자 · 영화 감독 | 런던, 영국

영화와 TV에 출연하는 배우이자 영화 〈Appropriate Behavior〉의 각본가, 연출가

"나의 뇌는 모든 상황에서

유머를 찾아내겠다는 일념으로

핑핑 돌아가고 있다."

**어렸을 적 꿈은?**

내가 원하는 건 이야기를 꾸며내는 것임을 알고 있었다. 아홉 살의 나이에 이야기를 구상해서 놀기 시작했으니. 그렇다 해도 공부를 하고 정상적으로 제대로 할 일을 하는, '책을 통해 지식을 쌓은' 인간이 되기 위해, 또 안정적인 직장을 갖기 위해 노력을 기울이지 않으면 안 되었다. 그러나 나의 평범한 능력이 기여한 수준은 정말 놀라웠다. 이 일 말고 다른 일을 해낼 능력이 없다. 지금껏 리셉셔니스트, 세일즈맨, 입주 유모, 조교 일을 했는데 말 그대로 세계 최악이었으니까.

**다른 여성 창작자에게서 가장 존경하는 점은?**

내가 아는 창의적인 사람들은 세상만사에 열정적으로 임하는 팬이면서 훌륭한 예술(음악이건, TV건, 영화건, 미술이건, 인형극이건, 농담하는 게 아니라 어떤 것이건)을 찾아내는 데 아주 열심이다.

CAMERON POST

**당신에게 성공이란?**

꿈이나 가치에 대해 타협하지 않고 일을 통해 자신을 건사할 수 있는 능력.

**성공의 밑거름이 된 실수가 있다면?**

초창기에 몇몇 단편영화를 만들면서 나는 모두를 즐겁게 만들고 싶었지만 정작 나 자신은 제외시켰다. 선댄스에선 어떤 영화를 선정하는지, 내가 듣는 영화 강좌의 교수들은 어떤 영화들을 보는지 미리 예견하는 게 주된 관심사였다. 선택을 해야 할 때마다 내 기준은 언제나 '사람들이 이 영화를 좋아할까?'라는 것이었다. 결국 유머나 모험성이 전혀 없는 단편영화를 만드느라 1년을 보내다 '난 뭐하는 인간인가' 하고 자문하기에 이르렀으니, 그런 점에서 허송세월한 것이다. 내가 영화를 찍은 건 다른 사람들이 그것이 '진지한 영화 제작자'의 소양이라고 말했기 때문이고 결국 갖고 있지도 않은 돈을 허비했다. 그렇게 만든 영화를 30개의 페스티벌에 보냈지만 거의 모든 곳에서 딱지를 맞았다.

그런 후, 〈슬로프The Slope〉라는 웹 시리즈를 공동제작해서 돈 한 푼 없고 아이디어도 하나 없는 것을 제대로 인식하는 방법과 함께, 어떤 사례를 따르면 좋을지를 알려주고자 했다. 내가 나선 건 당시 그런 걸 알려주는 웹 시리즈가 그리 많지 않았기 때문이다. 〈슬로프〉는 자신의 취향과 직감을 따를 것이며 그 결과에 대해선 걱정하지 말라는 메시지로 열화와 같은 지지를 받았고, 나는 내 이력의 다음 단계로 나아갈 수 있었다.

**스스로 생각하는 자신의 장점은?**

나의 뇌는 모든 상황에서 유머를 찾아내겠다는 일념으로 핑핑 돌아가고 있다.

**자신감이 떨어지거나 난관에 부딪혔을 때 극복하는 본인만의 비결이 있다면?**

영화 제작자들이 실패한 경험을 가감 없이 털어놓는 인터뷰를 찾아 읽는다. 〈나의 첫 영화My First Movie〉란 멋진 책이 있는데 한 열 번은 읽었을 거다. 영화 제작자들이 각자 첫 영화를 만드는 과정에 대해 터놓고 이야기를 하는데 실패의 쓴맛을 보지 않은 사람은 거의 한 명도 없다. 그런데 자신을 '낙오자', '가짜' 혹은 '낙오자인 동시에 가짜'라는 생각에 시달리지 않고 끝까지 버틴 경우는 백이면 백, 망상증이 있는 사람들이었다.

**지금 세상에 더 필요한 게 있다면? 줄여야 할 게 있다면?**

모험 정신이 더 필요하고, 에고는 더 줄일 필요가 있다.

**10~20년 전 자신에게 들려주고 싶은 말은?**

모든 게 다 좋아질 거라는 것, 사랑과 성공, 모든 면에서 내겐 충분한 재능과 매력이 있다는 것,사람들에게 신뢰를 심어주기 위해 거짓말할 필요가 없다는 것, 결국 좋아질 것이고 필요한 건 인내심이라는 것. 이가 갈리게 기다렸는데도 더 기다려야 할 수도 있기 때문에.

**슬럼프를 극복하고 영감을 얻는 당신만의 비결은?**

나의 제작 파트너, 세시와 이야기한다. 그리고 걸작 영화를 본다.

PARAGON

# 재스민 라이트

타투 아티스트 | 샌디에이고, 캘리포니아

타투샵 〈Jasmine Wright〉 운영

"우유부단함과 불안 따위는
창문 밖으로 던져버려라"

**어렸을 적 꿈은?**

어렸을 때 조금이라도 혹했던 직업 가운데 지금까지 기억나는 건 마사지사 말곤 없다. 이게 다 〈프렌즈〉를 너무 많이 봤고, 피비를 제일 좋아했기 때문이다. 또, 얼마 안 갔지만 변호사가 되고 싶단 생각도 했는데, 로스쿨 학비와 학업 기간과 부담감을 생각하니 곧바로 생각을 접게 되었다. 그런 식의 구조적인 환경에 열광하는 사람은 아닌 것 같다.

**다른 여성 창작자에게서 가장 존경하는 점은?**

자기 삶의 건축가가 되기 위해서, 인생 계획이 아무리 불분명할지언정 꿈을 간직하기 위해서, 그리고 인생을 정면돌파해 자신의 것으로 만들기 위해서 두려움을 던져버리는 용기.

**작업 공간에서 가장 마음에 드는 점은?**

막역한 친구들과 내가 존경하고 늘 좋은 자극을 받는 분들에게서 선물 받은 예술 작품들에 둘러싸여 있다는 점. 그들의 작품을 볼 때마다 그들도 나처럼 범상치 않은 길을 걷는 것으로 늘 행복할 수 있다고 끊임없이 상기한다.

**일하면서 가장 크게 희생한 것은?**

지난 몇 년 동안 몇몇 TV 쇼에서 다루면서 타투는 더 많은 인기를 누리게 되었다. 그리고 일반 대중에게 타투 아티스트가 무슨 '록스타'나 되는 것처럼 TV에 출연하고 떼돈을 벌어들이는 직업이란 대단히 잘못된 이미지를 심어주었다. 그렇게 생각하는 사람들에게 실상을 알려주고 싶다. 문신은 뿌리 깊은 전통들이 총망라된 분야이며, 뼈를 깎는 노력을 지속적으로 기울여도 정작 티도 안 나는 일인 데다, 제대로 하려면 상상할 수 없을 정도로 엄청난 희생과 노력을 기울여야만 한다.

**밤잠을 설칠 만큼 두려운 일이나 직업적인 고민이 있다면?**

동기부여가 되어 있고 내적으로 영감이 충만한 상태를 유지해야 한다는 생각에 늘 전전긍긍한다. 문신은 매우 독특하고, 심적인 투지를 불태워야 하는 기술이며, 나에겐 한결같은 열정과 흥미를 가질 수 있는 유일한 일이기도 하다. 다른 타투 아티스트들이 나날이 발전하는데 나만 뒤떨어져선 안 된다는 생각에 고민이 되고, 그게 아니더라도 스스로 계속해서 앞으로 나아가야 한다는 생각, 그래서 내 작품을 스스로가 정한 최고 수준까지 올려야 한다는 생각에 고민이 된다.

**10~20년 전 자신에게 들려주고 싶은 말은?**

우유부단함과 불안 따위는 창문 밖으로 던져버려라.

**슬럼프를 극복하고 영감을 얻는 당신만의 비결은?**

창의성을 되찾는 최고의 돌파구는 여행이다. 지난 5년 동안 13개국을 여행했고 50개 주 가운데 40개 주를 돌았다.

**일할 때 반드시 챙기는 도구나 물건, 의식이 있나?**

---

음악. 매일 듣는 음악이 나의 일에 어떤 질적 차이를 부여하는지는 아무리 설명해도 부족할 것 같다.
이 문제로 내 동료들과 가장 빈번하게 공방을 벌이게 된다는 것도 새삼 깨달았고.
그래도 내 아이팟은 금덩이 같다.
내 일의 페이스와 무드를 설정해주는.

---

# 리사 폴라위요

패션 디자이너 | 라고스, 나이지리아

아프리카 전통 미학을 담은 현대적 실루엣의 패션 브랜드 〈Lisa Folawiyo〉 대표

"지난 몇 년 동안 내 고객들 다수와
소중한 친구가 되었다는 점이
얼마나 좋은지 모른다."

**어렸을 적 꿈은?**

변호사와 작가 중에 하나가 되고 싶었다. 부모님의 끈질긴 설득에 못 이겨 법을 택했고.

**창업할 때 들은 최고의 조언은?**

〈주얼 바이 리사Jewel by Lisa〉를 창업한 지 얼마 되지 않았을 때, 몇 년 동안 디자인과 재단에 심심풀이로 투자한 적이 있던 시누이가 말했다. "'못합니다'란 말을 하면 절대 안 돼. 기회가 오면 무조건 잡아. 그 일이 어렵건 쉽건 '할 수 있습니다'라고 말해. 실수는 할 거야. 하지만 그래야 배우지." 지금껏 내게 도움이 되는 말이다. 물론, 그 후로 몇 년이 지나자 보는 눈이 생겨 내가 할 수 있는 일인지 아닌지 한눈에 알아볼 수 있게 되었지만, 그래도 여전히 '못합니다'보다는 '할 수 있습니다'란 말을 더 많이 하는 편이고 팀원들에게도 같은 조언을 한다.

**작업 공간에서 가장 마음에 드는 점은?**

흰색 벽, 미니멀한 실내 장식, 그리고 이와 대비를 이루는 풍부한 색감과 각종 무늬들. 작업 스튜디오에 들어설 때마다 서늘한 듯 차분한 이 공간으로 인해 얼마나 짜릿한 기분이 되는지 모른다. 정말 너무나 마음에 든다. 우리가 어떤 사람인지를 드러내는 분위기다. 엄청나게 진지하면서 그에 못지않게 신나고 젊은 기운이 넘쳐 흐르니까.

**일하면서 가장 크게 희생한 것은?**

딸아이를 낳은 지 1년 만에 창업을 했고, 그런 후 얼마 안 돼서 아들을 낳았다. 갓 낳은 애 둘과 새로 시작한 사업체를 동시에 저글링하려니 이만저만 힘든 게 아니었다. 세상만사가 다 그렇지만 결국은 다 균형이 잡히더라. 여전히 희생을 치르고 있긴 하지만 요새는 예전만큼 우선순위를 정하는 게 힘들진 않다.

**스스로 생각하는 자신의 장점은?**

참을성.

**일할 때 반드시 챙기는 도구나 물건, 의식이 있나?**

나의 의식은 기도를 올리는 것이다. 도구는 내 아이폰이고. 물론 인스타그램도 좀 해야 한다.

**과거와 현재를 통틀어 가장 존경하고 닮고 싶은 여성은?**

주저하지 않고 엄마라고 말하겠다. 엄마는 트리니다드 태생으로 젊었을 적 런던에서 매력적인 나이지리아 청년과 결혼한 후, 아무것도 아는 게 없는 나이지리아로 이주했다. 가족에게 멋진 인생을 안겨주었고, 공무원으로 일하며 최고 직급까지 오르는 등 눈부시게 성공적인 삶을 사셨다. 은퇴한 후에도 엄마는 꿈과 목표를 계속 따랐다. 그야말로 원더우먼이었다. 정말 놀라운 여자다. 내가 엄마의 반만큼만 되어도 성공한 삶일 것이다.

**지금 세상에 더 필요한 게 있다면? 줄여야 할 게 있다면?**

---

사랑은 더 많아져야 하고 무지는 더 없어져야 한다.

---

**성공의 밑거름이 된 실수가 있다면?**

이 말을 꼭 하고 싶다. 고객에게 최상의 고객 경험(고객이 구매한 상품과 해당 업체에 대해 갖는 내적 반응–옮긴이)을 줄 때 다시 찾아와 제품을 구매하는 경우가 매우 많더라. 지난 몇 년 동안 내 고객들 다수와 소중한 친구가 되었다는 점이 얼마나 좋은지 모른다.

#EVERY2
MINUTES
A MOTHER IS LOST.
TAKE2 MINUTES
TO MAKE
A DIFFERENCE.
RUGBY
OREGON

# 크리스티 털링턴 번스

운동가 · 모델 | 뉴욕

비영리기관 〈Every Mother Counts〉 설립자

"자신은 물론 다른 사람들의 정신을 고양시키는 사람들이 더 필요하다."

**어렸을 적 꿈은?**

어린 나이부터 모델 일을 시작했기 때문에 이렇다 할 꿈을 가질 틈이 없었다. 그래도 그 나이부터 여행은 하고 싶었다. 건축가, 작가, 파일럿이 될 수 있을까 하는 생각도 했었다.

**창업할 때 들은 최고의 조언은?**

일 때문에 다른 나라나 도시에 갈 경우, 반드시 나만의 시간을 내서 여행을 할 것, 그리고 지인이 있는 곳을 여행할 경우, 그들과의 교류를 통해 시각을 넓히고 이후로도 친분을 유지할 것.

**당신에게 성공이란?**

목적의식과 진정성이 있고, 다른 사람들에게 도움이 되고 있다고 느낀다면 성공했다는 생각이 들 것 같다.

**일하면서 가장 크게 희생한 것은?**

수년 전, 처음 사업을 시작했을 때가 결혼 전이었는데, 하마터면 지금의 남편과 헤어질 뻔했다. 그런 후, 그 어떤 것도 가족보다 우선할 수 없다는 것을 깨달았고, 〈엄마는 모두 소중하다Every Mother Counts(여성의 임신과 출산을 돕는 비영리조직-옮긴이)〉를 시작하면서 가족보다 일을 우선시하지 않겠다고 스스로 맹세했다.

**당신다운 모습으로 당신이 사랑하는 일을 하도록 영감을 주는 문구가 있다면?**

"자아를 찾는 최고의 방법은 다른 사람들을 돕는 것으로 자아를 잃는 것이다." 간디의 말이다.

**당신의 전문 분야를 처음 접하고, 일하게 된 경위는?**

1997년 아빠가 폐암으로 돌아가신 후 건강과 웰빙을 지지하게 되었다. 담배에 중독되었던 아빠와 어린 나이에 아빠를 잃어야 했던 슬픔을 사람들에게 이야기하는 것이 상처를 극복하는 데 큰 힘이 된다는 것을 알게 되었다. 뿐만 아니라 자신을 위해서, 사랑하는 이를 위해서 더욱 건강해지는 데 실제로 도움을 주었다. 엄마가 된 날, 나는 전 세계 엄마들의 건강관리 지지자가 되었다. 2003년, 딸 그레이스를 낳은 후 출산 합병증을 앓았다. 몸을 회복하면서 매년 출산으로 수만 명의 엄마와 딸이 죽는다는 것을 알게 되었고, 충격을 받았다. 똑같은 합병증을 고생한 사람으로서 무사히 치유된 축복을 당연하게 받아들였으니 말이다. 그래서 세계의 모든 엄마에게 출산과 관련한 시기적절한 건강관리 혜택을 제공하는 캠페인 〈엄마는 모두 소중하다〉를 시작하게 되었다.

**스스로 평가하기에 지금껏 가장 잘한 일은?**

---

인생을 바꾼 경험을 통해 수많은 여성들과
더 가까워질 수 있었다는 점. 그리고 그들이
알지 못하는 다른 사람들의 삶을 변화시키는 데
앞장서도록 사람들을 촉구하는 것이
우리의 임무라는 사실이 가슴 뿌듯하다.

---

**지금 세상에 더 필요한 게 있다면?**

자신은 물론 다른 사람들의 정신을 고양시키는 사람들이 더 필요하다.

# 시주 살다만도

예술가 | 로스앤젤레스, 캘리포니아

아티스트 협동조합 〈Monte Vista Projects〉 공동 창립자

"예술가가 된다는 건 자나 깨나 일하는 사람을 뜻한다."

**어렸을 적 꿈은?**

제2의 크리스티 야마구치(전 피겨스케이팅 선수--옮긴이)가 되고 싶었다. 하지만 시간이 흐르면서 직업적인 예술가가 될 수 있는 더 좋은 기회가 찾아왔음을 알게 되었다. 오랜 기억을 더듬어보면 엄마가 회사에 갈 때마다 날 데리고 갔다. 탁아소에 맡길 경제적 여유가 없었기 때문이다. 그래서 난 엄마의 회사 구석에 앉아서 그림을 그리며 놀았다. 고로, 난 아주 어렸을 적부터 그림 실력을 키워나갔다고 할 수 있다. 시카고는 이미 방대하고 활발한 예술 문화를 키워나가고 있었기 때문에 그 수혜를 고스란히 받았을 뿐만 아니라 영감을 받아 나의 창의성을 발휘할 수 있었다. 그러다가 고등학교를 졸업한 후 UCLA의 아트스쿨에 들어가게 되었다.

**당신에게 성공이란?**

정신적으로 건강하고 행복하며, 수입과 지위, 직함을 불문하고 한 개인으로서 안정된 상태를 의미한다.

**일하면서 가장 크게 희생한 것은?**

예술가가 된다는 건 자나 깨나 일하는 사람을 뜻한다. 시간을 정할 수 있는 때는 한 번도 없을 뿐더러, 짬을 내 휴가를 갈 수도 없다. 나는 예술 프로젝트로 현실화할 수 있는 영감의 원천을 찾아 24시간 망을 보는 사람이다.

**밤잠을 설칠 만큼 두려운 일이나 직업적인 고민이 있다면?**

로스앤젤레스 동부에서 일하며 사는 사람으로서 지금의 자본주의 체제가 본질적으로 백인지상주의와 여성혐오에 기반을 두고 있기 때문에 은연중에 그에 일조하게 될까봐 두렵다. 이 문제가 만연해서 일상적인 대화와 특정한 부류에 가하는 공격 속에 있음을 매일 목격하게 된다. 아니, 미국 전역에서 일어나는 것을 목격하게 되니 밤에 잠이 안 올 지경이다. 이 나라의 국민으로서 미래가 걱정되고 예술가로서 이 문제에 어떻게 맞서고 또 해결하는 데 도움을 줄 수 있을지 모색한다. 이러다 잉여가 되거나 부지불식간에 현재의 억압적인 구조를 공고히 하는 일에 휘말리게 되면 어쩌나 하는 생각을 안 한 적이 없다.

**1억 달러가 주어진다면 사업을 지금과 다르게 경영할 건가? 무엇을 바꿀 텐가?**

부동산 가치가 낮은 공립학교에 예술 프로그램을 설립하겠다. 예술을 공부하는 것은 비판적인 사고력을 키워 미디어와 사회적 기준에 도전할 수 있는 능력을 길러내는 소중한 자산이므로.

**이 일을 하며 얻은 가장 큰 교훈은?**

예술가의 길을 걸어오면서 자신의 재능을 키우고, 자신의 계획을 세상에 알리는 데 도움이 될 만한 직업을 본업으로 삼는 것이 정말 중요

하다는 것을 알게 되었다. 대학원을 졸업한 후 한동안 어느 예술가의 조수로 일했는데 다른 일을 했다면 내 미래의 자양분이자 수입원을 마련할 수 있었을까 싶다. 문신 아르바이트를 한 것 자체가 대단한 치유 과정이었고, 상처를 풀어주고 상처를 창조하며 친분을 형성하는 과정 역시 어느 정도 영적인 경험이었다.

**스스로 평가하기에 지금껏 가장 잘한 일은?**

문신 가게에서 일을 하는 동안 베니스 비엔날레, LACMA, 스미소니언에 전시한 것은 잊을 수 없는 엄청난 경험이다. 동시에 다국어로 말하며 여러 예술 언어로 소통할 수 있었던 것 역시 대단히 자랑스럽다.

# 타오 응우엔

뮤지션 · 송라이터 | 샌프란시스코, 캘리포니아

'Thao & Get Down Stay Down'의 밴드 리더이자 싱어송라이터

"나의 작품, 그리고 내 작품이 어떤 반응을 이끌어내느냐 마느냐가 내 자존심과 무관하다는 것을 잊지 않으려고 한다."

**어렸을 적 꿈은?**

배우이자 작가, 뮤지션으로 〈오프라 윈프리 쇼〉에 나가고 싶었다.

**다른 여성 창작자에게서 가장 존경하는 점은?**

불 같은 열정, 공감 능력, 자기 일에 대한 헌신, 성공을 하건 실패를 하건 변함없이 다시 일로 돌아오는 태도를 존경한다. 지금 말한 것들이야말로 창의성에서 가장 중요하다고 생각하기 때문이다.

**당신에게 성공이란?**

전업으로 음악을 만들고 연주하는 것, 이성적으로 받아들일 수 있는 선에서만 타협하는 것, 존경하는 사람들과 함께 일을 도모할 기회를 누리는 것, 돈 때문에 고민하지 않아도 될 만큼의 안정적인 수입원이 있는 것, 내가 원한다면 무엇이건 추구할 수 있는 자유를 누려서 행운

이구나 하고 깨닫고, 그 기쁜 마음을 알리고 나누는 것.

**일하면서 가장 크게 희생한 것은?**

가장 큰 희생이자 냉혹한 현실을 깨달은 계기는 내가 사랑하는 사람들의 삶에서 (크건 작건) 절대 빼놓을 수 없는 중대사를 기념하는 때에 번번이 참석하지 못했다는 것이다. 그런 나 때문에 나와 막역한 사람들 역시 희생을 무릅쓸 수밖에 없었고, 뮤지션으로 사는 나를 늘 슬프게 했다. 이 일을 하면서 가지 못한 결혼식과 생일파티, 저녁 모임과 공원 오찬 모임이 얼마나 많은지 이루 다 말할 수 없을 정도다. 결국, 나란 사람은 오지 않는 사람으로 인식이 되는 것도 가슴 아프다.

**성공의 밑거름이 된 실수가 있다면?**

가장 큰 실수는 음악을 업으로 하면서 '이 정도면 됐지'라고 생각한 때다. 그즈음, 내가 만드는 음악과 내 방향성 전반에 대해 만족하지 못해 우울해하던 터였다. 그러다 '난 이리 잘났는데 세상이 이상하네' 넋두리를 늘어놓기 시작했다. 그런 후에야 비로소 이런 '자족감'이 정신적 해이를 일으키고, 날 제자리에 묶어둘 뿐이며, 방법은 입 닥치고 할 일을 끝까지 해내는 것밖에 없다는 사실을 새삼 깨닫게 되었다. 그리고 다른 아티스트와 나를 비교해선 안 된다는 것 역시 크게 깨달은 바다. 비교하면 절망하게 된다. 다른 사람의 성공은 동기부여의 계기나 귀감, 척도로 삼는 것 정도가 이롭다.

**슬럼프를 극복하고 영감을 얻는 당신만의 비결은?**

〈캘리포니아 여성 수감자를 위한 연합〉 활동차 6주에 한 번씩 찾는 모든 친구들을 생각한다. 그들은 가석방 없이 수십 년 형이나 종신형을 살고 있는 여성 수감자들로, 내게 행동과 기쁨의 삶을 살도록 깨우쳐 주고 격려해주는 존재들이다.

**자신감이 떨어지거나 난관에 부딪혔을 때 극복하는 본인만의 비결이 있다면?**

---

나의 작품, 그리고 내 작품이 어떤 반응을 이끌어내느냐 마느냐가 내 자존심과 무관하다는 것을 잊지 않으려고 한다. 다른 두 가지를 하나로 합쳐보려다 볼썽사나운 결과만 잇따랐던 경험을 잊지 않으려고 한다. 지금 내가 벌이고 있는 것하곤 비교도 할 수 없을 정도로 훌륭한 음악과 쓰레기 음악이 셀 수 없이 쏟아져 나오고 있으며, 지금 이렇게 음악을 하며 살고 있다는 사실이 엄청난 행운임을 잊지 않으려 한다. 진심으로 감사하고 존중하는 마음의 보호막을 가지고 그늘 아래서 나아간다면 다 괜찮을 거라고, 스스로의 발목을 잡는 헛생각을 벗어나 다시 작업을 할 수 있을 거라고 생각하려 한다.

---

# 올림피아 재그놀리

일러스트레이터 | 밀라노, 이탈리아

튀는 색과 부드러운 요소를 특징으로 작품을 만드는 일러스트레이터

"너 자신이 아닌

다른 사람이 되려 하지 마라."

**어렸을 적 꿈은?**

처음엔 건축가가 되어 나무 집을 만들고 싶었다. 그러다 엔지니어가 되어 커브 길에도 주차할 수 있는 '바나나 자동차' 같은 이상한 차를 만들어야겠다고 생각했다. 나중엔 우주비행사가 그려진 필통을 갖게 되면서 우주비행사를 꿈꾸게 되었다.

**다른 여성 창작자에게서 가장 존경하는 점은?**

내가 존경하는 여성 창작자들은 자기 일에 대해 말을 많이 하지 않는다. 그럴 시간에 일을 하지.

**성공의 밑거름이 된 실수가 있다면?**

금융부서에 있으면서 많은 걸 배웠다. 몇 년 동안 급료를 제대로 받지 못하면서, 단지 지루하다는 이유만으로 송장 보내는 일을 까먹고, 영수증을 제대로 보관하지 않았다. 그러면서 내 딴엔 이 일을 즐기면서

할 수 있다면 만사가 다 좋게 풀릴 거라고 생각하고 있었다. 그래, 내가 바보였지. 감각이 좋은 편이지만, 규율과 관리가 병행되지 않으면 아무 소용이 없다는 걸 이제야 깨닫고 있다.

**자신감이 떨어지거나 난관에 부딪혔을 때 극복하는 본인만의 비결이 있다면?**

나 자신에 대한 믿음이 있고, 앞으로 좋게 해나가리라는 감이 있다. 그렇다고 나 자신을 비판하던 때가 없었다는 소리는 아니다. 그럴 때가 심심치 않게 있긴 하지만, 의기소침해지기보다는 건설적인 방향으로 나아가기 위한 절차라고 생각하는 편이다.

**당신다운 모습으로 당신이 사랑하는 일을 하도록 영감을 주는 문구가 있다면?**

솔 스타인버그가 말했다. "창의적인 인간의 삶을 이끌고 지휘하며 통제하는 것은 권태다. 권태를 피하는 건 우리 인간의 가장 중요한 목적의식 중 하나다."

**개인적 또는 직업적 모토가 있다면?**

---

너 자신이 아닌 다른 사람이 되려 하지 마라.

---

**지금 세상에 더 필요한 게 있다면? 줄여야 할 게 있다면?**

교육의 기회를 늘려야 한다. 교육의 부족으로 인한 모든 결과는 없어져야 하고.

**10~20년 전 자신에게 들려주고 싶은 말은?**

구미 베어 젤리는 과일이 아니라는 것, 테라피를 받는 게 재미있을 수도 있다는 것, 그가 신은 신발로 사람을 평가하지 말 것.

**슬럼프를 극복하고 영감을 얻는 당신만의 비결은?**

박물관과 서점. 난 서점에서 몇 시간 동안 책 표지를 보고 구름 모양 뜨개질법을 읽으며 보낼 수 있는 사람이다.

**긴 일과를 마치고 집에 왔을 때 당신을 가장 기쁘게 하는 것은?**

남자친구, 맨발, 막대빵, 침대.

**과거와 현재를 통틀어 가장 존경하고 닮고 싶은 여성은?**

1922년 이탈리아에서 태어난 천체 물리학자 마르게리타 해크. 채식주의자였고, 그 자신은 의식하지 못했지만 타고난 페미니스트였으며, 공개적으로 종교를 비판했다. 그건 당시 이탈리아에선 보기 드문 행동이었다.

1974

# 해너 게터추

텍스타일 디자이너 | 브루클린, 뉴욕

섬유 회사 〈Bolé Road Textiles〉 대표

"모든 실수는 교훈이자 좋은 방향으로
나아가는 계기가 되며, 버티는 것이야말로
내가 가진 최고의 자산이다."

**어렸을 적 꿈은?**

아주 어렸을 때부터 화가나 일러스트레이터 같은 시각 예술가가 되고 싶었다. 그래서 데생과 회화로 소일했다. 내가 만난 건축가들은 이른 시기에 자신의 소명에 눈을 뜬 경우가 많은데, 인테리어, 가구, 텍스타일 쪽 디자이너들은 처음부터 원해서 시작한 경우가 거의 없더라. 건축 분야가 오랜 역사로 확립되고 존경받는 분야인 반면, 다른 디자인 분야들의 경우 일반 대중이 접근하기가 상대적으로 힘든 면이 있기 때문이지 않을까. 지금이야 '디자인'과 '디자인 사고design-thinking'라는 말을 심심치 않게 들을 수 있지만 예전엔 정말 생소한 말이었다. 시간이 흐르면서 디자이너라는 나의 직함을 사랑하게 되었고 다른 일은 상상조차 할 수 없게 되었다.

**작업 공간에서 가장 마음에 드는 점은?**

자연광, 편의성. 남편과 내가 이 아파트를 고른 이유이며, (남편의 항의를 묵살하고) 이 방을 내 작업실로 택한 이유다. 남편은 작가로 집에서 글을 쓰고 난 그런 그를 위해 일부러 건축회사를 다녔다. 이전까진 어느 아파트로 옮기건 그가 먼저 자신의 작업실을 골랐지만, 이번엔 어림없는 소리였다. 여기로 거처를 옮기게 된 건 내가 창업을 했기 때문이었다. 처음 이 집을 보러 왔을 때, 뒷마당에 따로 있는 이 방을 봤을 때 내 본부를 찾아냈다고 직감했다. 이 집에서 가장 빛이 잘 드는 공간이다. 그 덕에 이 공간은 생기로 가득하고, 아이디어를 떠올리는 데도 도움을 준다. 이런 환경에서 일을 할 수 있다는 점에서 정말 복받았다고 생각한다.

**일하면서 가장 크게 희생한 것은?**

사무실에서만 누릴 수 있는 환경을 벗어나는 것도 일종의 희생이다. 특히 아쉬운 건 다른 디자이너들과 협업하고 고객의 의견을 듣는 것이다. 그래서 디자인을 친구들과 다른 디자이너에게 보내 의견을 묻기도 한다.

**당신에게 성공이란?**

성공의 의미가 에티오피아의 장인들이 사업을 일으켜 꿈을 실현할 수 있도록 재정적으로 지원하는 것일 수도 있겠지만, 우리가 만든 제품을 통해 에티오피아 문화를 알리고 미래의 사업가에게 영감을 주는 것도 성공이라 말할 수 있다.

dwell in
possibility

**1억 달러가 주어진다면 사업을 지금과 다르게 경영할 건가? 무엇을 바꿀 텐가?**

최고 재무 책임자와 최고의 마케팅 경영자를 데려오고 헌신적으로 일할 제작 및 디자인 팀과 함께 사업의 규모를 확장할 거다. 에티오피아에 나의 직조 스튜디오를 세울 생각도 하고 있다. 자금 횡재를 만난 김에 신상품과 신기술의 실험을 더 할 수 있겠지. 그러나 엄청난 자금은 책임의 무게도 크므로 잘 감당할 수 있는 능력도 키울 것이다.

**회사를 경영하며 얻은 가장 큰 교훈은?**

지금껏 이 일을 해오면서 대세에 따르는 법을 배우지 않으면 안 되었다. 난 사소한 것 하나도 계획을 세우지 않으면 못 견디는 사람이지만 계획한 노선을 이탈할 때도 많은 편이다. 세관에 걸려 발송이 지연될 때도 있고, 상표가 규격에 맞지 않게 나올 때도 있고, 실제로 있었던 일인데 아디스아바바(에티오피아의 수도-옮긴이)를 통틀어 중간 톤의 회색 털실이 동이 날 때도 있었다. 그래서 어떤 상황이라도 받아들이고, 지금 내게 있는 것으로 일을 진행해 나가며, 멜트다운이 되는 사태를 미연에 방지하려고 한다!

**창업 전 고려해야 할 가장 중요한 세 가지는?**

1. 비전–자기가 하려는 사업의 실체와 서비스를 제공할 대상, 고객이 될 대상에게 제공할 가치에 대한 명확한 개념이 있어야 한다.
2. 팀워크–혼자서 꾸려나갈 계획이라고 해도 당신의 사업체를 일으키는 데 도움이 될 만한 사람 두세 명을 확보할 것. 막상 시작하면 애초 생각한 것보다 도움을 구할 일이 많다!
3. 재무 플랜–비즈니스 플랜을 처음부터 끝까지 다 세우지 않는다고 해도 비즈니스 내러티브는 반드시 짜고, 최소한 창업 첫해 예산만

큼은 정해야 한다. 최고의 목표를 상정할 때 내 사업에 '내 돈'을 얼마까지 아낌없이 투자할 수 있는지부터 알아야 한다.

그리고 누구도 얘기해주지 않을 얘기를 해주겠다. (1) 전업이건 파트타임이건 꾸준히 하지 않는다면, (2) 재무 지원 시스템이나 (부동산 같은) 다른 수입원을 별도로 유지할 형편이 안 된다면, (3) 다른 사람에게 기대지 않아도 될 만큼 부유하지 않다면, 창업을 하고 사업체를 유지하는 건 불가능하다.

**창업할 때 들은 최고의 조언은?**

---

"앞뒤 가리지 말고 저질러! 60퍼센트밖에 준비가 안 됐다고 해도 그냥 시작해버리는 거야!"
이 말을 듣지 않았다면 아직도 런칭할 계획만 짜고 있었을 것 같다.

---

# 캐머론 에스포지토

코미디언 · 배우 | 로스앤젤레스, 캘리포니아

코미디 공연을 하며 TV 시리즈 〈Take My Life〉, 영화 〈마더스 데이〉에 출연

"진정한 스탠드업 코미디언이라면 무대에서 실패했을 때, 그 원인을 스스로 평가하고, 이후 같은 실수를 다시는 되풀이하지 않는다. 가히 사업을 하는 모든 사람에게 피가 되고 살이 될 기술이다."

**어렸을 적 꿈은?**

신부priest.

**당신에게 성공이란?**

타임즈스퀘어의 거대한 광고판에 내 얼굴이 떡하니 뜨는 것.

**성공의 밑거름이 된 실수가 있다면?**

진정한 스탠드업 코미디언이라면

무대에서 실패했을 때, 그 원인을 스스로 평가하고, 이후 같은 실수를 다시는 되풀이하지 않는다. 이것이 갈고 닦아야 할 훌륭한 기술인 이유가, 이를 통해 실패라는 행위에 긍정적인 가치를 부여하게 되기 때문이다. 그런 의미에서 종류를 불문하고 사업을 하는 모든 사람에게 피가 되고 살이 될 기술이다.

**1억 달러가 주어진다면 사업을 지금과 다르게 경영할 건가? 무엇을 바꿀 텐가?**

신물이 날 정도로 오랫동안 놀고 먹어야지. 기계 가동을 잠시 멈추고 충전하는 건 좋지만, 혼자 일하고, 일반적인 노동 시간을 다 일하지 않는 사람이 충전한답시고 일터를 비우는 게 결코 쉬운 일이 아니다. 언제고 일을 하는 시간이 될 수 있기 때문이다. 돈이 쌓일 정도로 많아진다면, 내 일을 도와줄 만한 사람 몇 명을 고용한 다음, 잠깐 짬을 내서 휴가를 보내고 싶다. 하지만 내 성격엔 그냥 변함없이 일하면서 구두나 새 것으로 바꿀지도 모르겠다.

**작업 공간에서 가장 마음에 드는 점은?**

교통이 편리하다. 책상이 침대에서 엎어지면 코 닿을 데 있다.

**일하면서 가장 크게 희생한 것은?**

스케줄과 수입 면에서 상상할 수 있는 모든 정상적인 수준과 기댈 언덕을 다 잃어버렸지.

**밤잠을 설칠 만큼 두려운 일이나 직업적인 고민이 있다면?**

코미디에 몸담고 있으면서 "해냈어"라고 말할 만큼 실체가 분명한 건 내 이름과 내가 기억하는 것, 그리고 내 달력에 표시해놓은 것 말고는 아무것도 없다. 그래서인지 잠시라도 제자리에 머물러 있으면 이제껏 내가 쌓아올린 모든 게 한순간에 날아가버릴 것 같아 걱정이 된다.

**자신감이 떨어지거나 난관에 부딪혔을 때 극복하는 본인만의 비결이 있다면?**

퀸 음악을 듣는다.

**스스로 생각하는 자신의 장점은?**

불굴의 정신. 중소기업을 운영했던 아빠, 어렸을 적에 가사일을 하면서 회사를 다녔던 엄마를 보고 자라면서 세상에 공짜는 없다는 걸 알게 되었다. 코미디를 업으로 삼은 첫 10년은 '찬밥 신세'의 역사였다. 하지만 그렇게 단련한 덕에 이후 더 큰 성공과 함께 딸려온 더 지독한 찬밥 신세를 너끈히 견뎌낼 수 있었다. 한 번에 1인치씩 올라가며 쌓은 커리어라서 지금 위치의 내가 믿기지 않을 정도다.

**10~20년 전 자신에게 들려주고 싶은 말은?**

성공의 공식 같은 건 죄다 헛소리야. 그냥 시작해. 그리고 계속해. 어떻게 하면 스탠드업 코미디언이 될 수 있느냐는 질문을 자주 받는데 내 대답은 이거야. "일을 해." 황당하지? 하지만 그게 방법이야. 그냥 죽었다 생각하고 일하고 또 하는 거야. 맨 처음엔 무대에 오를 배짱을 키우는 거고, 그 다음부턴 그냥 반복, 반복뿐이야.

**일종의 1인 기업으로서 말로 표현하기 애매한 고충이 있나?**

외로움. 나는 대표일 뿐만 아니라 내 사업체의 유일한 직원이기도 하다. 그래서 재능이 출중한 사람들과 팀을 이뤄 일하고, 오랫동안 동고동락해온 여자친구와 합작으로 일하기도 한다. 여자친구는 내가 완전히 신뢰할 수 있는 사람이고 이 일을 하면서 고민은 물론 중대 사안에 대해서 터놓고 이야기할 수 있다는 점에서 난 운이 좋은 사람임에 틀림없지만, 결국, 막판에 가면, 달랑 나만 남는다.

**당신의 전문 분야를 처음 접하고, 일하게 된 경위는?**

부모님 집의 골방에 틀어박혀 살 때였다. 사회복지 대학원에 들어가려는 결심 끝에 보스턴에서 고향 시카고로 옮겨 부모님이랑 산 지 얼마 안 된 때였는데, 갑자기 전업 코미디언이 되어야 겠다는 생각이 들었다. 그래도 확실한 발판은 필요할 거 같아서 6개월 동안 대학원을 다녔지만, 결국 사회복지사는 내 적성이 아니라는 걸 알게 되었다.

**슬럼프를 극복하고 영감을 얻는 당신만의 비결은?**

---

운동. 로스앤젤레스의 산자락에 살고 있는데,
가급적 매일 아침 하이킹을 하면서 내 머릿속의
거미줄을 걷어내고 자영업자가 빠지기 쉬운
자기 함몰의 늪에서 빠져나오려 노력한다.
그리고 이 세상이 얼마나 광대하고 변화무쌍한지를
다시금 명심한다.

---

**좋은 하루를 시작하기 위해 매일 아침 첫 번째로 하는 일은?**

눈을 뜨자마자 이메일에 답신한다. 그러는 게 건강에 좋지 않을까?

**과거와 현재를 통틀어 당신이 존경하고 닮고 싶은 여성은?**

동료 코미디언 마리아 뱀포드의 재능과 그녀가 걸어온 길에 진심 어린 감사와 사랑을 바친다. 그녀는 스탠드업 코미디 장르의 역사에서 전무후무한 장르를 만들어냈다. 사소한 일상에 초점을 맞춘 지극히 사적인 소재를 아슬아슬하면서도 매력 넘치게 전달해낸다. 내가 공연에서 처음으로 오프닝을 선 것도 그녀의 코미디 투어 쇼였는데, 무대에 서서 자기의 모든 걸 바닥까지 다 드러내면서 커리어의 정점을 찍는 걸 보고, 나로선 꿈도 꿀 수 없는 경지(그런 수준의 정직함이란 나로선 상상할 수조차 없는 것이었다)이면서도 해볼 만하겠다는 생각도 들었다. 그럴 만큼 보람 있는 시도가 되리라는 걸 알았기 때문이다.

**다른 여성 창작자에게서 가장 존경하는 점은?**

---

자존을 세울 줄 아는 여성이 좋다.
스스로를 너무 낮추거나 자신이 이룬 성과를
폄하하는 걸 용납하지 않는 성깔 있는 여자 말이다.

---

# 셰디 페토스키

작가 · 제작 책임자 | 로스앤젤레스, 캘리포니아

비디오 게임과 TV 애니메이션을 제작하는 미디어 스튜디오 〈PUNY Entertainment〉 설립자

"성장하고 싶은 곳으로 가라."

**일하면서 가장 크게 희생한 것은?**

과연 내게 중요한 걸 포기한 적이 있었나 싶다. 대학에 가지 않았고, 자가면역 질환을 앓고 있으며, 15년 전에 성전환을 했기 때문에 에이전시나 디자인 업계에서 일을 구하기 어려웠다. 내 소유의 스튜디오를 설립하는 게 창조적인 일을 할 수 있는 유일한 방법이었다. 희생이 있었다고는 생각하지 않지만, 세상은 내게 눈치 채기 어려운 미묘한 자극을 천 개쯤을 날리면서 뭘 해야 할지를 알려주었다.

**당신에게 성공이란?**

머릿속 아이디어를 현실화하는 것만이 성공이라고 할 수 있다. 내가 직접 쇼를 진행하고 싶지만, 파일럿 방송을 비롯해 이런저런 일들을 도모할 수 있다면 내 방송이 없다고 해서 성공하지 못했다고 생각하지 않는다. 좋은 협업도 성공처럼 느껴진다.

**성공의 밑거름이 된 실수가 있다면?**

너무나 일상적으로 일어나는 일이라 특정한 사례를 생각하기 어렵다.

난 수시로 사과를 한다. 세상을 이해하는 데 필요한 대가가 아닐까.

**밤잠을 설칠 만큼 두려운 일이나 직업적인 고민이 있다면?**

범불안 장애를 앓고 있기 때문에 세상만사가 불면에 시달리게 하지만, 프로젝트가 끝날 땐 특히 힘들다. 이번 일이 끝나면, 다시 일할 수 있을까? 앞으로 허리띠를 졸라매고 살아야 하나? 지긋지긋한 마케팅 일을 해야 하나? 사겠다는 사람이 나타났을 때 바로 내놓을 만한 새 대본을 마련해야 하나? 이제는 공포와 불안이 쓸데없다는 걸 알기 때문에, 잠을 이루려고 마음을 다스리고 있다.

**자신감이 떨어지거나 난관에 부딪혔을 때 극복하는 본인만의 비결이 있다면?**

나 스스로도 웃기지만 '마음챙김 테라피'에 푹 빠져서 일주일에 두세 번을 간다. 자기 수양 도서를 읽고, 운명론에 빠지는 일이 없도록 몇 가지 소소한 비결을 챙겨두었다. 〈바보의 처세술The Nerdist Way〉에도 나오지만 머리에 부정적인 장면이 떠오를 때마다 나뭇가지가 뚫고 자라는 걸 상상한다든지 하는.

**당신의 전문 분야를 처음 접하고, 일하게 된 경위는?**

고등학교 때 수학을 정말 잘했고 컴퓨터에 빠져 살았다. 스무 살엔 식당에서 일하면서 컴퓨터와 전화 해킹에 푹 빠진 고등학생들을 알게 되었다. 걔들의 컴퓨터를 빌려 쓰면서 내게 프로그래밍 재능이 있음을 알게 되었다. 결국 사무실을 차리게 됐는데 바로 옆 사무실에 빈센트 스톨이 있었다. 탁월한 카투니스트이자 대형 에이전시의 예술 감독인 스톨은 나를 플래시 웹사이트 개발자로 고용하고 직접 디자인을 가르쳐주기까지 했다. 일의 핵심을 파악하고 무엇 하나 놓치는 것

없이 완벽하게 처리할 수 있도록.

**스스로 평가하기에 지금껏 가장 잘한 일은?**

〈요 가바가바!(캐릭터 인형들이 등장하는 미국 TV 아동 프로그램 – 옮긴이)〉다. '더 애플스 인 스테레오'의 로버트 슈나이더가 이런 말을 한 적이 있다. "아이들이야말로 궁극적인 창조 현장이다. 아이들은 누구보다도 더 많이 춤을 추고, 색을 칠하며, 노래를 하고, 그림을 그린다." 〈요 가바가바!〉의 모든 것이 우주가 창조되는 중심에 있는 것 같은 기분을 느끼게 했다. 모두가 함께했고, 그러고 싶어 했다. 참여한 밴드, 만화, 배우, 예술가와 디자이너가 그러했고, 관객들이 너무도 사랑해주었다. 짧은 비디오나 게임을 만들기만 하면 팬 아트가 쏟아졌다. 첫 투어의 첫 공연에서 춤추는 아이들 수천 명과 함께했을 때 맛본 기분을 두 번 다시 또 맛볼 수 있을지 모르겠다. 60여 개의 에피소드를 제작하면서 우리는 사업상의 사고를 200개는 저질렀을 것이다. 모든 게 순식간에 시작되고 끝났다. 그 쇼에서 일했던 모두가 같은 생각을 했다. "이젠 뭐 하지."

**창의적인 사업을 시작하려는 사람이 갖춰야 할 자원을 추천한다면?**

사업 전반에 관한 책들을 닥치는 대로 읽어라. 도서관에 가서 관련된 책을 샅샅이 찾아보라. 모두를 위한 비법이 적힌 책은 없으니, 이것저것 많이 뒤져봐야 한다. 사업에 관련되거나 영감을 주는 책을 읽는 것만으로도 사업가가 가져야 할 태도를 갖추게 해줄 것이다.

**지금까지 축적한 노하우를 가지고 창업할 때로 돌아간다면 바꾸고 싶은 것은?**

바로 로스앤젤레스로 이사했을 것이다. 트랜스젠더로서 안전 문제에 대단히 예민했다. 영화 〈흔들리는 영웅〉에서 리키 레이크를 봤을 때, 그녀의 삶이 내 미래임을 알았다. 지금만큼 두려워하지 않았으면 좋았겠지만, 지금도 위치는 중요하다. 성장하고 싶은 곳으로 가라.

**지금 세상에 더 필요한 게 있다면? 줄여야 할 게 있다면?**

더 많이 들어주는 태도, 얄팍한 의견을 곧바로 내뱉는 것을 지양하고 더 많이 배우는 태도, 더 많은 교차성intersectionality(모든 여성은 다르며, 그들이 겪는 억압과 차별 또한 모두 다르다고 주장하는 이론-옮긴이), 더 적은 소비, 특히 과도한 육식은 지양해야 할 것 같다.

**스스로 생각하는 자신의 장점은?**

나는 독학자라 혼자서 여러 가지를 배울 수 있다. 나의 우직한 뇌는 한번 집중하기 시작하면 시간을 멈추게 할 정도다. TV를 보거나 중독성 있는 모바일 게임을 즐기느라 집중력을 허비할 때도 있지만 제대로 쓰면 좋은 결과를 낸다.

**개인적 또는 직업적 모토가 있다면?**

감당하기 어려운 상황에 뛰어들어라. 아이라 글라스의 말이지만, 내가 훔쳐왔다. "감당하게 어려운 상황에 빠지고 아이라 글라스한테서 훔쳐라."

**일할 때 반드시 챙기는 도구나 물건, 의식이 있나?**

펠트펜, 모눈종이. 샤워와 낮잠.

**과거와 현재를 통틀어 가장 존경하고 닮고 싶은 여성은?**

내가 존경하는 사람 대부분이 여성이다. 단 한 명의 여성만 꼽으라면, 최근엔 어떻게 지내는지 모르지만 애니 디프랑코에게 신뢰와 존경을 바치겠다. 그녀의 공연과 음악을 접하며 지금의 성격과 정치관의 토대를 세울 수 있었다. 특히 열아홉 살부터 스물다섯 살까지의 나를 온통 지배하다시피 했다. 그녀는 공감, 영혼, 자율적인 사업, 더 진보적인 페미니즘, 성적 자유, 여행의 가치 측면에서 완벽한 귀감이다.

**슬럼프를 극복하고 영감을 얻는 당신만의 비결은?**

일을 하면 끝낼 때까지 멈추지 말아라. 산책을 할 수도 있지만 상점 근처를 가거나 심부름을 가는 건 금물이다. '영감을 찾아서' 다른 데 눈을 돌리는 건 내겐 죽음의 키스와 같다.

# 아미나 무치올로

예술가 · 디자이너 | 로스앤젤레스, 캘리포니아

매일이 파티인 듯 일상 속 즐거움을 주는 물건을 파는 〈Studio Mucci〉 창립자

"나는 생존할 것이고
다시 일어날 수 있다는 것을 아는 한
어떤 곤경도 극복할 수 있다."

**어렸을 적 꿈은?**

잠깐 자넷 잭슨이 되고 싶었던 때를 빼고, 다섯 살 무렵부터 늘 작가가 되고 싶었다.

**작업 공간에서 가장 마음에 드는 점은?**

기막힌 자연광. 창문을 다 열어놓고 있을 때 자주 하늘을 떠다니는 느낌이다. 꿈속에 있는 기분이랄까.

**당신에게 성공이란?**

나 자신을 사랑하고 인정하며, 나의 창의성으로 주변에 긍정적인 힘을 주는 것.

**회사를 경영하며 얻은 가장 큰 교훈은?**

언제 도움을 요청할지, 도움을 받을지를 아는 것. 〈스튜디오 무치〉는

여러 단계를 거쳐 크게 성장했는데 도움이 필요한 순간 제때 도움을 요청하지 않고 마지막까지 미루다 손해를 보았다. 변호사나 회계사의 조언, 가족과 친구들의 도움, 사업상 필요한 사람 고용 등등. 여전히 쉽지 않은 일이다. 예술가에서 사업가로 넘어가는 지점에 있어서 그런가 싶다. 하지만 사업에 필요한 걸 간파하는 눈은 전반적으로 좋아지고 있다. 특히, 나 혼자선 도저히 할 수 없는 성격의 일은 귀신같이 알아낸다.

**자신감이 떨어지거나 난관에 부딪혔을 때 극복하는 본인만의 비결이 있다면?**

---

늘 통하는 건 아니지만, 내 최고의 미덕을 하나 말하라면 단연 회복력일 것이다. 나는 개인사에서 셀 수 없이 많은 문제들(우울증, 폭식증, 빈곤)을 극복했고, 그래서 어떤 문제든 해결할 수 있을 것 같다. 물론 그런 나도 욕실에서 울 때도 있고, 말 그대로 모든 게 불안한 순간도 있다. 하지만 나는 생존할 것이고 다시 일어날 수 있다는 것을 아는 한 어떤 곤경도 극복할 수 있다.

---

**지금까지 축적한 노하우를 가지고 창업할 때로 돌아간다면 바꾸고 싶은 것은?**

나 자신에 대해 진지하게 고찰하는 날을 훨씬 더 빨리 앞당겼을 것 같다. 지금 이 일을 하기 전만 해도 사업 경험이 없어서 처음으로 디자인을 판매하고 주문이 물밀듯 밀려 들어왔을 때 뭘 어떻게 해야 할지 전혀 몰랐다. 그때그때 되는 대로 대처하고 일을 진행해나가도 괜찮을 거라고 생각했다. 하지만 조금이라도 준비를 하고 조사를 해두면, 사는 데, 특히 사업을 하는 데 많은 도움이 된다는 걸 알게 되었다.

**스스로 생각하는 자신의 장점은?**

얼마든지 상처를 받을 준비가 되어 있다. 이것만으로도 꿈조차 꾸지 못했던 삶을 살 수 있었다.

**긴 일과를 마치고 집에 왔을 때 당신을 가장 기쁘게 하는 것은?**

---

고요. 현대인은 고요를 누리기에 힘든 삶을 살고 있다. 그래서 나는 순수한 고요를 느낄 수 있는 때를 고대한다. 단 10분 동안이라고 해도 괜찮다.

---

# 저스티나 블레이크니

디자이너 · 예술가 · 작가 | 로스앤젤레스, 캘리포니아

정글을 연상시키는 아이템들로 정글 컬렉션을 만드는 〈The Jungalow〉 대표

"친절하라.

늘 겸손하라. 돌려주라."

**어렸을 적 꿈은?**

어린아이였을 때는 곡예사가 되어 서커스단에 들어가고 싶었다. 중학교 때는 미술교사가 되고 싶었다. 고등학교 때 뉴스 캐스터와 외교관을 놓고 저울질하다가 결국 포크 가수로 정했다.

**창업할 때 들은 최고의 조언은? 혹은 무시해서 다행인 조언은?**

심호흡하고 두 배를 요구하라. 무시하길 잘했다 싶은 조언은 2009년

에 블로그를 시작했을 때 블로그는 죽었으니 시간 낭비하지 말라는 말. 대형 블로그야 계속 인기를 유지하겠지만 사업체로 성장시키기엔 때가 너무 늦었다는 거였다. 하지만 나는 블로그를 제작하는 일이 좋아서 계속했고, 결국 그 노력은 보상을 받았다.

**밤잠을 설칠 만큼 두려운 일이나 직업적인 고민이 있다면?**

돈 문제로 골치가 아프다. 내 자신을 사업가로 받아들이는 데만 몇 년이 걸렸고, 아직도 자연스럽게 와닿지 않는다. 내가 지금 뭘 하고 있는지 파악이 안 되어서 '돈 문제'를 전담할 사업 컨설턴트나 매니저를 고용하고 싶은 생각도 있다. 그래도 서서히 깨달아가고 있는 게 있다. 나만큼 내 사업의 좋은 점을 아는 사람은 없다는 점이다. 또, 나만큼 내 사업을 하면서 생기는 일에 관심이 많은 사람은 없기 때문에 배짱대로 밀고 나가면서 이것저것 많이 물어본다.

**성공의 밑거름이 된 실수가 있다면?**

발표와 미팅으로 몇 달을 보낸 끝에 큰 규모의 근사한 유통업체와 소품 컬렉션 디자인의 라이선스 계약을 맺었다. 매우 흥분했지만 동시에 스트레스가 이만저만이 아니었다. 그런 성격의 컬렉션은 처음 해보는 데다가 샘플이나 제작 과정에 익숙지 않은 상태에서 뛰어들었으니 말이다. 몇 개월 동안 컬렉션을 개발하고, 공장들을 대신해 기술 설명서와 사양을 만들었는데 내가 잘하는 일이라고는 결코 말할 수 없었다. 구매자 측과 결론이 나지 않을 논쟁을 계속한 끝에 합의점에 도달한 후에야 컬렉션을 완성할 수 있었다. 그런 후 몇 개월이 지나 공장 측에서 보내온 샘플은 애초 내가 갖고 있던 아이디어와는 전혀 딴판이었다. 재차 샘플을 수정할 기회가 있을 거라고 생각했지만 유통업체 쪽에서 컬렉션을 포기했다. 에이전시에서 그 소식을 전해듣고 울었다. 설상가상, 계약서엔 구매 주문을 받은 후에야 돈을 받을 수 있다고 명시되어 있었다. 주문을 받는 것 자체가 불가능했으니 돈 역시 받지 못했다. 나 자신을 수습하기가 몹시도 힘들었다. 그런 후 새 동업자도 몇 명 생겼고 샘플과 제작 전반에 대해서도 많은 걸 배웠다. 그 경험 덕에 내가 잘하는 걸 하는 게 좋다는 걸 알게 되었다. 그래서 기술 디자이너를 고용해 사양과 기술 관련 패키지를 전담하게 했고, 나는 동업자와의 긴밀한 소통과 창의적인 면에 집중했다. 계약에 대해서도 매우 신중해졌다. 선금을 받는 것은 물론, 물건이 판매대까지 나가는 작업 과정과 무관하게 내가 일한 시간만큼 돈을 받도록 하는 조항을 명시한다.

**당신다운 모습으로 당신이 사랑하는 일을 하도록 영감을 주는 문구가 있다면?**

"걸을 수 있으면 춤출 수 있다. 말할 수 있으면 노래할 수 있다." 아프리카 속담이다.

**이 일을 하면서 맛본 최고의 성공은? 혹은 스스로 평가하기에 지금껏 가장 잘한 일은?**

내가 쓴 책 〈신 보헤미안The New Bohemians〉이 뉴욕 타임스 베스트셀러 리스트에 오른 것. 내가 뉴욕 타임스의 베스트셀러 작가가 될 거라고는 꿈에서도 생각하지 못했다. 정신이 없다. 너무도 감사한 마음뿐이다. 내 책의 아이디어를 적용해 좀 더 색감이 살아 있는 집에서 근사한 삶을 살게 되었다는 말을 듣고 (또 눈으로 확인하는) 기분은 이루 말할 수 없을 정도로 황홀하다!

**창업 전 고려해야 할 가장 중요한 세 가지는?**

1. 안정을 추구하는 사람이라면 사업가가 될 생각은 접는 게 좋다.
2. 일을 성사시키려면 자기가 하는 일을 진심으로 사랑하고 또 넘치도록 열정적이어야 한다.
3. 사업을 통해 원하는 바를 분명히 인식하라. 그게 안 되면 원하는 바를 이룰 때까지 그런 척이라도 해라.

**개인적 또는 직업적 모토가 있다면?**

고장 나지 않았으면 고치지 말라.

**좋은 하루를 시작하기 위해 매일 아침 첫 번째로 하는 일은?**

가족과의 포옹.

**긴 일과를 마치고 집에 왔을 때 당신을 가장 기쁘게 하는 것은?**

얼굴과 손이 끈적이는 아이스캔디 범벅이 된 딸아이가 귀가 째지도록 "엄마아아아아아아!!!" 소리치며 내게 달려오는 모습.

**과거와 현재를 통틀어 당신이 존경하고 귀감으로 삼는 여성은?**

프리다 칼로. 흠 없는 품위, 심오한 재능. 용감하고 대담하고 연약했다.

**회사를 경영하며 얻은 가장 큰 교훈은?**

사소한 것에 지나치게 신경 쓰지 말 것. 두려움에 휩쓸려 결정을 내리는 일이 없을 것. 거절해야 할 때를 알 것. 자신을 믿고 사업을 믿을 것. 사람들에게 친절할 것. 늘 겸손할 것. 베풀 것.

# 마야 린

예술가 · 건축가 · 조각가 · 디자이너 | 뉴욕

지속 가능성을 좌우명으로 새로운 시각을 제시하는 건축 회사 〈Maya Lin Studio〉 대표

"나와 내 작품은 서로 무관하다."

**창업할 때 들은 최고의 조언은?**

건축학교를 다니면서 예술 작품을 만드는 일에도 몰두했다. 프랭크 게리가 선택의 기로에서는 그냥 둘 다 꾸준히 하면 된다고 말해줬다.

**밤잠을 설칠 만큼 두려운 일이나 직업적인 고민이 있다면?**

강렬한 작품을 만들지 못할까봐 걱정이 된다.

**회사를 경영하며 얻은 가장 큰 교훈은?**

내 스튜디오를 사업 개념으로 보지 않는다. 늘 소규모로 꾸려나가면서 아트 스튜디오의 개념으로 접근한다.

**자신감이 떨어지거나 난관에 부딪혔을 때 극복하는 본인만의 비결이 있다면?**

내가 작품을 만드는 과정은 언제나 해당 과제에 대한 회의와 고민과 탐사를 거치면서 발견한 것을 토대로 해왔다. 그러면서 나와 내 작품은 서로 무관하다는 태도를 견지했고, 그런 후에야 마침내 내가 만들어내고자 하는 것이 무엇인지를 알게 되었다.

**일할 때 반드시 챙기는 도구나 물건, 의식이 있나?**

홍차와 음악과 빛.

# 잇사 래

작가 · 감독 · 배우 | 로스앤젤레스, 캘리포니아

유튜브 웹시리즈 〈Awkward Black Girl〉 창작가이자 〈Issa Rae Productions〉 운영

"당신의 성공과 실패 모두
당신의 손 안에, 매 순간 당신이 내리는
결정에 달려 있다."

**어렸을 적 꿈은?**

작가가 되고 싶었고, 공룡이 되고 싶었다. (잠깐이지만) 경찰관도 되고 싶었다.

**다른 여성 창작자에게서 가장 존경하는 점은?**

규율. 자부심을 가질 만한 어떤 일을 끝까지, 지속적으로 해내는 것은 결코 쉽지 않은 일이다. 절대로 끝내지 못할 일들을 하겠답시고 벌여 놓은 게 한두 개가 아니다. 원인은 중간에 낙담하거나 게으르거나 지겨워져서였다. "이게 아무리 거지 같아도 상관없어. 어떻게든 끝내고 말 거야." 이렇게 말하는 여성 창작자들이 정말로 존경스럽다.

**당신에게 성공이란?**

내가 사랑하는 일을 하면서 마음의 안정과 행복한 감정이 지속되는 상태.

**작업 공간에서 가장 마음에 드는 점은?**

내 작업 공간은 수시로 바뀐다. 집 안의 데스크, 스타벅스를 비롯해 우리 집에서 걸어 내려가면 나오는 커피숍, 식당, 시내의 카페, 우리 집 건물의 도서관까지. 난 변화를 좋아한다. 변화가 없다면 생산적으로 뭔가를 해내는 사람들이 있는 공간에 들어가는 기분을 즐긴다. 그런 날엔 마치 지역사회 사업을 하는 기분이 든다.

**성공의 밑거름이 된 실수가 있다면?**

두어 달 정도 다른 사람의 직감에만 기대어 내 직감 같은 건 안중에도 없었던 때가 있었다. 그들이 나보다 더 잘 알고 있다고 생각해서였다. 더는 그러지 않게 되었을 때 비로소 나 스스로 배우기 시작했고, 내가 내린 창의적인 사업 결정에 대해 보다 확신을 갖게 되었다.

**밤잠을 설칠 만큼 두려운 일이나 직업적인 고민이 있다면?**

형편없는 작가로 낙인찍히는 것.

**자신감이 떨어지거나 난관에 부딪혔을 때 극복하는 본인만의 비결이 있다면?**

지금 나는 사랑하는 일을 한다는 것과 내가 사랑하는 사람들을 돕고 있다는 사실을 새삼 떠올린다.

**당신다운 모습으로 당신이 사랑하는 일을 하도록 영감을 주는 문구가 있다면?**

우리 집안 대대로 내려오는 만트라. "너의 세상에 네 최선을 보여주어라. 그러면 최선이 너에게 돌아올 것이다."

**스스로 생각하는 자신의 장점은?**

공감 능력.

**일종의 1인 기업으로서 말로 표현하기 애매한 고충이 있나?**

---

나의 성공과 실패 모두 나 자신의 손 안에,
매 순간 내가 내리는 결정에 달려 있다는 것.

---

**일할 때 반드시 챙기는 도구나 물건, 의식이 있나?**

세상이 어떻게 돌아가는지를 (뉴스나 가십을 통해) 알아본 후 핸드폰을 내려놓고 일에 집중한다. 안 그러면 '포모FOMO(좋은 기회를 놓치고 싶지 않은 생각에 모임이 끝날 때까지 자리를 뜨지 않거나, 사교 모임에 많이 나가거나, 모임이나 행사 초청을 무조건 받아들이는 것-옮긴이)'에 시달린다.

# 어매더 크루즈

미술관장 | 피닉스, 애리조나

현대 미술, 사진, 패션 디자인을 전시하는 〈Phoenix Art Museum〉 미술관장

"자신이 대우받고 싶은 만큼 남을 대하라."

**다른 여성 창작자에게서 가장 존경하는 점은?**

용맹함. 자기만의 비전을 지키려면 용기가 필요하다.

**1억 달러가 주어진다면 사업을 지금과 다르게 경영할 건가? 무엇을 바꿀 텐가?**

미술관 입장료를 무료로 하겠다!

**일하면서 가장 크게 희생한 것은?**

찬찬히 생각할 시간적 여유가 없어진 게 아쉽다.

**자신감이 떨어지거나 난관에 부딪혔을 때 극복하는 본인만의 비결이 있다면?**

건강을 유지할 수 있을 만큼의 직업적 거리를 유지할 때 역경도 일시적임을 깨닫게 된다.

**개인적 또는 직업적 모토가 있다면?**

"자신이 대우받고 싶은 만큼 남을 대하라."

**지금 세상에 더 필요한 게 있다면? 줄여야 할 게 있다면?**

더 필요한 건 인내심. 지금보다 없어져야 할 건 탐욕.

THE BEAT HOTEL

# 리즈 램버트

호텔리어 | 오스틴, 텍사스

구식 호텔을 매력적인 부티크 호텔로 변화시키는
〈Bunkhouse Group〉 대표

"자기 사업을 시작하면 엄청난 노동량과 고민이 뒤따르기 마련이다. 하지만 그걸 희생이라고까지 말해야 할지 모르겠다. 승차권을 샀으면 타고 출발하라!"

**어렸을 적 꿈은?**

카우보이 말고 제일 일찍 마음에 품은 직업은 변호사였다. 2학년 어느 날로 기억나는데 어쩌다 그런 생각을 하게 된 건지는 모르겠다.

**창업할 때 들은 최고의 조언은?**

처음 시작할 땐 내가 뭘 하고 있는지도 종잡을 수 없었기 때문에 여러 가지 조언을 구했다. 그래서 칩 콘리(〈주아 드 비브르Joie de Vivre〉 호텔 설립자로 현재는 〈에어비앤비〉 글로벌 호스피털리티의 담당 이사다)에게 무작정 전화를 걸었다. 어느 호텔 매매 잡지에서 그에 관한 기사를 읽은 적이 있어서 그에게 내 사업 플랜을 한 번 봐달라고 부탁을 했다. 정작 그 플랜이란 게 순진무구한 추측에 기반한 한 무더기의 종잇장들에 지나지 않았다! 그는 날 만나주었고, 그것 자체가 이미 기적이었건만, 난 그가 나의 회계 상정안을 검토하며 사용한 용어와 개념 중 어느 하나도 알아듣질 못했다. 그때까지 나는 다트 판에 희망의 화살을 던지고 있었던 것뿐이었다. 회계 보고서를 읽는 법을 배우고 수입과 지출의 흐름을 이해하는 것만이 막 시작한 회사 문을 닫게 되는 불상사를 피하는 방법이자, 내가 배운 것 중 가장 중요한 것이었다. 제 아무리 창의적인 사람이라고 해도 사업이 되게 만드는 법을 이해하지 못한다면 절대로 일을 할 수 없다. 그런데 사업이야말로 시작하고 싶은 일이 아닌가 말이다.

**일하면서 가장 크게 희생한 것은?**

이 회사가 망하지 않고 버티려면 어떻게 해야 하나 궁리하느라 잠 못 이룬 밤이 이루 말할 수 없을 정도다. 자기 사업을 시작하면 엄청난 노동량과 고민이 뒤따르기 마련이다. 하지만 그걸 희생이라고까지 말해야 할지 모르겠다. 승차권을 샀으면 타고 출발하라!

**당신에게 성공이란?**

내게 성공은 주어진 기회를 활용하는 것이다. 여행을 하고, 더없이 진취적인 사람들을 만나 함께 일을 도모하고, 그들이 자신의 생각과 두 손으로 무엇을 만들어내는지 관심을 갖고 주시하며, 훌륭한 디자인으로 밥벌이를 하고, 훌륭한 호스트가 되는 것이다.

**회사를 경영하며 얻은 가장 큰 교훈은?**

다른 사람이 이미 한 말이긴 한데, 사람이 가장 큰 자산이라는 것. 한 번에 모든 곳에 갈 방법이 없고, 그러고 싶지도 않을 것이다. 적임자에게 적소를 줘야 일이 수월해진다. 그들에게서 배울 건 또 얼마나 많은데! 하나의 마을이 필요한 것이다.

**성공의 밑거름이 된 실수가 있다면?**

호텔 산업에서 고객은 처음부터 끝까지 흠 잡을 데 없는 접대를 받은 것보다 실수를 바로잡는 서비스를 더 인상적으로 기억한다고 말하더라. 실수는 누구나 하기 마련이다. 실수를 바로잡을 능력이 있다면, 당신이 대우받고 싶은 대로 고객을 대우하라.

**자신감이 떨어지거나 난관에 부딪혔을 때 극복하는 본인만의 비결이 있다면?**

시련은 늘 있기 마련이다. 군소리 말고 어떻게든 헤쳐나가면서 자신의 비전과 열정을 스스로에게 일깨우고, 왜 이 일을 하고 있는지, 가장 먼저 해야 할 일은 무엇인지 자신을 일깨우는 수밖에 없다는 게 내 생각이다. 그리고 읽고 조사하자. 우리보다 먼저 셀 수 없는 역경을 헤쳐나간 선배들이 얼마나 많은가. 폭풍에 용감히 맞서자.

**당신다운 모습으로 당신이 사랑하는 일을 하도록 영감을 주는 문구가 있다면?**

"천천히 하는 게 좋다고 말하는 사람들이 있다. 내가 분명히 말하건대 빠른 게 더 좋다. 이건 내 불변의 신조였다. 그로 인해 곤란에 처한 적이 있건 없건, 튜브 밖으로 밀려나온 것보다 대포가 쏜 포탄 신세 쪽이 언제나 나은 법이다. 신이 뭣 때문에 오토바이를 만들었겠느냐고, 친구." 헌터 S. 톰슨(미국의 저널리스트이자 작가로 소설 〈라스베이거스의 공포와 혐오〉 등을 썼다-옮긴이)이 말했다.

**지금 종사하는 분야를 언제 처음 알게 되었나?**

할아버지 손을 잡고 오데사 중심가의 한 호텔에 갔던 게 기억난다. 할아버지는 농장주여서, 이렇다 할 사무실이 없었기 때문에 시내 최고의 호텔에서 회의를 했다. 구두닦이들이 있고 일요일 신문이 있는 그런 곳 말이다. 할아버지는 꼬맹이였던 나(네 살이나 다섯 살이었을 것이다)를 데리고 가길 좋아했다. 가죽 소파들, 시가 연기, 사업 얘기를 하는 남자들, 악수를 하는 것으로 성사된 계약들의 기억이 있다. 어머니도 호텔을 좋아했다. 우리 가족은 대도시에 자주 놀러 갔고, 묵는 호텔을 한 바퀴 도는 의식이 있었다. 이 두 가지 기억이 내게 호텔에 대한 사랑을 키워준 게 아닐까.

**개인적 또는 직업적 모토가 있다면?**

"해가 날 때 건초를 말려라." 할머니가 해주신 말씀.

**창업을 결심한 계기는?**

정확하게 기억할 수 있다. 당시 나는 변호사였다. 텍사스에서 법정 변호사로 일할 때였는데, 소중한 내 친구, 토니 위니크가 에이즈로 사투를 벌인 지 얼마 되지 않아 오빠가 HIV 판정을 받게 되었다. 당시 그건 곧 사망 선고를 의미했다. 오빠는 나의 북극성이었다. 샌프란시스코의 한 호텔에서 샤워를 하다가 문득 인생에서 유의미한 일을 해야겠다는 생각이 들었다. 안전한 길만 모색하는 것보다 결과가 어떻든 간에 모험을 해보는 것이 가치 있는 일이란 생각을 했다. 뭘 할 건지에 대한 생각조차 없었지만 샤워를 끝내고 나왔을 땐 이미 각오가 선 뒤였다.

그 길로 오스틴으로 돌아온 나는 〈산 호세 모텔〉의 문을 두드렸다. 그 전까지 몇 달 동안 술집 창문 너머로 유심히 바라보던 곳을.

**슬럼프를 극복하고 영감을 얻는 당신만의 비결은?**

---

여행. 거창할 것 없다. 그냥 산책을 가는 것도 여행일 수 있다. 내친 김에 좀 더 멀리 가거나. 언제나 '좀 더 멀리' 가보는 거다. 그렇게 자신의 환경을 바꿔보고, 여행을 한다. 그렇게 다른 사람들은 뭘 하며 사는지 본다.

---

# 마틴 로즈

패션 디자이너 | 런던, 영국

90년대 문화를 재해석한 남성복 브랜드 〈Martine Rose〉 대표

"진정성과 확신이 있는
여성 창작자들을 존경한다."

**어렸을 적 꿈은?**

춤추고 연기하는 걸 워낙 좋아해서 가족이 보는 앞에서 춤을 추던 게 생생히 기억난다. 하지만 한 살 한 살 나이를 먹어가면서 수줍음도 많아지고 남의 눈을 의식하게 되었다. 패션이 어떤 식으로든 나의 마음속에 들어온 건 꽤 나중이었다.

**다른 여성 창작자에게서 가장 존경하는 점은?**

진정성과 확신.

**당신에게 성공이란?**

성공의 양을 따지기 어렵듯, 그 의미를 밝히는 것도 어렵다. 그렇지만 내가 원하는 방향으로 소통을 해낸 때를 생각해보거나, 내 동료들, 특히 내가 존경하고 우러러보는 사람들, 디자이너들을 보면 가늠이 되지 않을까 싶기도 하다. 또 젊은 세대에게 가르침을 줄 수도 있고, 내

작품이 그들에게 어떤 영향을 끼쳤는지를 볼 수도 있겠고. 물론, 내가 하는 일에서의 성공은 멋진 아이디어와 그 아이디어의 상업적 성공 사이에서 제대로 균형을 잡았던 때라고 말할 수 있다.

**작업 공간에서 가장 마음에 드는 점은?**

시즌을 시작할 때마다 텅 비는 커다란 벽.

**자신감이 떨어지거나 난관에 부딪혔을 때 극복하는 본인만의 비결이 있다면?**

---

딱히 정해진 한 가지가 있는 건 아니다.
내 경우엔 이런저런 몇 가지 방법들이 있다.
우선 명상을 한다. 명상을 한 건 10년째이며,
매일 해야 직성이 풀리는데, 특히 너무 힘들어서
견디기 힘든 때는 하루도 빼먹지 않는다.
그럴 때의 명상이야말로 위안과 동기부여의 원천이
되어주기 때문이다. 그리고 친구들과 가족에게
전적으로 의지한다. 또, 내가 하는 일의 규모와
전망을 침착하게 재고할 수 있는 장소로 피신한다.
힘든데 그런 생각조차 할 수 없어서 악전고투할 때가
자주 있다.

---

**개인적 또는 직업적 모토가 있다면?**

(일에 한정해서) 늘, 모든 사람의 마음에 들 순 없다.

**자기 사업을 하면서 말로 표현하기 애매한 고충이 있나?**

팀원과 함께 탄 배가 전복될 것 같다는 생각이 들 때 겉으로나마 평정을 유지하는 것.

**슬럼프를 극복하고 영감을 얻는 당신만의 비결은?**

도서관.

**지금 세상에 더 필요한 게 있다면? 줄여야 할 게 있다면?**

---

얽매이지 않은 자유로운 생각을 하는 사람들은 더 많아져야 하고, 기업들은 지금보다 적어져야 한다.

---

# 페이 안드라다

주얼리 디자이너 | 브루클린, 뉴욕

단순함과 대담함이 특징인 수공예 주얼리 브랜드 〈Fay Andrada〉 대표

"생각만 하지 말고 자신의 실수에 너그러워져라."

**어렸을 적 꿈은?**

패션 디자이너. 당시 여자아이들에게 인기 있는 꿈이었다. 80년대의 절정에 소녀 시절을 보낸 내게 펑키 브루스터, 마돈나, 데니스 헉스터블이 영웅이었다. 그때 '남다르게 사는 것'이 괜찮다는 걸 깨달은 것 같다. 나는 그 교훈을 평생 마음에 새겼다.

**창업할 때 들은 최고의 조언은?**

"네가 싫어한다고 해서 모두가 싫어하는 건 아니야." 내가 자신 없어 하던 작품을 보고 주얼리 디자인 선

생님이 해주신 말씀이다. 냉소적이면서도 성숙한 조언이다. 나 자신이 몸에 걸치고 싶지 않은 주얼리는 절대 내놓지 않겠다고 생각하지만, 한편 내가 마음에 들어 하지 않던 디자인이 시간이 흐른 뒤 재평가받는 일도 있다. 생각하느라 허송세월하지 말고, 자신의 실수에 너그러워질 필요가 있다.

**작업 공간에서 가장 마음에 드는 점은?**

아이디어가 샘솟는 공간이다. 주로 내 또래 여성들이 운영하는 창조적 소기업 공동체에 둥지를 튼 게 무척 행운이라고 생각한다. 우리는 각기 다른 스튜디오를 사용하지만 아름다운 야외 공간과 아이디어, 식사, 자원을 공유한다. 처음 이곳에 입주했을 때는 주얼리를 사업 아이템이 아니라 취미로 생각했다. 그러나 주변 사람들의 재능과 지혜와 에너지가 나를 성장시켰고, 일하는 내내 버팀목이 되어주었다.

**일하면서 가장 크게 희생한 것은?**

내가 좋아했던 나의 일부를 본의 아니게 희생했다. 나는 직원으로 일하는 걸 썩 좋아했는데, 팀원으로 상사의 분부에 따라 일하면 하루 종일 디자인에 몰두할 수 있다는 장점 때문이다. 나 혼자 사업체를 운영하는 지금은 디자인보다 경영 업무에 더 시달리느라 효율성이 떨어지곤 한다. 배워야 할 게 너무나 많고, 일과 끝에 데드라인을 정해 주거나 고맙다고 말해주는 사람도 없다. 하지만 큰 그림을 보면 결국은 성공이 모든 희생을 벌충해준다.

**당신에게 성공이란?**

성공은 언제나 움직이는 목표물이었다. 사람이라서 당연한 건지도 모르겠지만 때로는 내가 얼마나 멀리까지 왔는지 돌이켜보고, 잠깐이나마 성공한 기분을 느끼려고 애쓴다. 나이가 들고 경험이 쌓이면 이런 순간들이 더 자연스럽게 찾아오고, 더 오래 지속되길 바란다.

**회사를 경영하며 얻은 가장 큰 교훈은?**

사적으로 받아들이지 말 것. 특히 창조적 작업에서는 감정을 완전히 배제하고 순전히 경영 차원에서 일을 처리하기가 어렵다. 그러나 한번 습관을 들이면 일이 훨씬 쉬워진다. 누군가 기분을 상하게 한다면, 그 사람이 상사에게 크게 혼나는 장면을 그려보면 도움이 된다. 처음 업계 전시회에 나갔을 때 누군가 내 부스를 그냥 지나칠 때마다 몹시 실망했다. 지금도 마음이 전혀 아프지 않다면 거짓말이다. 그러나 이제 나는 비즈니스 관점에서 바이어의 하루를 상상하고, 한정된 시간과 예산으로 디자이너를 찾아야 하는 그들에게 내 부스를 보다 유익하게 만들려면 어떻게 해야 할지 고민한다.

**성공의 밑거름이 된 실수가 있다면?**

처음엔 나보다 잘 아는 사람을 직원으로 채용하려 하지 않았다. 리더가 가장 많이 알아야 한다고 생각했으니까. 생각이 바뀐 건 아들을 임신했을 때다. 모든 걸 남에게 위임해야 했기에, 그 과정에서 나를 돕고자 하는 사람들에게서 배울 거리가 무한하다는 것을 깨달았다. 한 발짝 물러나 동료와 협업자들의 기술과 재능을 확인하는 것이 무척 중요해졌다.

**자신감이 떨어지거나 난관에 부딪혔을 때 극복하는 본인만의 비결이 있다면?**

내 일을 응원하는 사람과 만난다. 머릿속 고민거리를 전부 스튜디오에 두고 밖으로 나가 분주하게 돌아가는 도시를 보고 있노라면 반드시 힘이 나고 영감도 떠오른다.

**창업 전 고려해야 할 가장 중요한 세 가지는?**

매일 경영에 얼마나 많은 노력을 쏟아야 하는지 한번 생각해보라고 충고하고 싶다. "좋아하는 일을 찾으면 노는 것처럼 일할 수 있다"라는 말은 꼭 옳지만은 않다. 좋아하는 일을 찾아도 자신의 제품을 판매하고, 배송하고, 금전 관계로 이메일을 주고받아야 한다. 또한 인생의 여러 단계에서 어떻게 일을 계속할지도 고민해보라고 하고 싶다. 다른 주로 이사하거나 아이가 생기면 어떻게 할 것인가? 마지막으로, 자신이 성공할 준비가 되어 있는지 자문해보길 바란다.

**지금 세상에 더 필요한 게 있다면?**

소기업을 시작하는 창작자에 대한 지원이 더 필요하다. 창의적 아이디어가 넘치지만 정식 창업에 필요한 금전적, 법적 자원이 부족한 이들이 많다.

**슬럼프를 극복하고 영감을 얻는 당신만의 비결은?**

뉴욕 지하철을 탄다. 단언컨대 거의 모든 분야의 사람들에게 영감을 주는 행위다.

**긴 일과를 마치고 집에 왔을 때 당신을 가장 기쁘게 하는 것은?**

남편, 아들, 개, 냉장고.

# 프랜시스 파머

도예가 | 웨스턴, 코네티컷

예술적 감각의 기능성 식기와 화병을 만드는 도자기 회사 〈Frances Palmer Pottery〉 대표

"시간과 삶에 숨쉴 시간을 주어야 한다.
하룻밤 만에 이루어지는 일은 없다."

**창업할 때 들은 최고의 조언은?**

처음엔 기능적 도예 작품의 가격을 정하는 게 어려웠다. 도기를 제작하는 데 걸린 엄청난 시간에 대해 충분한 보상을 받고 싶었지만, 사람들이 '감상용 조각품'이 아니라 실제로 사용하는 물건에 대해 큰돈을 지불하려 들지 걱정스러웠다. 이때 친한 귀금속 상인 친구에게서 제작 비용을 전부 더해보고, 자기가 마음 깊이 만족할 수 있는 가격을 정해야 한다는 조언을 받았다. 지금까지 그 조언을 따르고 있다.

**당신에게 성공이란?**

성공이란 내가 좋은 작품이라고 믿고, 사람들이 실생활에서 즐길 수 있는 도기를 만드는 것이다. 나는 내 작품을 세계 곳곳으로 판매한다. 고객들이 매일 내 도기를 사용하고, 그로 인해 조금 더 아름다운 일상을 보낸다고 생각하면 믿을 수 없이 행복하다.

**성공의 밑거름이 된 실수가 있다면?**

도예는 시행착오다. 기물을 가마에 넣는 것은 일종의 실험으로, 실수를 피할 수 없다. 실험은 성형에서부터 시작된다. 진흙은 때로 계획하지 않은 형태를 선사한다. 기물을 굽고 유약을 바를 때에도 모든 요소를 완벽히 통제할 수 없다. 그러나 하루 끝에 뒤돌아보면 도예의 가장 큰 매력이 이것이다. 내가 결과의 일부만을 결정하고 나머지는 운에 맡긴다는 게 마음에 든다.

**당신다운 모습으로 당신이 사랑하는 일을 하도록 영감을 주는 문구가 있다면?**

"로마는 하루아침에 이루어지지 않았다." 내 일의 거의 모든 면모를 아우르는 말이다. 시간과 삶에 숨쉴 시간을 주어야 한다. 하룻밤 만에 이루어지는 일은 없다. 인간관계도, 일도, 목표도 그렇다.

**당신의 전문 분야를 처음 접하고, 일하게 된 경위는?**

학부와 대학원에서 미술사를 전공해서, 도예와 문명에 친숙했다. 평생 손으로 작업하는 걸 좋아했고 정원을 가꾸었다. 어린 딸과 함께 코네티컷에 정착한 뒤, 정원과 주방 식기에 통일성을 주기 위해 손으로 직접 도기를 만들겠다는 생각을 했다.

**스스로 생각하는 자신의 장점은?**

끈기.

**개인적 또는 직업적 모토가 있다면?**

"한 줄은 한 줄은 한 줄이다." 거트루드 스타인의 문장 "장미는 장미는 장미다"를 변용한 모토다. 한때 나는 뜨개질에 푹 빠져 있었다. 바

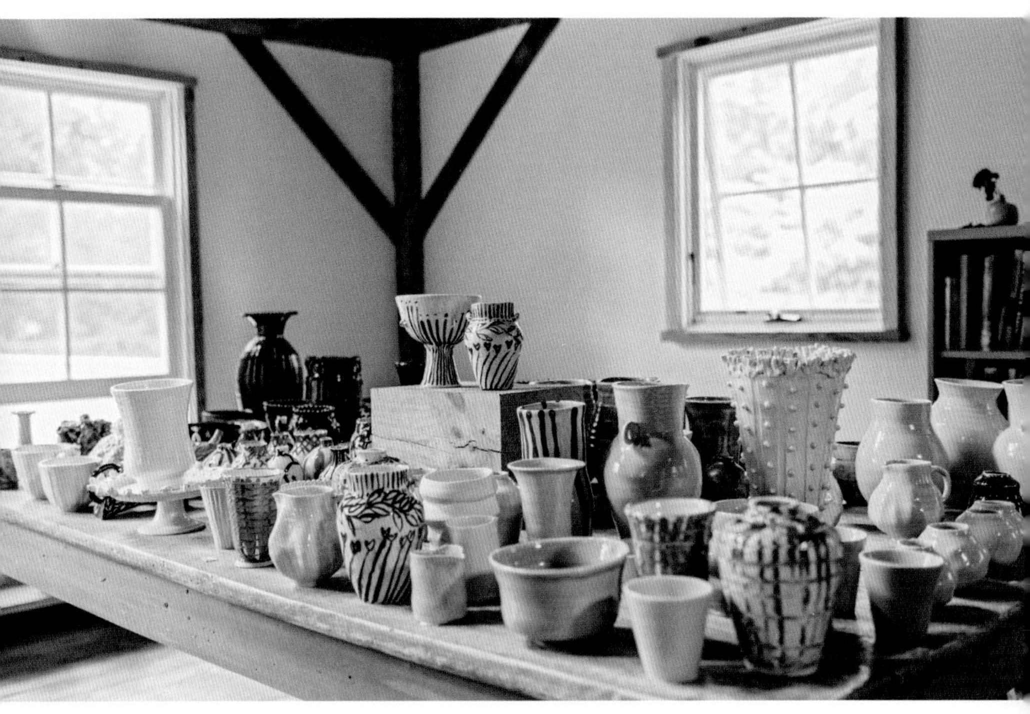

늘을 들고 한 줄을 뜨면 그만큼 완성에 가까워진다. 이 문장은 종류를 막론하고 어떤 일을 해내는 것에 대한 은유다. 가끔 사람들은 아주 많은 시간이 있어야만 무언가를 할 수 있다고 생각한다. 하지만 나는 무엇이든 단계를 차근차근 밟아나갈 때 아름답게 완성할 수 있다고 생각한다. 특히 도예와 정원 일이 그렇다.

**과거와 현재를 통틀어 가장 존경하고 닮고 싶은 여성은?**

루이즈 부르주아Louise Bourgeois나 루시 리Lucie Rie 같은 아티스트를 존경한다. 그러나 가장 존경하는 사람을 묻는다면 내가 실제로 아는 친구들을 꼽겠다. 그들의 일과 그들이 매일 쏟는 노력을 존경한다. 그들과의 우정에 감사한다.

# 캐롤리나 이비드

시인 · 편집자 | 덴버, 콜로라도

문학잡지 매체와 함께 작업을 하며 〈You Ask Me to Talk about the Interior〉 집필

"느긋해질 때 글을 쓸 공간이 생긴다."

**어렸을 적 꿈은?**

아빠 말에 따르면 "아이스크림 아줌마"라고 적힌 동네 아이스크림 트럭 장수가 되고 싶었다고 한다. 나는 언제나 작가가 되고 싶었던 걸로 기억한다.

**창업할 때 들은 최고의 조언은?**

다른 작가들에게도 들려주고 싶은 내 마음을 울린 조언이 하나 있다. 매일 광범위하게 읽고 읽고 또 읽어라. 그게 당신이 훗날 쓰게 될 글의 원천이다. 인정하는데, 읽는 습관을 들이는 건 (작가들에게조차) 쉽지 않다. 느긋해져야 하기 때문이다. 그러나 느긋해질 때 글을 쓸 공간이 생긴다.

**작업 공간에서 가장 마음에 드는 점은?**

최근 몇 년 자주 이사를 다녔지만, 운 좋게도 모든 집의 집필 공간에 창문이 있었다. 자연광이 들어오는 창문이 항상 제일 마음에 든다.

**당신에게 성공이란?**

책상에 앉아 다음 작품을 쓰는 시인.

**밤잠을 설칠 만큼 두려운 일이나 직업적인 고민이 있다면?**

시로는 큰돈을 벌 수 없어서 강의를 하거나 글을 쓸 시간을 낼 수 있는 다른 직업을 찾아야 한다. 일자리를 잃거나 글을 쓸 시간과 집중력을 허용하지 않는 일을 해야 할까봐 두렵다.

**성공의 밑거름이 된 실수가 있다면?**

나는 대기만성형 인간이다. 첫 시집이 2016년에 나왔다. 거의 마흔에 가까운 나이라서, 사람들은 내가 책을 이미 네 권쯤 냈을 거라고 예상한다. 그러나 나는 다작하지 않고 천천히 일한다. 한때는 내 작업 속도와 그 결과를 의심하는 실수를 했다. 그러나 차츰 성숙해지면서 의심을 떨치고 앞으로 나아갈 수 있었다.

**자신감이 떨어지거나 난관에 부딪혔을 때 극복하는 본인만의 비결이 있다면?**

언제 자신감이 떨어지는지 먼저 답해야겠다. 시인 커리어에 좋은 일이 일어나면, 가령 지원금이나 상을 받으면 오래지 않아 작은 의심들이 나의 행복을 갉아먹기 시작하고, 자신감이나 성취감은 금방 먼지가 끼고 좀이 먹는다. 머릿속의 목소리가 말한다. 그들이 실수를 했어, 그들이 네게 이런저런 상을 준 건 단지 네가 라틴계여서야. 나는 쉽게 이런 종류의 의심에 사로잡힌다. 시인인 남편이 긍정적인 일을 긍정적으로 받아들일 수 있도록 도와준다.

이 일을 하며 얻은 가장 큰 교훈은?

매일 글을 쓰는 것이 얼마나 지혜로운지 깨달았다. 쉬운 일은 아니다. 자연스러운 본능은 글을 쓰지 않는 것이니까. 그러나 '매일 글을 쓴다'라는 행위가 꼭 실제로 글을 쓰는 것만이 아니라 게으르게 앉아 생각하는 것, 글을 읽는 것, 다른 형태의 예술을 감상하는 것도 아우른다는 것을 알게 되었다. 나는 버스를 타러 가는 길에 단어를 끼적이거나 대화를 잠시 멈추고 생각을 기록하곤 한다. 공책을 항상 지니고 다니고, 아이폰의 메모 어플을 활용하기도 한다. 머리를 스친 문구들, 엿들은 말들, 이미지, 시나 에세이에 담을 가치가 있는 건 무엇이든 기록한다. 까치처럼 그것들을 모아두었다가 나중에 재료로 사용한다.

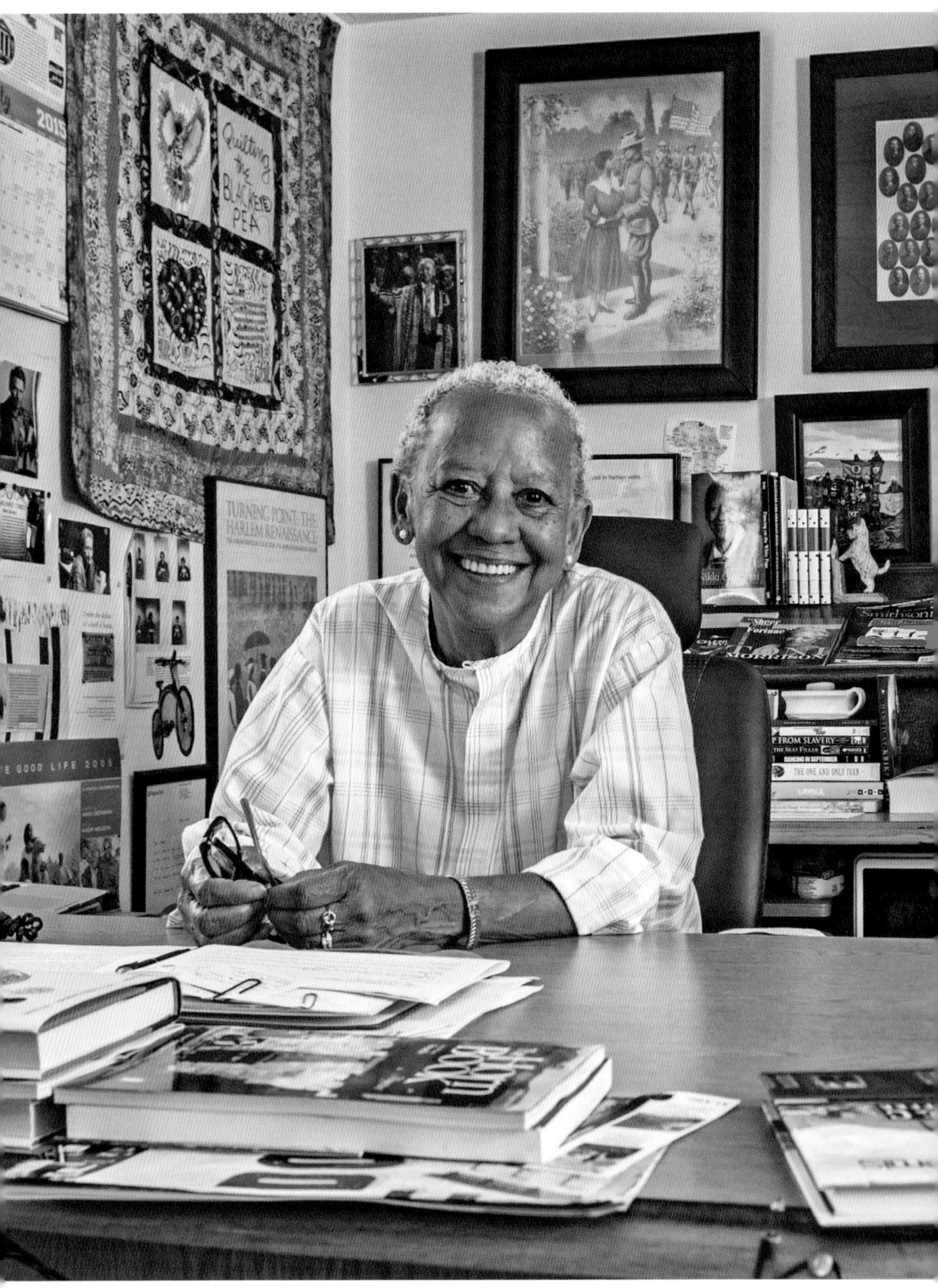
Quilting the BLACKEYED PEA
TURNING POINT: THE HARLEM RENAISSANCE
GOOD LIFE 2005
2015
UP FROM SLAVERY
THE SEAT FILLER
DANCING IN SEPTEMBER
THE ONE AND ONLY IVAN
Smithsonian
TONI MORRISON

# 니키 지오바니

시인·교수 | 블랙스버그, 버지니아

버지니아 공대 석좌교수로 재직 중이며 30여 권의 저서 집필

"우리는 모든 실수에서 무언가를 배운다.
그러니 우리가 실수라고 부르는 것은
사실 그냥 새로운 배움일 뿐이다."

**어렸을 적 꿈은?**

이렇게 답하기 싫지만, 어렸을 땐 아무 계획이 없었다. 책을 읽는 게 좋았고 여행을 하고 싶었다. 우주를 동경해서 언제나 우주여행을 떠나는 내 모습을 상상하곤 했다.

**다른 여성 창작자에게서 가장 존경하는 점은?**

조용함. 묵묵히 앉아서 관망할 수 있는 사람들을 존경한다.

**당신에게 성공이란?**

프로젝트를 완성하는 것. 내 글의 첫 독자는 나이므로, 내가 최선을 다했음에 만족해야 한다.

**작업 공간에서 가장 마음에 드는 점은?**

사진들. 수집한 오래된 사진과 가족 사진을 벽에 걸어놓았다. 또, 워낙

좁은 공간을 좋아해서 집필 공간을 비좁게 만들었다. 아늑해서 좋다.

**자신감이 떨어지거나 난관에 부딪혔을 때 극복하는 본인만의 비결이 있다면?**

자신감이 떨어지는 일은 거의 없다. 의문이 들면 답을 찾아 나선다. 답을 찾을 수 없으면 컴퓨터를 끄고 입을 다문다.

**스스로 생각하는 자신의 장점은?**

끈기가 있다. 일은 어떻게든 해낸다. 밀어붙여서라도.

**성공의 밑거름이 된 실수가 있다면?**

---

실수는 삶의 일부다. 실수는 건물을 짓는 벽돌, 디딤돌, 우리가 새로운 것을 배우는 방식이다. 콜럼버스는 신세계가 아니라 새로운 향신료 무역 항로를 찾고 있었다. 우리는 모든 실수에서 무언가를 배운다. 그러니 우리가 실수라고 부르는 것은 사실 그냥 새로운 배움일 뿐이다.

---

**1억 달러가 주어진다면 사업을 지금과 다르게 경영할 건가? 무엇을 바꿀 텐가?**

상당한 액수의 돈이다. 나는 사업가가 아니라 시인이니, 여행을 즐기고 싶다. 호주 오픈테니스 대회를 관람하고 싶고, 스웨덴도 여행하고 싶다. 캐비어를 사먹을 수도 있겠지만 그 알들이 나 같은 암컷에게 속했다는 것을 깨달은 뒤로는 캐비어를 먹지 않는다. 사실 나는 특별히 필요한 게 없다. 가능하면 금전적 도움이 필요한 사람들에게 도움을 주고 싶다.

**남들이 모르는 자기 일의 단점은?**

---

없다. 상사 없이 내가 원하는 방식으로 경영할 수 있다는 게 정말 좋다. 전문가 세 사람에게 도움을 받고, 완벽히 의지하고 있다.

---

**당신의 전문 분야를 처음 접하고, 일하게 된 경위는?**

나는 작가인 동시에 남부 사람이다. 우리 남부 사람들은 이야기 들려주는 걸 좋아한다. 나 역시 책 읽고 대화 나누는 걸 좋아했다. 학창 시절 딜레이니 선생님이 내 글을 다른 선생님들께 보여주고 칭찬을 받았을 때 처음 내게 재능이 있다는 걸 알았다.

**지금 세상에 더 필요한 게 있다면?**

약간의 인내심. 솔직함도 조금 더 늘어나면 좋겠다.

# 리조

뮤지션 | 미니애폴리스, 미네소타

R&B, 힙합 뮤지션으로 〈Lizzobangers〉, 〈Big Grrrl Small World〉 앨범 발표

"여자는 우주의 눈과 귀다."

**어렸을 적 꿈은?**

천문학자가 되고 싶었다. 엄마에게 듣기로 내가 처음 내뱉은 단어는 '별'이었다고 한다.

**다른 여성 창작자에게서 가장 존경하는 점은?**

전반적인 여성적 관점을 존경한다. 우리는 우주의 눈과 귀다.

**당신에게 성공이란?**

주위 사람들, 가족과 동료와 친구들을 둘러봐라. 그들이 밥을 잘 먹고 있고, 안전하고 행복하다면 당신은 성공한 거다.

**작업 공간에서 가장 좋아하는 점은?**

공간은 자기 의견이 없다. 내 말을 들어줄 뿐이다. 그래서 기분이 편안하다.

**일하면서 가장 크게 희생한 것은?**

사랑.

**밤잠을 설칠 만큼 두려운 일이나 직업적인 고민이 있다면?**

---

예술의 상업화. 먹고사는 업계에서
진정성을 지키기 위해 노력한다.

---

**자신감이 떨어지거나 난관에 부딪혔을 때 극복하는 본인만의 비결이 있다면?**

그 난관이 실재하지 않음을 기억한다.

**일할 때 반드시 챙기는 도구나 물건, 의식이 있나?**

노트북. 내가 마시는 공기와 같다.

**마법에 의해 하루에 3시간씩 더 주어진다면?**

비욘세가 그 시간을 쓰는 방법을 따라 하겠다.

**당신다운 모습으로 당신이 사랑하는 일을 하도록 영감을 주는 문구가 있다면?**

"큰 여자에게 이 세상은 작지(〈Big Grrrl Small World〉는 리조의 두 번째 앨범 제목이다-옮긴이)."

**스스로 생각하는 자신의 장점은?**

직감. 누구나 통하는 사람을 찾기 마련이지만, 나는 한 사람을 만나고 10초 안에 그 사람과 통하는지 판별할 수 있다.

LEUCADIA

# 섀넌 캄파나로

텍스타일 디자이너 | 브루클린, 뉴욕

친환경적인 섬유를 만드는 디자인 회사 〈Eskayel〉 대표

"의식을 더 함양하고 욕심은 줄여야 한다."

**어렸을 적 꿈은?**

예술가, 패션 디자이너, 인테리어 디자이너.

**창업할 때 들은 최고의 조언은? 혹은 무시해서 다행인 조언은?**

처음에 가능한 기회는 전부 잡으라는 격려를 들었다. 그 조언을 따르길 그만두고 좋은 기회에만 에너지를 쏟기 시작했을 때 드디어 일이 잘 풀리기 시작했다. 모든 기회를 잡으려다 보면 상당한 시간과 에너지를 허비하게 된다.

**밤잠을 설칠 만큼 두려운 일이나 직업적인 고민이 있다면?**

성장 관리가 어렵다. 지금의 팀을 잃거나, 팀을 성장시킬 적절한 사람을 찾지 못할까봐 걱정이 된다.

**회사를 경영하며 얻은 가장 큰 교훈은?**

어떤 일에도 당황하지 않고 차분하게 처신하는 방법을 배웠다. 사업

을 하다 보면 너무나 많은 결정을 내려야 하고, 예기치 못한 장애물이나 문제나 기회와 맞닥뜨릴 때도 잦다. 자기 자신을 우선적으로 돌보고 자신이 어떤 사람인지, 무엇을 원하는지, 무엇을 대표하는지 기억하면 의사결정을 더 빠르게 내릴 수 있으며 속단을 내리더라도 큰 문제가 되지 않는다.

**당신의 전문 분야를 처음 접하고, 일하게 된 경위는?**

순수예술보다는 디자인이 나에게 더 어울린다고 생각했다. 미술로 학위를 받았지만 단 한 사람의 집에 걸릴 그림을 그리는 건 경박하게 느껴졌다. 대량 생산이 가능해서 여러 사람이 즐길 수 있는 물건을 만드는 게 더 도량 넓은 일로 여겨졌다.

**스스로 평가하기에 지금껏 가장 잘한 일은?**

우리가 하는 일에 의미가 있다는 것, 자연에 대한 우리의 사랑과 관심을 브랜드 메시지와 제품과 재료에 도입했다는 것이 정말 자랑스럽다.

**지금 세상에 더 필요한 게 있다면? 줄여야 할 게 있다면?**

---

의식을 더 함양하고 욕심은 줄여야 한다.

---

**스스로 생각하는 자신의 장점은?**

변화하고 개선하는 능력.

**일할 때 반드시 챙기는 도구나 물건, 의식이 있나?**

요가, 명상, 빛, 정리정돈, 펜과 태블릿.

**과거와 현재를 통틀어 가장 존경하고 닮고 싶은 여성은?**

조지아 오키프. 사막에서 홀로 산 것이 존경스럽다. 매일 똑같은 아침 식사를 차리고, 자신만의 요리사를 고용한 것도 멋지다. 그녀는 자연 속에서 매일 같은 일을 하면서 거의 백 살까지 살았다. 그녀의 주름살과 자연스러운 스타일, 그녀의 집과 독특함을 사랑한다. 사실 그녀의 일보다 그녀의 삶이 더 존경스럽다. 그녀는 정확히 자신이 살고 싶은 모습에 충실했다.

R. WOOD
STUDIO
ceramics

# 리베카 우드

도예가 | 애선스, 조지아

미국 최대의 도자기 스튜디오 중의 하나인 〈R.wood Studio〉 대표

"너무 쉽게 버리는 문화를 바꿔야 한다."

**어렸을 적 꿈은?**

고고학자가 되고 싶었다. 새 피라미드를 발견하고 싶었거든! 다음엔 기상 캐스터, 패션 디자이너가 되고 싶었고 정신을 차리니 예술가가 되어 있었다.

**창업할 때 들은 최고의 조언은?**

도예를 시작하기 전에 바니즈 백화점에서 모자와 스카프를 디자인했다. 그때 침대 커버를 몇 점 만들고, 그중 한 장을 펼쳐서 사진을 찍었다. 며칠 뒤 뉴욕의 여동생에게 놀러 갔다가 파티에서 동생의 친구인 삭스 백화점 수석 구두 바이어를 만나, 침대 커버 사진을 보여주었다. 바이어 경력만 30년인 그가 지혜로운 조언을 해주었다. "절대로 제품만 보여주지 마세요. 라이프스타일을 보여주세요." 나는 그의 말을 이해했고, 그 이래 철칙으로 따르고 있다.

**작업 공간에서 가장 마음에 드는 점은?**

사람들! 나는 〈R.wood 스튜디오〉에 매일같이 출근해서 도예 작업을 한다. 여기처럼 똑똑하고 창의적이고 재미있고 다정하고 도움이 되는 이들이 모여 있는 곳은 또 없을 테다. 우리는 모두 〈R.wood 스튜디오〉를 위해 힘쓰고, 함께 즐기며 좋은 시간을 보낸다! 멋지고 유익하고 힘이 되는 공동체다.

**1억 달러가 주어진다면 사업을 지금과 다르게 경영할 건가? 무엇을 바꿀 텐가?**

경영 방식은 별로 바꾸지 않을 것 같지만, 단언컨대 스튜디오에 단열을 하고 냉난방 시설을 설치하겠다! 식재료와 꽃을 키울 정원사와 점심을 차려줄 셰프를 고용하겠다. 그리고 모두에게 시골에 집을 한 채씩 사주겠다!

**회사를 경영하며 얻은 가장 큰 교훈은?**

언제나 고객에게 정직하고, 고객을 기쁘게 하라.

**성공의 밑거름이 된 실수가 있다면?**

처음에는 소수의 판매처와 거래했다. 그러나 그중 일부는 고자세를 취하며 60일 뒤 대금을 지불하겠다고 해놓고 6개월 뒤까지 질질 끌거나, 감감 무소식이 되기 일쑤였다. 나는 거물 소매점 몇 군데와 거래하

며 쓴맛을 봤다. 미지급 대금은 2,000달러에 미치지 않았지만 내 자금 상황에선 큰 타격이었다. 이렇듯 처음부터 금전적으로 어려운 상황이었기에, 니먼 마커스에서 전화해서 30,000달러어치 주문을 넣겠다고 했을 때 나는 곧바로 "안 됩니다!"라고 답했다. 바이어인 빌 맥킨은 두 달 안에 그 정도 주문량을 소화하려면 얼마나 비용이 드는지 물었다. 재료와 임금과 장비 값을 더해보니 19,000달러가 나왔다. 빌 맥킨에게 전화해서 19,000달러라고 답하니 그가 선금으로 그만큼을 지불하겠다고 말하는 게 아닌가. 나는 일말의 회의를 품고서도 해보겠다고 답했다. 수표가 도착했고, 우리는 일을 시작했다. 선금으로 가마와 장비를 확충하고 더 많은 직원을 고용해서 우리는 단숨에 생산량을 확대할 수 있었다. 실제로 30,000달러어치 주문량을 소화할 수 있게 되자 잠재력도 한층 커졌다. 빌에게 정말 감사한다.

**자신감이 떨어지거나 난관에 부딪혔을 때 극복하는 본인만의 비결이 있다면?**

자연 속으로 간다.

**당신의 전문 분야를 처음 접하고, 일하게 된 경위는?**

소녀 시절 온갖 종류의 공예를 즐겼지만 도예만큼은 별 관심이 없었다. 그때까지 내가 공예 전시회에서 본 도예품은 죄다 짙은 갈색이나 칙칙한 청회색이었다. 도예가들이 그렇게 끔찍한 색깔을 고수하는 이유를 알 수 없었다. 후에 유색 유약에 대해 알게 되면서 도예에 흥미가 생겼다.

**이 일을 하면서 맛본 최고의 성공은?**

〈R.wood 스튜디오〉를 졸업한 후에 성공적으로 창업하는 사람들을 키워낸 것이 가장 기쁜 일이었다.

**창업 전 고려해야 할 가장 중요한 세 가지는?**

---

업계 전시회에 참석하고, 곧 쓰레기장으로 가게 될 (너무 경박해서 오래 가지 못하거나 너무 유행을 타서 6개월 뒤면 촌스러워 보일) 제품이 얼마나 많은지 확인한 다음, 자문하라. "내 제품이 지구에 부담만 주는 쓰레기가 되지는 않는가? 내 제품은 재활용이 가능하거나, 오래 지속되는가? 포장은 재활용이 가능한가?" 탄소 발자국을 염두에 둬라. 너무 쉽게 버리는 문화를 바꿔야 한다.

---

**과거와 현재를 통틀어 가장 존경하고 닮고 싶은 여성은?**

비요크.

# 카를라 홀

셰프·TV 호스트 | 워싱턴 D.C.

ABC 인기 프로그램 〈The Chew〉의 호스트이자, 〈Carla Hall's Southern Kitchen〉 대표

"많은 사람들이 다수에 속하려고 애쓰는 세상에서
용감하게 자신의 모습을 지켜나가는 여성들은 신선한 충격을 준다."

**어렸을 적 꿈은?**

브로드웨이의 연기자. 열한 살 때 브로드웨이에서 〈버블링 브라운 슈거〉를 처음 관람하고 배우들, 무대, 의상, 노래에 완전히 매혹되었다. 나도 그 일부가 되고 싶었다.

**다른 여성 창작자에게서 가장 존경하는 점은?**

자신의 독특함을 편안하게 받아들이는 능력. 특이한 아이디어와 패션 센스, 전반적인 괴짜다움, 자신감까지. 많은 사람들이 다수에 속하려고 애쓰는 세상에서 용감하게 자신의 모습을 지켜나가는 여성들은 신선한 충격을 준다.

**당신에게 성공이란?**

음식은 25년 이상 내 인생의 중심이었다. 몇 년 전 나는 정확히 내가 좋아하는 일을 하면서 적은 돈으로나마 생계를 꾸리고 있음을 깨달았다. 내게 성공이란 상대적으로 잘하게 될 때까지 계속해서 실패를

감수할 만큼 무언가를 사랑하는 것이다.

**작업 공간에서 가장 마음에 드는 점은?**

내겐 두 개의 작업 공간, 부엌과 식탁이 있다. 워싱턴 D. C.의 식탁에서 나는 공예를 한다. 식당은 작지만 창문 세 개를 통해 아침과 오후의 햇살이 들어온다. 커다랗고 낡은 210센티미터짜리 목재 식탁은 일에 필요한 모든 걸 올려놓을 수 있다.

**자신감이 떨어지거나 난관에 부딪혔을 때 극복하는 본인만의 비결이 있다면?**

조용한 곳에서 명상하고, 자문한다. "여기서 무얼 배워야 하는가?" 회의감과 역경의 반대편에는 승리가 있음을 안다. 난관을 극복한 나는 회의를 품었던 나보다 조금 더 강하고, 조금 더 당당해질 것이다.

**일하면서 가장 크게 희생한 것은?**

음식과 접대를 중심으로 하는 업계라서 축하 행사에서 일하는 경우가 잦다. 나는 중간에 직업을 바꿨기 때문에 30대 후반~40대 초반에 이르러서야 지금 분야의 커리어를 쌓을 수 있었다. 대부분의 친구들이 정착하고 가정을 꾸리고 있을 시기에, 새로 선택한 분야에서 뒤떨어져 있던 나는 부지런히 일을 따라가기 바빴다. 일주일에 7일, 하루에 14~16시간을 일했다. 가족 행사에 많이 빠졌고 데이트도 별로 하지 못했다.

**개인적 또는 직업적 모토가 있다면?**

기왕 할 거라면 애정을 담아서 해라. 나는 웬만하면 모든 일을 기꺼운 태도로 하겠다고 결심했다.

**남들이 모르는 자기 사업의 단점은?**

연간 직원 평가가 없다는 것. 제3자에게서 성적 통지표를 받고 싶을 때가 있다.

**10~20년 전 자신에게 들려주고 싶은 말은?**

좋은 고용주, 좋은 직원이 되려면 속단하지 않고 인내심을 가져라.

**당신다운 모습으로 당신이 사랑하는 일을 하도록 영감을 주는 문구가 있다면?**

"용기는 모습을 드러내고, 남에게 자기 모습을 보이는 데서 시작된다." 브레네 브라운이 말했다.

**당신의 전문 분야를 처음 접하고, 일하게 된 경위는?**

〈탑 셰프 올스타〉를 맡고 나서 내가 운영하던 케이터링 업체를 쿠키 업체(지금은 쿠키와 디저트를 취급한다)로 바꾸겠다고 결정했다. 케이터링이 지긋지긋하던 찰나, 프로그램을 내 사업 계획의 일부로 사용하라는 제안을 받은 것이다. 무엇을 해야 할지 확신할 수 없었기에, 그 순간의 직감을 따라 내 업체에서 이미 소규모로 취급하고 있던 작은 쿠키류를 선택했다. 한 가지에만 집중해서 잘 해내자는 생각이었다.

**좋은 하루를 시작하기 위해 매일 아침 첫 번째로 하는 일은?**

긍정의 말을 읊는다. "신이 나보다 앞서 걸으며 장애물을 없애고, 고르고 쉬운 길을 만들어주신다. 어떤 사람, 장소, 물건, 외부조건도 내게 영향을 미칠 수 없다. 나는 힘이다. 나는 가치 있다. 나는 자유롭다. 나는 창의적이다. 나는 독창적이다. 나는 자신 있다." 이렇게 말하면, 현실이 된다.

# 루이즈 필리

그래픽 디자이너 | 뉴욕

디자인 스튜디오 〈Louise Fili〉 대표

"내 회사 이름을 〈루이즈 필리〉로 지은 건
전하고 싶은 메시지가 있어서였다.
내가 여자라서 불만인 사람은
고객으로 받고 싶지 않다는 메시지."

**어렸을 적 꿈은?**

소설가. 첫 장까지 쓰고 표지를 디자인한 다음, 새 책으로 넘어가곤 했다.

**창업할 때 들은 최고의 조언은?**

선금을 받아라.

**작업 공간에서 가장 마음에 드는 점은?**

일과 생활이 일치해서 참 행운이다. 내 스튜디오는 내가 지금껏 디자인한 모든 레스토랑 메뉴, 명함, 성냥갑, 특별한 음식 포장의 전시실이자 내가 모은 포스터들과 이탈리아와 프랑스를 수십 년 여행하며 벼룩시장에서 발견한 보물들의 박물관이다. 내가 아끼는 물건들에 둘러

싸여 있으면 집처럼 편안하다. 매일 유럽에 있는 기분이다. 편안하게 직원이나 고객을 위한 점심을 요리하고 디자인을 할 수 있는 일터라서 좋다.

**성공의 밑거름이 된 실수가 있다면?**

부하 디자이너가 내게 딱 한 가지를 확인하지 않은 바람에 인쇄 실수로 10,000달러를 날린 적이 있다. 다행히 인쇄소에서는 요금을 청구하지 않았고 대신 홍보물 디자인을 부탁했다. 무척 마음에 드는 결과물이 나왔다.

NON POSSIAMO
ASPETTARE.
ITALICUS
ASSOLUZIONI
ALLA FORTEZZA
CALDO: ECCEZIONALE RECORD
IN VIA CALZAIUOLI
UNO SPACCIO DI COCAINA
SEGRETI DELLA FIORENTINA
RIVELATI DA ALLODI
TUTTI I GIORNI A 300 LIRE
SVA·ROMA
MASTERS WORKSHOP
XXVII MAY–X JUNE
OXO
quinquina
CALEA NERO D'AVOLA 2007

**당신의 전문 분야를 처음 접하고, 일하게 된 경위는?**

나는 그래픽 디자인이 뭔지 알기도 전에 그래픽 디자인을 하고 싶었다. 내가 어렸을 땐 '그래픽 디자인' 대신 훨씬 덜 매력적인 '상업예술'이라는 단어가 쓰였다. 열여섯 살 때 나는 〈뉴요커〉 뒤표지에 실린 광고를 보고 오스미로이드 펜을 구입해서 캘리그라피를 독학했다. 곧 나는 급우들에게 밥 딜런 가사를 근사한 손글씨로 써줘서 제법 수익을 얻기 시작했다. 대학에 가서 내가 흥미를 가진 모든 것(폰트, 캘리그라피, 제본)이 그래픽 디자인이라는 것을 알았다.

**스스로 평가하기에 지금껏 가장 잘한 일은?**

책을 쓰던 중, 작업이 끝나면 한 달을 쉬고 로마의 아메리칸 아카데미에서 개인적인 작업을 하겠다고 결심했다. 나는 30년 넘게 이탈리아 전역의 가게와 레스토랑 간판을 사진으로 찍으면서 가장 아름다운 표본들이 사라지는 걸 목격했다. 너무 늦기 전에 가능한 한 많은 간판의 사진을 찍어 그것들을 책으로 만들어야겠다는 위기감이 들었다. 이탈리아에서 한 달을 보내고, 그해에만 세 번 더 이탈리아에 돌아가 책을 마무리했다. 사업 측면에서 영리한 행보는 아니었지만 그럴 만한 가치가 있었다. 이 프로젝트는 내가 작업한 것 중 가장 큰 만족감을 선사했다.

**스스로 생각하는 자신의 장점은?**

나는 구글이 등장하기 전에 사업을 시작했다. 그건 회사 이름을 지나치게 창의적으로 지어선 안 된다는 뜻이었다. 어쨌든 사람들이 찾아낼 수 있도록 해야 했으니까. 내 이름을 따서 회사 이름을 짓는다는 건 책임을 진다는 뜻이었다. '필리 어소시에이츠' 같은 이름을 붙이면

즐 겨 라
상 상 하 라
시 도 하 라

윌북

Willbooks • willbooks • onwillbooks • eat_together

# 트렌드를 만드는 윌북의 책들

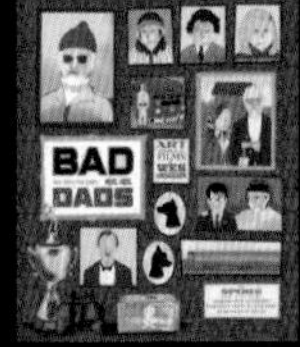

## MOVIE

그랜드 부다페스트 호텔
배드 대드
일곱 가지 컬러

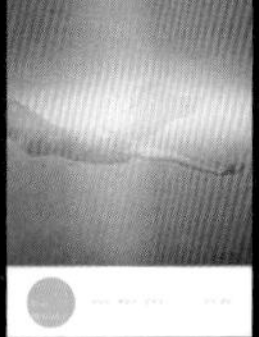

## PHOTOGRAPHY

라이언 맥긴리 컬렉션 바람을 부르는 휘파람
라이언 맥긴리 컬렉션 혼자 걷는
비비안 마이어 나는 카메라다

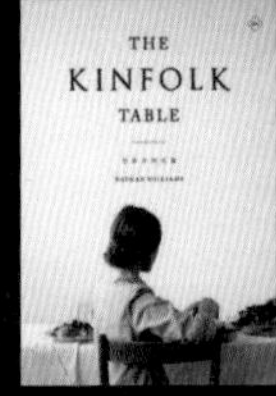

## LIFESTYLE

타샤의 행복
킨포크 테이블
독립 수업

## CREATIVE

오늘이 마감입니다만
아트 오브 피너츠
비치스

보다 규모 있고 묵직해 보였을지도 모른다. 그러나 내 회사 이름을 〈루이즈 필리〉로 지은 건 전하고 싶은 메시지가 있어서였다. 내가 여자라서 불만인 사람은 고객으로 받고 싶지 않다는 메시지.

**무엇을 하다가 창업 아이디어를 얻거나, 하고 싶은 일을 찾았는가?**

아들을 낳고 나는 관행대로 3개월 출산 휴가를 얻었다. 휴가가 끝나고 나는 당연히 판테온 북스 출판사의 미술 디렉터 직위로 돌아왔다. 그런데 복귀 첫날 주위를 둘러보자마자 여기 있고 싶지 않다는 생각이 들었다. 다음날 나는 창업했다.

**슬럼프를 극복하고 영감을 얻는 당신만의 비결은?**

간단하다. 이탈리아로 여행을 간다.

**일할 때 반드시 챙기는 도구나 물건, 의식이 있나?**

고객사 가운데 젤라또 업체가 둘 있다. 우리의 계약 내용 중 한 가지는 스튜디오에 항상 젤라또와 소르베또를 비치하는 것이었다. 직원과 고객을 행복하게 하면 절대 실패하지 않는다.

**좋은 하루를 시작하기 위해 매일 아침 첫 번째로 하는 일은?**

---

일터까지 걸어간다.

머릿속을 정리하는 데 도움이 된다.

---

# 메리엄 파레

예술가 · 디자이너 · 연사 | 네이퍼빌, 일리노이

입으로 그린 아름다운 작품을 만드는 예술가

"창의적인 여성들은 모든 것에서 기회를 본다. 그들은 한계를 극복한다."

**어렸을 적 꿈은?**

미술 선생님. 최고의 직업이라고 생각했고, 미술용품을 무제한으로 쓸 수 있다는 것도 좋아 보였다.

**다른 여성 창작자에게서 가장 존경하는 점은?**

낙관주의. 내가 아는 여성 창작자들은 위기를 맞으면 낙관적으로 생각한다. 물컵이 반이나 빈 게 아니라 반이나 찼다고 생각한다. 역경을 만나도 거기서 뭔가를 배운다. 창의적인 여성들은 모든 것에서 기회를 본다. 그들은 한계를 극복한다.

**작업 공간에서 가장 마음에 드는 점은?**

아늑하고, 구석구석이 미술용품으로 채워져 창의성을 북돋아 주는 물건에 둘러싸여 일할 수 있다는 것. 휠체어를 타는 내게 무척 편안하고 기능적인 곳이다. 여기서 나는 능력을 십분 발휘할 수 있다.

**밤잠을 설칠 만큼 두려운 일이나 직업적인 고민이 있다면?**

대중 앞에서 나 자신이나 작품에 대해 이야기해야 할 때면 무척 긴장했다. 몇 년 전 유독 힘들었던 인터뷰의 기억이 아직까지도 나를 괴롭

힌다. 케이티 커릭에게 인터뷰를 받고 있었다. 그건 근사한 경험이었지만, 동시에 대단히 두려운 일이었다. 인터뷰가 시작되자 불안이 엄습했다. 곧 인터뷰를 완전히 망쳤다는 기분이 들었다. 그날의 경험에서 나는 예술가로서 커리어를 쌓으려면 작품 그 이상이 필요하다는 사실을 깨달았다. 예술가로서 작품을 만드는 것만큼이나 사람들과 교류하고, 참여하고, 자신의 작품에 대해 남들과 효율적으로 자신 있게 소통하는 것도 중요했다. 나는 긴장 때문에 기회를 저버리는 대신, 두려움을 이기고 단점을 극복하기로 결심했다. 그 후 몇 년 동안 나는 인터뷰를 하고 대중 앞에서 말하는 걸 연습했다. 얼마간 치료사의 도움을 받기도 했다. 덕분에 이제는 남들 앞에 서는 게 훨씬 편안하다. 물론 아직도 대중 앞에 나서는 건 스트레스를 받는 일이지만, 그에서 오는 불편보다 이득이 더 크다고 기꺼이 말할 수 있다.

**자신감이 떨어지거나 난관에 부딪혔을 때 극복하는 본인만의 비결이 있다면?**

나 자신을 돌본다. 부정적 사고는 잘라내고, 긍정적인 사고만 남기려 한다. 내면의 자원을 믿는다. 모든 게 잘 풀릴 거라고 스스로를 설득한다.

**당신다운 모습으로 당신이 사랑하는 일을 하도록 영감을 주는 문구가 있다면?**

90년대 초반 십대였던 나는 '그레이트풀 데드'의 팬이었다. 내 인생에서 가장 자유로웠던, 최고의 시기였다. 몇 년 뒤 척추를 못 쓰게 되어 입으로 그림을 그려야 하던 시기, 그들의 노래 〈내가 걸작을 그릴 때 When I Paint My Masterpiece〉의 가사 한 소절이 내게 긍정의 힘을 불어넣었다. 아직까지도 내가 어디서 왔고 어디로 가는지를 상기시키는 가사다. "어느 날 인생은 광시곡처럼 달콤하겠지 / 내가 걸작을 그릴 때." 명곡이다. 지금 검색해서 들어봐라. 후회하지 않을 테니.

**10~20년 전 자신에게 들려주고 싶은 말은?**

딱 20년 전 나는 몸이 전보다 더 심하게 마비되고 있었고, 새로 가해진 신체적 제약에 무척 풀이 죽어 있었다. 과거에 할 수 있었던 일을 못하게 된 것에 열패감을 느끼지 않는 건 어렵다. 20년 전 내게 말을 걸 수 있다면, 약점이 아니라 강점에 집중하라고 말해주고 싶다. 내가 할 수 없는 일 대신 할 수 있는 일에 집중하고, 가진 기술을 갈고닦아서 최고로 만들라고 말해주고 싶다. 그것이 미래를 보장할 최고의 전략이라고. 내게 주어진 진짜 장애물은 스스로 만들어낸 것들뿐이라고 말해주고 싶다.

**좋은 하루를 시작하기 위해 매일 아침 첫 번째로 하는 일은?**

매일 아침 정신적으로 삐끗하기가 너무나 쉽다. 에너지와 낙관주의, 용기를 안고 하루를 시작하기 위해 나는 스스로에게 긍정의 말을 몇 마디 들려준다. 부정적 사고를 머릿속에서 몰아내고 내가 감사하는 것들을 읊는다.

**과거와 현재를 통틀어 가장 존경하고 닮고 싶은 여성은?**

곧장 떠오르는 대답은, 프리다 칼로. 나는 그녀의 예술과 삶에 여러 차원에서 공감한다. 프리다는 나처럼 신체적 장애와 예술이 숙명적으로 얽혀 있었던 사람이다. 프리다는 나 같은 예술가들의 선구자였다. 그녀는 진실하고 감정적인 언어로 장애와 고통에 씌워진 금기를 들어내고, 주류 사회에 인도적인 방식으로 우리를 보여줬다. 그러면서도 크게 성공했다! 그녀의 인생은 깊은 영감을 준다.

JERUSALEM
PLENTY
PLENTY MORE
COOK BOOK
HUCKLEBERRY
THE PICNIC
FEEDING THE FIRE
STEAK

# 줄리아 터센

요리책 저자 | 얼스터 카운티, 뉴욕

요리책 〈Small Victories〉의 저자이며 〈Spain…A Culinary Road Trip〉의 공동 저자

"열세 살 즈음 아버지가 말했다.
'세상에 이상하지 않은 사람은 없다.'
그 단순한 한 문장이 내 인생을 바꿨다."

**어렸을 적 꿈은?**

어렸을 때부터 요리책 쓰는 걸 꿈꿨다.

**다른 여성 창작자에게서 가장 존경하는 점은?**

항상 눈을 크게 뜨고 자신의 시각을, 특히 주변 시야를 신뢰하는 것. 최고의 작품은 무언가를 새로운 시각으로 보거나 익숙한 장소를 새로운 길로 갈 때 나온다고 믿는다.

**당신에게 성공이란?**

성공의 지표는 웃음이다. 내가 하는 일과 일상을 즐기지 못한다면 다른 게 무슨 의미가 있겠는가?

**작업 공간에서 가장 마음에 드는 점은?**

내게 각별한 의미가 있는 책들에 둘러싸여 있는 것, 그리고 반려동물

들이 원하면 웅크려 쉴 수 있는 공간이 있는 것.

**일하면서 가장 크게 희생한 것은?**

프리랜서의 삶을 택하면서 정기적으로 월급을 받는 안정성과 건강보험료를 누군가 대신 납부해주는 즐거움을 잃었다.

**밤잠을 설칠 만큼 두려운 일이나 직업적인 고민이 있다면?**

다음 책도 쓸 수 있을까?

**자신감이 떨어지거나 난관에 부딪혔을 때 극복하는 본인만의 비결이 있다면?**

문제나 두려움을 멀리서 보는 게 중요하다. 어떤 문제가 생기면 "이게 세상에서 제일 큰 문제야"라고 생각하기 십상이다. 그러나 하루 끝에 돌이켜보면 내 일은 고작 요리책을 쓰는 것이지, 목숨이 오가는 일은 아니잖은가.

**당신다운 모습으로 당신이 사랑하는 일을 하도록 영감을 주는 문구가 있다면?**

---

열세 살 즈음 아버지가 말했다.
"세상에 이상하지 않은 사람은 없다."
이 단순한 한 문장이 내 인생을 바꿨다.
이 말을 생각하면 나답게 살고, 내 방식대로 일하고,
다른 사람들에게도 똑같이 마음을 여는 게
한결 쉬워진다.

---

**스스로 생각하는 자신의 장점은?**

최악의 상황에서도 희망을 발견한다.

**개인적 또는 직업적 모토가 있다면?**

이건 그냥 저녁 식사일 뿐이야.

**지금 세상에 더 필요한 게 있다면? 줄여야 할 게 있다면?**

---

질 좋은 음식과 물에 모두가 접근할 수 있어야 한다. 과도한 걱정은 줄여야 한다.

---

**긴 일과를 마치고 집에 왔을 때 당신을 가장 기쁘게 하는 것은?**

아무것도 기록하거나 계량하지 않고, 그저 저녁 식사를 하기 위해 요리하는 것.

# 미코 브랜치

뷰티 사업가 | 뉴욕

곱슬머리를 스타일리시하게 만들어주는 〈Miss Jessie〉 대표

"'아니'라는 말에는 여러 의미가 있으며,
항상 부정적인 건 아님을 배웠다."

**어렸을 적 꿈은?**

아주 어렸을 때는 미용사가 되어 나만의 미용실을 열고 싶었다. 분홍빛으로 꾸민 미용실!

**창업할 때 들은 최고의 조언은? 혹은 무시해서 다행인 조언은?**

우리 할머니, 미스 제시에게 들은 조언이 최고였다. 할머니는 우리 자매에게 "항상 상식을 따르라"라고 말하곤 했다. 무시해서 다행인 조언은, "그건 못할걸!"이다.

**작업 공간에서 가장 마음에 드는 점은?**

아주 예쁘다는 것. 언니 티티와 내가 공동으로 만들어낸 이 공간은 여성스럽고 세련된 미학으로 파리의 호텔 분위기를 자아내며, 무척 편안하다. 〈미스 제시즈 살롱〉은 곱슬머리 고객들이 극진한 대접을 받는, 아름답고 독창적인 오아시스와 같다. 티티와 나는 시크하고 세련

된 분위기에서 고객들이 편안하게 휴식할 수 있는 공간을 만들고 싶었다.

**회사를 경영하며 얻은 가장 큰 교훈은?**

'아니'라는 말에는 여러 의미가 있으며, 항상 부정적인 건 아님을 배웠다. 가끔 '아니'는 긍정적인 대답이기도 하다. 아니라고 말해도 좋다.

**자신감이 떨어지거나 난관에 부딪혔을 때 극복하는 본인만의 비결이 있다면?**

---

자가 체크리스트로 몇 가지 핵심 질문에 답한다.
"공정했는가?"
"친절했는가?"
"노력했는가?"
이 질문들에 "그렇다"라고 대답할 수 있다면,
내가 내린 결정들을 믿고 지금까지의 행로를
밀어붙일 자신감이 생긴다.

---

**이 일을 하면서 맛본 최고의 성공은?**

무無에서 무언가를 창조해냈다는 것. 나는 자금을 전혀 지원받지 못하고 창업했으나, 사업을 번창시키면서 내 직업적 목표를 달성했다. 너무나 많은 여성들에게 헤어스타일뿐 아니라 자존감 면에서도 도움을 주었다.

**스스로 생각하는 자신의 장점은?**

자신의 결점을 받아들이고 개인적·직업적 단점을 객관적으로 분석할 줄 안다. 일하면서 나는 진실을 두려워하지 않는 법을 배웠다. 내가 완벽하지 못한 부분을 직시하고 인정하면 개선할 기회가 생긴다는 것을 깨달았기 때문이다.

**과거와 현재를 통틀어 가장 존경하고 닮고 싶은 여성은?**

우리 할머니 미스 제시 메이 브랜치. 할머니는 대단히 독립적이고, 수완 좋고, 아름다운 분이셨다. 큰돈은 없어도 기품이 넘쳐 흘렀다.

# 호피 스톡먼 × 릴리 스톡먼

텍스타일 디자이너 | 로스앤젤레스, 캘리포니아

전통 인도 프린팅 공정과 현대 미학을 결합시킨 섬유 회사 〈Block Shop Textiles〉 대표

"시간이 흘러도 변치 않을 목표를 정하고, 그것을 고수하라."

**어렸을 적 꿈은?**

릴리 조지아 오키프, 또는 말. 금빛 털에 흰 갈기가 달린 말이 되고 싶었다. 헤어 디자이너 덕분에 그 꿈을 이루었다.

호피 올림픽 피겨스케이트 선수. 매년 핼러윈에 페기 플레밍으로 변장했고, 3학년 때는 그녀를 주제로 전기문을 썼다. 그녀는 내 역할 모델이었다.

**창업할 때 들은 최고의 조언은?**

호피 시간이 흘러도 변치 않을 목표를 정하고, 그것을 고수하라. 하버드 경영대학원의 기업전략 전공 교수님이 들려주신 조언이다.

**작업 공간에서 가장 마음에 드는 점은?**

릴리 우리 스튜디오는 로스앤젤레스의 유서 깊은 도심 구역 한가운데, 1914년에 건설된 보자르 양식 건물에 위치해 있다. (우리가 이 도시에서 제일 좋아하는) 〈더 라스트 북스토어〉 바로 위층이다. 최근까지지만 해도 빈 가게들로 을씨년스러웠던 이 구역에 젊은 디자이너들과 점포, 음식점이 생기를 불어넣고 있다. 로스앤젤레스 도심에는 놀라울

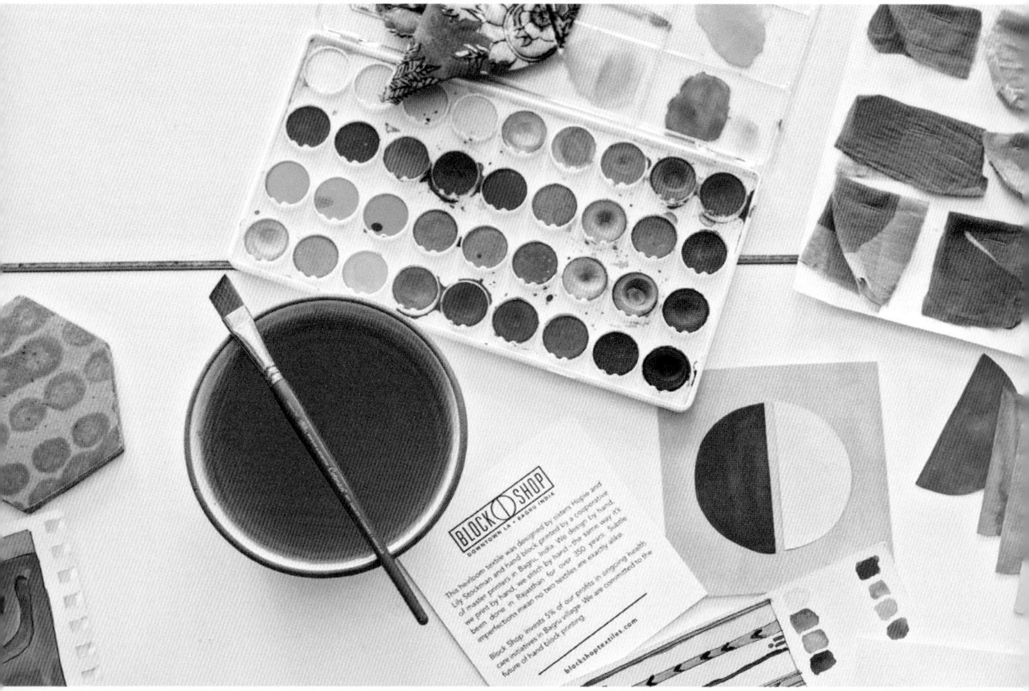
BLOCK SHOP
DOWNTOWN LA • BAGRU INDIA
This heirloom textile was designed by sisters Hopie and Lily Stockman and hand block printed by a cooperative of master printers in Bagru, India. We design by hand, we print by hand, we stitch by hand - the same way it's been done in Rajasthan for over 350 years. Subtle imperfections mean no two textiles are exactly alike.
Block Shop invests 5% of our profits in ongoing health care initiatives in Bagru village. We are committed to the future of hand block printing.
blockshoptextiles.com

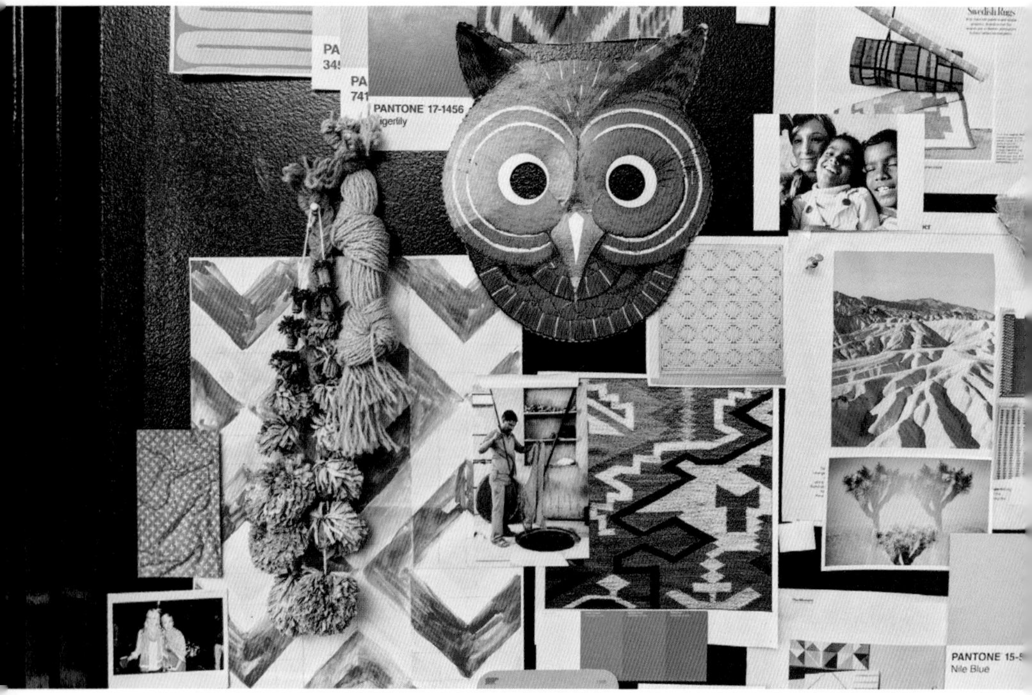
PANTONE 17-1456
Swedish Rugs
Nile Blue

만한 협동의 정신이 살아 있다. 다른 곳에서 일하는 건 상상할 수도 없다.

**밤잠을 설칠 만큼 두려운 일이나 직업적인 고민이 있다면?**

호피 우리는 자금을 더 조달하고 제품 라인을 확장하고 인도 거래처를 늘리라는 조언을 받았음에도 보다 느긋하고 유기적인 성장의 길을 택했다. 더 큰 위험을 무릅써야 할까? 경영대학원에서 들은, 여성이 남성보다 재정적 위험을 회피하는 경향이 있다는 말이 자꾸 귓가에 맴돈다. 그 이유는 무엇일까? 내가 사업하는 방식에 어떤 영향을 미칠까?

**회사를 경영하며 얻은 가장 큰 교훈은?**

릴리 모든 사람을 만족시킬 생각은 버려라. 여러 해 동안 그 생각으로 스스로를 괴롭혔고, 다른 많은 여성들도 그랬을 것이다. 그런데 소셜미디어와 몹시 밀접한 사업을 하다 보니 차츰 인스타그램에 달린 악플이나 못된 이메일에 일희일비하지 않게 되었다. 때로 우리 회사의 현주소를 되돌아보게 만드는 건강한 비판도 있다. 하지만 무의미한 비난은 그냥 한 귀로 흘려버려야 한다.

**성공의 밑거름이 된 실수가 있다면?**

호피 거래처인 인도의 날염업체 이름을 너무 투명하게 공개한 사실. 옥상에 올라 "〈바그루Bagru〉로 가세요!"라고 소리 지른 거나 마찬가지였다. 업체의 일거리가 늘어난 건 잘된 일이지만, 시중에 우리 상품의 모방 제품이 판치기 시작했고 자연스레 생산에도 제동이 걸렸다. 이 일로 한동안 골머리를 앓으면서 사업을 보호하는 방법에 대해 귀중한 교훈을 얻었다. 결국 우리는 모방 제품을 겁내지 않는 법을 배웠고, 여전히 전처럼 투명성을 유지하고 있다. 우리는 고객과 제조자를 소통시켜야 한다고 믿는다. 양쪽 다 그 소통을 무척 소중하게 여기는 걸 알고 기운이 났다. (이제 거래처 사람들도 페이스북이나 인스타그램을 활용하고 있다.) 브랜드는 제품으로 국한되지 않는다. 브랜드에는 목소리, 관점, 디자인 감각, 인생철학, 경영자들의 성격, 그리고 물론 스토리텔링까지 녹아 있다. 그 진정성은 누구도 떼어낼 수 없다. 작은 회사의 경영자로서 그게 위안이 된다.

**이 일을 하면서 맛본 최고의 성공은?**

호피 날염업체 여성 26명과 첫 모임을 개최한 것. 새 매니저 소냐 제인이 키를 잡았다. 친구들, 언니와 동생, 엄마와 딸, 이모와 조카 등 서로 긴밀한 관계인 이들이 정식으로 한자리에 모인 게 처음이라는 얘기를 듣고 깜짝 놀랐다. 모임 주제는 날염업체 사람들의 건강관리였고, 우리는 수익의 5퍼센트를 여기에 투자하기로 했다. 건강에 관한 요구사항을 듣기 위해 시작한 모임이었지만 어쩐 일인지 끝날 때쯤엔 모두 노래를 부르고 있었다. 그날 우리 회사에서는 오로지 여성의 손으로 날염된 스카프를 출시하기로 결정했다. 이 모임에서 가장 중요했던 건 모임이 열렸다는 사실 그 자체였다. 서로를 이해할 기회를 가진 것인데, 건강한 관계라면 서로에게 귀를 기울이게 되어 있다. 서로를 위해 좋은 방향으로 행동하게 된다. 나는 〈블록 샵〉에서 거둔 어떤 성공보다도 날염업체와 맺은 관계에 가장 큰 자부심을 느낀다.

**지금 세상에 더 필요한 게 있다면? 줄여야 할 게 있다면?**

릴리 독창적이고 비판적인 사고가 더 필요하다. 온라인에서 보내는 시간은 줄여야 한다. 더 많이 듣고, 덜 말해야 한다. (그러니 이만!)

**과거와 현재를 통틀어 가장 존경하고 닮고 싶은 여성은?**

릴리 주어진 매체로 시대정신을 표현하는 여성들은 전부 나의 영웅이다. 70년대 작가 레나타 애들러, 존 디디온, 수전 손택. 사막의 은둔자인 화가 아그네스 마틴. 원예가이자 환경보호 활동가로서 조슈아트리 국립공원을 설립한 미네르바 호이트. 이들은 모두 명료한 관점과 지치지 않는 호기심을 지녔고, 유행이나 인기에 연연하지 않았다.

호피 인간 본성과 미학 이론의 뛰어난 학자였던 이디스 워튼.

**일할 때 반드시 챙기는 도구나 물건, 의식이 있나?**

호피 짜이는 인도에서 가장 중요한 의식이다. 회의 직전과 날염에 들어가기 전날, 짜이를 마시면서 인생과 가족사와 정치를 논한다.

**지금까지 축적한 노하우를 가지고 처음으로 돌아간다면 바꾸고 싶은 것은?**

호피 일단 유기적인 체계부터 구축할 거다. 쇼피파이Shopify, 페덱스, 쉽스테이션ShipStation, 퀵북스QuickBooks, 은행 계좌까지 묶어서. 소프트웨어는 사업이 돌아가게 하는 엔진과 같다. 보다 빨리 체계를 만들었더라면 좋았을 거다. 화려하진 않지만 훗날 자신에게 감사하게 되는 작업이고, 특히 소기업엔 필수다.

**마법에 의해 하루에 3시간씩 더 주어진다면?**

릴리 도토리를 모으는 다람쥐처럼 그 시간들을 모아두었다가 중요한 마감기한 직전에 통째로 하루를 추가하겠다.

호피 말할 줄 알지만 수줍어서 말을 하지 않는 개에 대한 동화책을 남자친구와 함께 쓰고, 삽화를 그리고 싶다.

SCORNED AS TIMBER
BELOVED of THE SKY

# 네코 케이스

뮤지션 | 벌링턴, 버몬트

인디 록그룹 'The New Pornographers'의 싱어송라이터

"1615년이었다면 음악을 한다는 이유만으로도
화형감이었으니 지금의 삶이 기쁘고, 감사하다."

**어렸을 적 꿈은?**

수의사 겸 예술가.

**다른 여성 창작자에게서 가장 존경하는 점은?**

무언가를 창조하고 자신을 표현하는 데 사용할 타협 불가능한 시간을 일부러 만들어낼 가치가 있다고 결정하고 거기에 노력을 쏟는 것. 레이건 대통령 치하에서 자라면서 우리는 예술과 음악이 바보 같고 헛된 꿈이자 거의 죄에 가까운 시간 낭비라고 주입받았기 때문에.

**스스로 평가하기에 지금껏 가장 잘한 일은?**

내가 밴드 '뉴 포르노그래퍼스'와 그리고 다른 동료들과 수십 년을 가족처럼 함께하고 있다는 사실. 나는 우리가 자랑스럽다.

**작업 공간에서 가장 마음에 드는 점은?**

바로 옆에 레스토랑이 있다! 창조적 고민에 빠져 있을 땐 칼로리가 아

주 많이 필요해서 끊임없이 먹어야 하니까. 또 우리 개를 데리고 출근할 수 있고, 스튜디오에서 그 녀석과 함께 낮잠을 잘 수 있단 것도 참 좋다.

**일하면서 가장 크게 희생한 것은?**

가족 없는 삶. 누군가를 만나고, 아이를 낳고, 유대감을 형성하기엔 투어가 너무 잦다. 내가 선택했으니 스스로 감당해야 하는 삶이다. 1615년이었다면 음악을 한다는 이유만으로도 화형감이었으니 지금의 삶이 기쁘고, 감사하다. 하지만 지난해에는 기회를 잡는 대신 쉬는 법을 배우는 데 상당한 노력을 쏟았다. 나처럼 한시도 가만히 못 있는 행동파에겐 쉬는 게 제일 어렵다. 내 일은 과로로 완성된다. 하지만 고된 창조적 작업을 하면서 휴식을 취하지 않으면 균형이 깨지고 건강에 해롭다.

**성공의 밑거름이 된 실수가 있다면?**

가장 감사한 실수는 메이저 레이블과 계약하지 않은 거다. 스물여섯 살엔 계약을 하고 싶어 안달이 나 있었다. 그게 음악을 할 수 있는 유일한 길이라고 생각했다. 그건 엔터테인먼트 산업이 퍼뜨리는 미신이다. "당신은 선택받아서, 지금 여기 있어서 행운이에요. 당신에게 뭐가 옳은지는 우리가 잘 압니다. 자, 계약하시죠." 그때 나는 업계가 돌아가는 방식에 무지했고, 계약을 했더라면 아마 금방 무시당했을 거다. 운 좋게도 나는 밑바닥부터 업계를 배웠다. 혼자서 한 건 아니고 도움을 많이 받았다. 덕분에 지속적인 유대관계와 진정한 우정을 나눌 사람들을 사귀었다. 내게 반박할 수 있는 사람이 곁에 있다는 게 가장 큰 자산이다.

**자신감이 떨어지거나 난관에 부딪혔을 때 극복하는 본인만의 비결이 있다면?**

---

집에서 흙을 밟으며 시간을 보낸다.
흙과 자연이 기운을 준다.

---

**스스로 생각하는 자신의 장점은?**

충실함. 절대 배신하지 않는다.

**지금 세상에 더 필요한 게 있다면? 줄여야 할 게 있다면?**

겸손이 더 필요하고 내분을 줄여야 한다.

**10~20년 전 자신에게 들려주고 싶은 말은?**

드레스 그만 사. 그 옷들 싫어하게 될 테니까.

**남들이 모르는 자기 사업의 단점은?**

끔찍하게 외롭다는 것.

# 시벨라 코트

인테리어 디자이너 · 스타일리스트 · 작가 | 시드니, 호주

디자인 스튜디오이자 소매상점 〈The Society Inc.〉 대표

"결코 자신에게 안 된다고 말하지 마라."

**어렸을 적 꿈은?**

최근 6학년 때 쓴 자서전을 발견했다. 태어났을 때부터 소녀 시절까지를 자서전 형식으로 써오라는 숙제였다. 마지막엔 미래에 무얼 하고 싶은지 적었는데, 그때 나는 큰 집에서 살고 내 가게를 내고 싶다고 썼다. 지금의 나는 큰 집은 없지만 내 가게를 내는 건 성공했다!

**창업할 때 들은 최고의 조언은?**

나는 조언을 잘 받아들이는 사람은 아니다. 하지만 어려서부터 회계가 적성이 아니라는 걸 알았기에 곧장 경리와 회계 담당자를 고용했다. 정말 잘한 일이다. 덕분에 조밀한 체계가 갖춰졌고, 견고한 기반 위에서 하고 싶은 일에 몰두할 수 있었다.

**작업 공간에서 가장 마음에 드는 점은?**

작업을 위한 공간이라는 것. 늘 정돈되어 있지 않고, 움직이고 변화하고 있다.

$15
$15
$20
$20
$48
$48
3
$20
$55
$30
$30
$30
$30
$45
$45
$20
$45

**일하면서 가장 크게 희생한 것은?**

딱히 희생한 건 없다. 내가 좋아하는 일을 전부 하고 있으니까.

**밤잠을 설칠 만큼 두려운 일이나 직업적인 고민이 있다면?**

게을러질까봐 두렵다. 목공부터 CAD, 실내장식, 페인트칠까지, 무엇이든 필요할 때 쓸 수 있는 기술을 배워둬야겠다고 종종 생각한다.

**회사를 경영하며 얻은 가장 큰 교훈은?**

계속해서 교훈을 얻고 있다. 특히 회사 내에서 계속 소통하려고 노력하는 게 중요하다는 걸 배웠다.

**당신의 전문 분야를 처음 접하고, 일하게 된 경위는?**

1993년 대학에서 역사학 학위를 받고 졸업했을 때 당시 잡지 〈보그〉에서 일하고 있던 제일 친한 친구 에드위나 맥캔(현 〈보그〉 호주판 편집자)이 〈보그 리빙〉의 인테리어 편집자 보조로 일해보라고 권유했다. 나는 업계에 발을 들이자마자 사랑에 빠졌다. 그때는 몰랐는데, 일전에 암으로 돌아가신 이모가 호주 최고의 스타일리스트이자 편집자였다. 함께 작업한 사진작가들이 촉촉한 눈시울로 내게 다가와 이모와 알던 사이라고 밝히는 게 아닌가. 이모는 업계에서 명망 있는 인물이었다. 세상 돌아가는 게 참 흥미롭다.

**지금 세상에 더 필요한 게 있다면?**

나는 18세기 런던 왕립학회를 좋아한다. 그들은 의문을 제기하고, 실험하고, 모든 걸 다시 생각했다. 사물을 있는 그대로 받아들이지 않았다. 발명에는 제약이 없다. 절대 자신에게 안 된다고 말하지 마라.

**슬럼프를 극복하고 영감을 얻는 당신만의 비결은?**

---

자연으로 간다. 해변에서 조개껍데기를 줍거나 해안을 따라 걷는다. 절대 실패하지 않는 방법이다. 나는 자연에서 언제나 놀라운 선물을 얻어온다. 하늘과 바다의 색깔, 새의 깃털, 바닷물에 밀려온 조약돌, 파도에 마모된 부유물들과 잔해들. 색상 조합, 형태, 풍경, 비율, 레이어링, 촉감, 그 모든 게 궁극에 달해 있다. 마음속의 거미줄을 걷어내는 데에는 신선한 공기만 한 게 없다.

---

# 마이라 칼만

예술가 · 작가 | 뉴욕

〈뉴요커〉의 표지 일러스트레이터이자 20여 권의 동화책을 쓴 작가

"좋아하는 일을 하고,
거기서 벗어나지 마라."

**어렸을 적 꿈은?**

작가가 되고 싶었다. 외롭지만 괴짜가 아닌, 마음씨 좋은 작가.

**창업할 때 들은 최고의 조언은?**

좋아하는 일을 하고, 거기서 벗어나지 마라.

**작업 공간에서 가장 마음에 드는 점은?**

보고 싶은 이미지를 잔뜩 걸 수 있는 광활한 벽.

**회사를 경영하며 얻은 가장 큰 교훈은?**

인내심과 끈기.

**성공의 밑거름이 된 실수가 있다면?**

---

실수는 매일 한다. "좋은 일은 실수에서 비롯된다"
라는 말이 있지 않던가.
내가 한 최고의 실수는 적성에 맞지 않는 일을
시작한 것, 그리고 바로 그만둔 거다.
백만 킬로그램은 되는 짐을 던 기분이었다.
안도감이 들었고.

---

**좋은 하루를 시작하기 위해 매일 아침 첫 번째로 하는 일은?**

커피를 마시며 부고를 읽는다.

**슬럼프를 극복하고 영감을 얻는 당신만의 비결은?**

마감기한이 존재하니 선택권이 없다는 걸 상기한다.

**당신다운 모습으로 당신이 사랑하는 일을 하도록 영감을 주는 문구가 있다면?**

"상상력이 지식보다 중요하다." 앨버트 아인슈타인이 한 말이다.

**당신의 전문분야를 처음 접하고, 일하게 된 경위는?**

내가 쓴 글이 마음에 안 들어 만화를 그리기 시작했다. 만화가 솔 스타인버그에게 큰 영향을 받았다. 잡지 일이 재미있어 보였고.

**스스로 생각하는 자신의 장점은?**

호기심과 유머.

**이 일을 하면서 맛본 최고의 성공은? 혹은 스스로 평가하기에 지금껏 가장 잘한 일은?**

〈글쓰기의 요소〉에 삽화를 그린 것. 그 밖에도 40년 넘게 일하면서 멋진 프로젝트를 찾아낸 것이 자랑스럽다. 40년이 그리 긴 세월 같진 않지만.

**슬럼프를 극복하고 영감을 얻는 당신만의 비결은?**

산책을 나선다.

**과거와 현재를 통틀어 가장 존경하고 닮고 싶은 여성은?**

엘리너 루스벨트와 우리 어머니 새러 버먼.

# 웬디 마루야마

예술가 · 디자이너 · 조각가 | 샌디에이고, 캘리포니아

목공, 가구 디자인 분야 교수로 재직했으며 야생동물에서 영감을 받은 작품으로 활동 중

"성공하기 위해선 다작이 필수다."

**어렸을 적 꿈은?**

유년 시절 나는 손으로 무언가 만들어내는 걸 좋아했다. 어느 해 여름 엄마 손에 이끌려 '훗날 내 생계수단이 되어줄' 타자를 배우러 갔다. 하지만 나는 타자엔 젬병이었다. 타자를 싫어한 건 아니지만 1분에 100만 타를 칠 수는 없었다. 그전엔 예술가가 된다는 선택지는 염두에 두지 않았지만, 타자 교실에 다녀오고선 예술가가 되겠노라고 다짐했다.

**창업할 때 들은 최고의 조언은?**

사업보다는 예술가로서의 태도와 관련된 조언으로, 다작을 하라는 말이었다. 모든 작품이 성공할 수는 없다. 아홉 개의 그저 그런 작품을 만들어야 하나의 훌륭한 작품을 만들 수 있다면, 성공하기 위해선 다작이 필수다.

**회사를 경영하며 얻은 가장 큰 교훈은?**

---

돈을 먼저 받아라.
세상엔 정직하지 않은 사람도 있으니까.
내가 받아 마땅한 만큼의 보수를 요구하는 건
아직도 노력 중이다. 쉽지 않다.

---

**당신다운 모습으로 당신이 사랑하는 일을 하도록 영감을 주는 문구가 있다면?**

"창조성은 동나지 않는다. 쓰면 쓸수록 더 많아진다." 마야 안젤루Maya Angelou가 말했다.

**당신의 전문 분야를 처음 접하고, 일하게 된 경위는?**

1970년에 고등학교를 졸업하고 공예를 전공하기로 결정했다. 2년제 대학에서 공예 수업을 들었는데 몹시 마음에 들었다. 수업에선 텍스타일, 세라믹, 목재, 금속을 사용했는데 특히 나무라는 재료에 홀딱 반했다. 고등학교 시절엔 여자라서 목공 수업을 들을 수 없었기 때문이다. 대부분의 학생들이 과제로 그릇, 도기 파이프, 도마 같은 걸 만들었지만 나는 가죽 슬링시트가 달린 삼발이 의자를 만들었다. 목공이 남자만의 일이 아니라는 깨달음은 내게 계시와 같았다. 곧바로 목공보다 가구 제작에 매료되었다. 딱히 도구에 약한 것도 아니었고 나뭇결과 가구 결합부에 반한 것도 아니었지만, 가구를 예술의 한 형태로 만든다는 생각이 마음에 쏙 들었다.

**이 일을 하면서 맛본 최고의 성공은? 혹은 스스로 평가하기에 지금껏 가장 잘한 일은?**

꾸준히 일한 게 가장 자랑스럽다. 일이 힘들고 업계의 부침도 심하지만, 일이 너무 좋아서 지금껏 버텼다. 학생들도 무척 자랑스럽다. 35년간 학생들을 가르쳤는데, 이따금 교육자로서 난감한 순간들을 맞은 적도 있지만 기존 학생들과 꾸준히 연락을 하고 친구로 지내면서 인생이 훨씬 풍요롭고 충만해졌다. 학생들이 거둔 성취가 자랑스럽기도 하고.

**일하면서 가장 크게 희생한 것은?**

---

'희생'이라 할 수 있을지 모르겠지만
나는 일을 모든 것에 우선했고,
그 결과 사회생활은 뒷전으로 밀려났다.
사람을 많이 만나지 못했다.
7년 전 55세의 나이로 결혼을 했는데,
지금 생각하면 결혼하기 딱 좋은 나이다!

---

# 로르나 심슨

예술가 · 사진작가 | 브루클린, 뉴욕

인종과 성을 주제로 작품 활동을 하는 사진작가

"겁내지 말고 뛰어들어라."

**어렸을 적 꿈은?**

발레리나와 예술가.

**인생에서 무엇을 하고 싶은지 처음 깨달은 순간은?**

어렸을 적 무대에 올라 춤을 추고 있는데 갑자기 댄서가 되고 싶지 않다는 걸 깨달았다. 머릿속에 문득 생각이 스쳤다. '관객 앞에 선다는 게 이런 거구나. 별로인걸.' 무대에 서기보단 관객이 되는 게 낫겠다고 생각했다. 무대 뒤에서 관찰하는 일을 하게 될 거라는 예감이 들었다.

**당신다운 모습으로 당신이 사랑하는 일을 하도록 영감을 주는 문구가 있다면?**

"해볼 거라면 끝까지 하라. 그러지 않을 거면 시작하지 마라. 여자친구, 아내, 친척, 일, 심지어는 정신까지도 잃게 될지 모른다. 사나흘을 굶을지도 모른다. 공원 벤치에서 덜덜 떨어야 할지도 모른다. 조롱과 고독을 견뎌야 할지도 모른다. 이건 당신의 인내심, 이 일을 하고 싶은 당신의 의지에 가해지는 시험이다. 그러나 당신은 해낼 것이다. 모든 곤란을 무릅쓰고, 승산이 없더라도 해낼 것이다. 그리고 그건 당신이 상상할 수 있는 그 무엇보다 좋을 것이다. 해볼 거라면 끝까지 하라. 그때의 성취감은 다른 어디서도 느낄 수 없다." 찰스 부코스키가 한 말이다.

**창업할 때 들은 최고의 조언은? 혹은 무시해서 다행인 조언은?**

내 딸이 4~5개월쯤 되었을 때 한 갤러리 디렉터에게 이런 말을 들었다. "아시겠지만 여자가 아이를 낳으면 커리어에 금이 가죠." 나는 "정말요?"라고 되물었다. 그는 내가 아이를 낳으면 커리어가 망가질 테니 "아랫도리를 싸매고 다니는 게 좋을 것"이라고 말했다. 나는 그의 말을 무시했다. 속이 상하지도 않았다. 잘못된 건 내가 아니라 그 사람이었으니까.

**작업 공간에서 가장 마음에 드는 점은?**

그 자체로 완벽하고, 놀라운 공간이다. 데이비드 아자예가 디자인했다. 꿈에서도 이보다 나은 공간은 상상한 적 없다.

**1억 달러가 주어진다면 사업을 지금과 다르게 경영할 건가? 무엇을 바꿀 텐가?**

경영 방식을 바꾸지는 않을 거다. 다만 속도를 올릴 거다.

**회사를 경영하며 얻은 가장 큰 교훈은?**

---

변화를 두려워하지 말라는 것. 사업에 필요한 것들을 하는 데 확실히 전념해야 한다는 것.

---

**이 일을 하면서 맛본 최고의 성공은? 혹은 스스로 평가하기에 지금껏 가장 잘한 일은?**

지난 5월 베네치아에서 회화 몇 점을 전시했다. 처음 시도해보는 스타일이었는데 호평을 받아서 보람이 있었다.

**스스로 생각하는 자신의 장점은?**

항상 솔직하려 노력하고, 남들 말에 귀를 기울인다.

**자기 일을 시작하려는 사람들에게 들려주고 싶은 조언은?**

겁내지 말고 뛰어들어라.

**좋은 하루를 시작하기 위해 매일 아침 첫 번째로 하는 일은?**

개가 침대에 들어오지 않게 침실 문을 닫는다.

**과거와 현재를 통틀어 가장 존경하고 닮고 싶은 여성은?**

어머니와 친할머니, 외할머니. 한 분은 외국에서 오셨고 다른 두 분은 남부에서 중서부로 이주했다. 세 사람 다 강인한 성격이다.

# 클랜시 밀러

작가 · 셰프 | 뉴욕

파티시에이자 요리책 작가로 〈Cooking Solo〉를 집필

"적게 말하되 더 좋게 말하라."

**어렸을 적 꿈은?**

어렸을 땐 꿈이 많았다. 미국 대통령이 돼서 모두에게 이래라저래라 하고 싶었던 때도 있고, 만화가 좋아서 만화가가 되려 한 적도 있다. 뼈와 수술에 관심이 있었을 땐 정형외과 의사가 되고 싶었다. 바이올린 레슨을 받았고 학교 오케스트라에 속해 있었기 때문에 바이올리니스트도 되고 싶었다.

**창업할 때 들은 최고의 조언은? 혹은 무시해서 다행인 조언은?**

요리 학교에 들어가기 전 음식에 대한 관심을 키우고 있던 시기에 친구의 아버지에게서 이런 말을 들었다. "레스토랑 일로는 절대 돈 못 벌어." 그 말을 무시하고 음식과 요리에 대한 사랑을 밀고 나가서 다행이라고 생각한다. 나는 오로지 돈에 의해 움직이지 않는 법을 배웠다. 돈은 중요하지만 관심과 호기심, 열정을 불러일으키는 것이 있다면 망설임 없이 따라야 한다.

**일하면서 가장 크게 희생한 것은?**

사교 생활. 늘 마감에 쫓기다 보니 이따금 잠수를 타고 일부터 끝내고 싶더라. 창작 과정도 고독할 때가 많다. 아이러니하게도 나는 타고나길 사교적인 사람이고, 친구들과 시간을 보내거나 새롭고 재미있는 사람을 만나는 걸 좋아한다. 프랑스어에 이런 속담이 있다. "Parlons peu, parlons mieux." 적게 말하되 더 좋게 말하라는 뜻이다. 나는 친구를 가끔 한 번씩 만나는 게 더 좋다고 생각한다. 그러면 더 충만하고 흥미진진한 대화를 나누게 된다.

**성공의 밑거름이 된 실수가 있다면?**

실수라기보단 대놓고 실패한 경험에 가깝겠지만, 첫 요리책을 내기 전이었던 몇 년 전 나는 파리에서 보낸 시절을 소재로 레시피를 곁들인 음식 회고록을 쓸 계획을 세웠다. 설레는 프로젝트였다. 열정적으로 제안서를 쓰고 바로 집필에 착수했다. 그런데 30개 이상의 출판사에 제안했지만 내겠다는 곳이 한 군데도 없었다. 에이전트에게서 출판사 측의 답장을 열 통 이상 건네받았는데, 감사하게도 잔인한 말은 없었지만 내가 보기에 빛나는 아이디어가 남들이 보기엔 그리 빛나지 않는다는 것에 풀이 죽었다. 제안서와 첫 장을 쓰고 모든 출판사에서 거절당하기까지 통틀어 반년이 걸렸다. 여기서 내가 얻은 교훈은 다시 일어서서, 계속 시도하고, 실망을 털어버려야 한다는 거다. 사랑하는 일에 아무리 열정을 쏟아도 꼭 통하는 건 아니라는 사실을 알았다. 그래도 괜찮다. 지나고 나면 한낱 얘깃거리가 된다. 시행착오는 더 좋은 아이디어를 내고 성장할 발판이 된다. 인내심을 갖고 끈기 있게 노력하면 어떻게든 일이 풀리게 되어 있다.

**이 일을 하면서 맛본 최고의 성공은? 혹은 스스로 평가하기에 지금껏 가장 잘한 일은?**

독신을 위한 요리책 〈쿠킹 솔로Cooking Solo〉 계약을 따낸 것. 수년 간 나 자신을 위해 즐겁게 요리한 경험에서 곧바로 나온 아이디어였다. 스스로를 위해 맛있는 식사를 요리하는 것이 자신에게 양분을 주고, 자기를 성장시키는 길이라는 철학을 공유할 수 있어 기쁘다.

**스스로 생각하는 자신의 장점은?**

---

내가 열정, 연민, 체력, 인내, 끈기,
유머를 가진 사람이라 감사하다.

---

**좋은 하루를 시작하기 위해 매일 아침 첫 번째로 하는 일은?**

매일 아침 잠에서 깨어나며 감사함을 느낀다. 나는 감사함을 느끼는 것이 모든 좋은 결과를 이끌어낸다고 생각한다. 감사란 자신 안에, 그리고 자신의 주변에 언제나 좋은 것들이 있다고 깨닫는 것이다. 그리고 때론 명상도 한다, 가끔이지만.

HOW
THE FUTURE OF TYPE
& DESIGNING FOR THE WEB
Londinium
watches blondes boys
fashion cars beauty
jewellery antiques
museums galleries
sightseeing restaurants
DAN
IELTAS
HIAND
THE
LOVELESS
BARN
A NEW TRADITION
GRAND
OPENING
CONCERTS
FEATURING
THE
LONE
BELLOW
DEBUT TOUR
2013
TAKE MY INK &
TAKE MY BLOOD
LEARNING SCIENCES INSTITUTE
MINORITY SCHOLARS PROGRAM
CLEA
FERNANDEZ
LAWRENCE
The King and I
Alphacolor
ABCDEFGHIJK
TUVWXYZ
SAN FRANCISCO—TO
NEW BRUNSWICK
LIVE WITH
ART
IT'S GOOD FOR
YOU!
WITH
JOY AND
TRUE
HEARTS

# 다나 타나마치

예술가·그래픽 디자이너 | 시애틀, 워싱턴

맞춤형 타이포그래피 디자인 스튜디오
〈Tanamachi Studio〉 대표

"내 작품이 기쁨과 감사를
불러일으키고, 공동체에 보탬이 되고,
너그럽고 단순하다면
이미 성공가도에 오른 것이다."

**어렸을 적 꿈은?**

엄마 말에 따르면 나는 택시 운전사나 엘리베이터 안내원이 될 거라고 말하고 다녔다고 한다. 초등학생 때는 건축가가 되고 싶었다. '꿈의 집' 청사진을 그리며 오랜 시간을 보내곤 했다. 그 집엔 언제나 가상의 개가 놀 수 있는 특별 공간이 할당되어 있었다. 어렸을 때 나는 집을 설계할 때의 구조와 엄격함을, 직선으로 그려진 경계들을 좋아했던 것 같다. 하지만 그 틀 안에서는

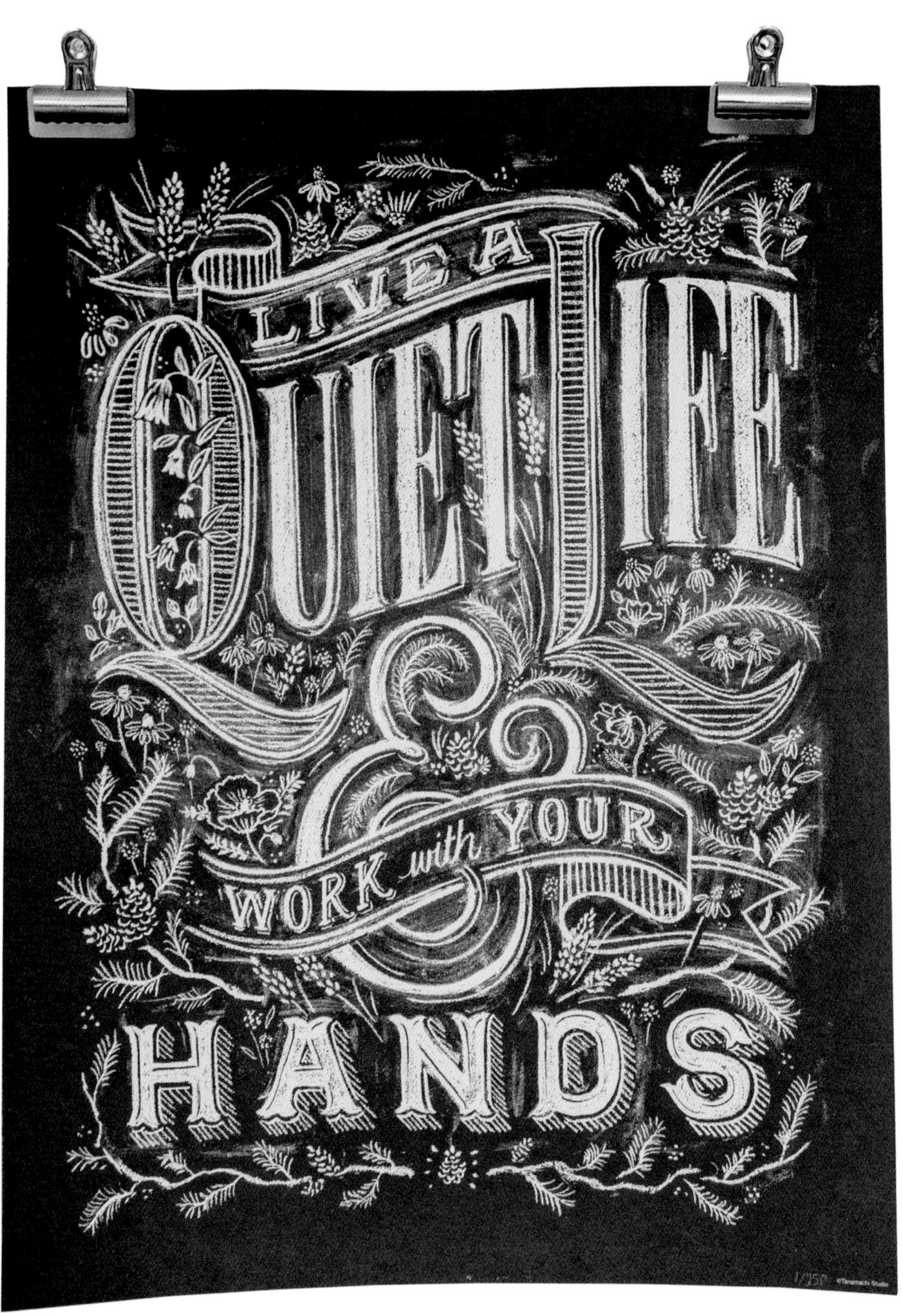
LIVE A
QUIET LIFE
&
WORK with YOUR
HANDS
1/150
©Tanamachi Studio

마음껏 즐길 수 있었다. 사실 현재 내 모습은 어렸을 적 꿈과 거의 일치한다. 여덟 살 때부터 뻔했던 거다.

**당신에게 성공이란?**

'성공'하기 전의 비전과 가치를 지켜내는 것. 내 작품이 기쁨과 감사를 불러일으키고, 공동체에 보탬이 되고, 너그럽고 단순하다면 이미 성공가도에 오른 것이다.

**작업 공간에서 가장 마음에 드는 점은?**

책상. 맨해튼에서 열린 랄프 로렌 전시품 세일에서 어떤 인테리어 디자이너가 구해준 3미터짜리 농가용 책상이다. 크기가 굉장히 넓다. 한쪽 끝을 스케치와 인쇄물로 잔뜩 어질러놓아도 반대쪽 끝엔 깨끗한 작업 공간이 남아 있을 만큼. 이 책상은 작업실에 안정감을 불어넣는 완벽한 가구다.

**일하면서 가장 크게 희생한 것은?**

일에 박차를 가하기 시작한 시기에 친구들을 등한시했다. 후에 아낌없이 사과하고 용서를 구했으며, 친구들을 보다 우선으로 하도록 가치 체계를 조정했다. 건강한 인간관계가 없다면 우리는 일에 중독된 좀비에 불과하다.

**회사를 경영하며 얻은 가장 큰 교훈은?**

사업을 한다는 건 때론 믿을 수 없이 어렵지만 보상도 크다. 내가 배운 가장 큰 교훈은 하나의 소재, 유행, 매체에만 너무 몰두해선 안 된다는 거다. 타이포그래피 벽화를 그리기 시작한 2009년에는 분필화가 커리어의 정점이라고 생각지 않았다. 계속해서 그것을 장기로 내세울 생각도 아니었다. 그건 목적으로 가는 하나의 수단에 불과했다. 그러므로 분필화를 그만두는 것도 그다지 괴롭지 않았다. 다음 단계로 넘어갈 시간이 된 것뿐이니까. 하나의 문을 닫자 새로운 문이 수도 없이 열렸다. 내게 많은 관심과 기회를 선사한 한 가지에 아직까지 매달려 있었다면 지금의 내가 어디 있을지 모르겠다. 두려움을 버려야 한다. 스타일도 변하고 취향도 변하고 사람도 변한다. 무엇보다 당신도 변한다는 걸 잊지 말 것!

**성공의 밑거름이 된 실수가 있다면?**

2010년에 오프라 윈프리의 세트 스타일리스트가 잡지 〈O〉의 2011년 2월호 표지 작업을 해달라는 전화를 했다. 다른 일들로 너무 스트레스를 받은 터라, 통화 내용을 한 귀로 흘리고 있었다. 전체 콘셉트 설명을 들으면서도 내가 의뢰받은 작업이 내부 삽화가 아니라 표지 이미지가 될 거라는 사실은 놓친 거다. 그래서 정중하게 거절을 하려는데 스타일리스트가 문자 그대로 내 말을 끊고 말했다. "제 말 제대로 들으신 거 맞아요? 잡지 〈O〉 표지라고요. 이런 건 거절하는 게 아니에요!" 그녀의 말이 옳았다. 그때 나는 눈앞에서 빛나는 거대한 행운을 놓칠 만큼 스트레스를 받았고, 시야가 좁아져 있었다. 내겐 도움이 필요했다! 그 직후에 프로젝트 매니저를 고용했는데 시간을 관리해주니 편했다. (그러고서야 제정신을 챙길 수 있었다.)

**당신다운 모습으로 당신이 사랑하는 일을 하도록 영감을 주는 문구가 있다면?**

"조용한 삶을 살고, 손으로 일해라." 이 문장은 내 만트라이자 내가 만드는 작품의 여과 장치다. 나는 뼛속까지 내성적인 사람이라 책상에 앉아 그리면서 무언가를 창조하는 것보다 더 즐거운 것이 없다.

**이 일을 하면서 맛본 최고의 성공은? 혹은 스스로 평가하기에 지금껏 가장 잘한 일은?**

잡지 〈타임〉 표지에 내 작품이 실린 걸 보면 아직도 믿기지가 않아서 스스로를 꼬집어본다!

**지금 세상에 더 필요한 게 있다면? 줄여야 할 게 있다면?**

---

영감이 깃든 독창적인 작품이 더 많이 필요하다. 남의 작품으로 채운 핀터레스트 보드는 줄어들어야 한다.

---

**마법에 의해 하루에 3시간씩 더 주어진다면?**

나는 수업 듣는 걸 정말 좋아한다. 작년엔 스크린프린팅 강의를 들었고 최근엔 10주짜리 일본어 수업을 들었다. 하루에 3시간씩 더 주어진다면 분명히 수업을 들을 거다. 직조, 블록프린팅, 아니면 일본어 중급도 좋고!

# 데비 밀먼

작가 · 예술가 · 교육자 · 라디오 호스트 | 뉴욕

〈Brand Bible〉을 비롯하여 10여 권의 책을 썼으며
팟캐스트 〈Design Matters〉 진행

"무언가 정말 하고 싶다면,
바빠서 하지 못한다는 생각은 버려라.
그 일을 해낼 시간을 만들어라."

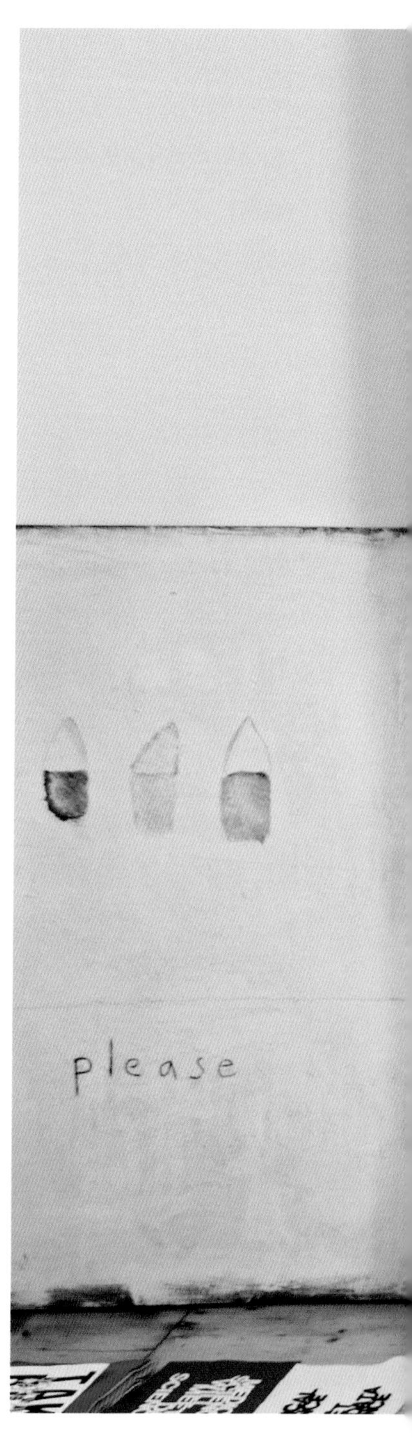


**어렸을 적 꿈은?**

한동안 뮤지션, 그 다음은 예술가와 저널리스트를 꿈꿨다. 세 가지 다 되고 싶었던 때도 있었다. 만들기를 좋아해서 컬러링북, 종이인형, 디오라마를 만들었고 심지어 장미 꽃잎을 베이비오일에 으깨 넣어 향수를 만들려 한 적도 있었다. 아이스크림 막대로 머리핀 상자를, 털실로 열쇠고리를, 진흙으로 재떨이를, 판지와 낡은 종이로 핼러윈 의상을 만들었다. 열두 살 때는 제일 친한 친구와 잡지 한 권을 냈다. 친구도 이름이 데비여서 〈데뷔땅뜨〉라고 불렀다. 늘 창조적인 삶을 상상했다.

relaying the news to my friends
You decided it was good that I went so quickly.
In mulling this over since, I am unclear who it benefitted most.
You couldn't
know that I woke before I went. It was 2:15 am.
Scruffy was sleeping by my side.
Duff started licking my face. And
It took a long time
for my brain to wind down.
And I cried to myself
it was too fast oo soon too oo-
I tried to hold on as I fel the dogs slip a from my side.

**작업 공간에서 가장 마음에 드는 점은?**

내 소유라는 것! 여기까지 오는 데 오래 걸렸다. 내 몸의 세포 하나까지도 이 공간을 아낀다. 조명도 마음에 들고 내가 사랑하는 것들이 전부 가까이 있는 것도 좋다. 마법처럼 놀랍고 기적적인 일이다.

**당신다운 모습으로 당신이 사랑하는 일을 하도록 영감을 주는 문구가 있다면?**

위대한 작가 다니 셔피로Dani Shapiro와 인터뷰하면서 성공에서 자신감의 역할에 대해 물었다. 그녀는 자신감이 용기만큼 중요하진 않으며 어떤 행동을 할 수 있다는 자신감보다 실제로 그 행동을 하는 것이 훨씬 필요하다고 했다. 그 이후 용기가 자신감보다 중요하다고 믿고 있다.

**회사를 경영하며 얻은 가장 큰 교훈은?**

실력이 얼마나 뛰어나든, 얼마나 인기가 있든 사업엔 주기가 있다. 영원한 것은 없다. 업계의 부침은 노력으로 피하기 힘들다.

**지금까지 축적한 노하우를 가지고 처음으로 돌아간다면 바꾸고 싶은 것은?**

가치 있는 건 긴 시간을 필요로 한다는 사실을 알려주고 싶다. 40대즈음 일이 잘 풀리리라는 것도. 원하는 걸 해낼 용기를 주고 싶다.

**지금 세상에 더 필요한 게 있다면? 줄여야 할 게 있다면?**

인내심이 더 필요하고 오만을 줄여야 한다.

**스스로 생각하는 자신의 장점은?**

창의성을 유지하고 계속 새로운 걸 만드는 능력. 순응해야만 사회에 받아들여진다고 생각할 때 아이들은 창의성을 잃는다. 창의성을 지키려면 자신의 말이나 행동이 의미 있다는 믿음이 필요하다. 이 믿음이 깨지면 창의적 연결과 소통을 담당하는 뇌의 통로가 피해를 입는다.

**마법에 의해 하루에 3시간씩 더 주어진다면?**

아주 많은 것들을 만들 거다.

**개인적 또는 직업적 모토가 있다면?**

바쁨은 내가 정하는 거다. 우리는 결국 하고 싶은 걸 한다. 그게 다다. 너무 바빠서 어떤 일을 할 수 없다는 건 곧 그 일이 중요하지 않거나 우선순위가 아니라는 뜻이다. 바쁜 건 훈장이 아니다.

**슬럼프를 극복하고 영감을 얻는 당신만의 비결은?**

잔다. 자고 또 잔다.

**과거와 현재를 통틀어 가장 존경하고 닮고 싶은 여성은?**

글로리아 스타이넘. 위대한 지성과 깊은 위트, 크나큰 공감과 눈부신 유머 감각, 심오한 울림과 유연성을 지닌 인물이다.

**밤잠을 설칠 만큼 두려운 일이나 직업적인 고민이 있다면?**

나이 드는 것, 그리고 시대에 뒤떨어지는 것, 최고의 작품, 최고의 해를 뒤에 두고 살아야 하는 것.

**당신에게 성공이란?**

성공은 실천이다. 사랑이나 행복처럼.

# 캐리
# 브라운스타인

뮤지션 · 작가 · 배우 | 포틀랜드, 오리건

'Excuse 17', 'Sleater-Kinney' 밴드에서 활동했으며
〈Hunger Makes Me A Modern Girl〉 집필

"똑똑하고 창의적인 여성들이
다른 여성들을 위해 공간을 만들고
길을 깔아주는 모습을 보면 기쁘다."

**어렸을 적 꿈은?**

해양생물학자나 수의사. 배우나 테니스 선수도 되고 싶었다. 동물과 일하고 싶은 마음과 관객 앞에서 공연하고 싶은 마음 사이에서 갈등했다. 풍선으로 강아지를 만드는 광대가 되었더라면 둘 다 이룰 수 있었을 거다. 결국엔 글을 쓰고 공연을 하고 싶다는 마음이 이겼다.

**성공의 밑거름이 된 실수가 있다면?**

우리 밴드 '슬리터-키니'가 활동을

중단했을 때 내 책임이라고 생각했다. 내 인생에선 고뇌가 주 서사였으므로. 불안은 내 마음을 잠식하고 남들과의 상호작용과 내가 내리는 결정들을 지배했다. 밴드 해체라는 충격적인 경험을 계기로 나의 내면 풍경을 탐험하고 채굴하면서 명료함과 균형을 찾아야겠다고 결심했다. 그렇게 해서 프레드 아미센Fred Armisen과 〈포틀랜디아Portlandia〉를 제작하게 되었고, 회고록을 썼고, 결국 '슬리터-키니'를 재결성할 수 있었다. 가장 중요한 건 내가 친구로서도 창조적 작업의 파트너로서도 더 좋은 사람이 되었다는 거다.

**좋은 하루를 시작하기 위해 매일 아침 첫 번째로 하는 일은?**

언제나 아침형 인간이긴 했지만 지금은 매일 새벽 대여섯 시엔 기상한다. 대도시조차 적막에 잠긴 새벽에 일어나면 낮 시간을 훔쳐 쓰는 기분이 든다. 그 정적이 생각하는 데 도움을 준다. 제일 먼저 하는 건 커피를 내리고 신문을 읽으면서 세상과 소통하고, 나의 현 위치를 가늠하고 방향을 잡는 거다. 그러면 차츰 정신이 깨어난다. 그러고 나서 하이킹이나 산책을 한다. 핸드폰 대신 작은 수첩을 들고 나간다. 아이디어가 떠오르면 적기도 하고 안 적기도 한다. 명상과 비슷하다. 잘못된 생각은 없다. 모든 게 다만 존재할 따름이다. 그런 다음 집에 와서 글을 쓴다.

**다른 여성 창작자에게서 가장 존경하는 점은?**

너그러움. 똑똑하고 창의적인 여성들이 다른 여성들을 위해 공간을 만들고 길을 깔아주는 모습을 보면 기쁘다. 자신이 목표를 위해 어려운 길을 헤쳐나갔다는 이유로 남도 같은 고생을 해야 한다고 생각하는 유독한 덫에 빠지기 쉬운데, 너그러움은 남들은 물론이고 자기 자신을 보살피는 데에도 적용된다. 일하지 않는 시간을 허용하고, 실수를 허용하고, 용서를 허용하는 것. 내게 너그러움은 마음을 여는 것이고 이는 창의력의 핵심이기도 하다.

**당신에게 성공이란?**

---

누군가 내 작품과 교감하는 것.
또한 존중, 행복, 친구, 사랑.

---

**슬럼프를 극복하고 영감을 얻는 당신만의 비결은?**

타성에서 벗어나 다른 사람의 동기에 영감을 받을 때까지 영화를 보고 음악을 듣는다.

**자신감이 떨어지거나 난관에 부딪혔을 때 극복하는 본인만의 비결이 있다면?**

운다. 눈물은 리셋 버튼과 같다.

# 핑 쥬

일러스트레이터 · 예술가 | 브루클린, 뉴욕

〈뉴욕타임스〉, 〈월스트리트저널〉, 〈뉴요커〉를 클라이언트로 작업하는 일러스트레이터

"성공은 맥락에 달려 있고 덧없기에, 잠깐이라도 모든 것이 조화를 이룬 순간을 만끽하려 노력한다."

**어렸을 적 꿈은?**

〈백조의 호수〉를 보고 발레리나를 꿈꿨다.

**창업할 때 들은 최고의 조언은?**

일이 인생의 전부는 아니다. 아무리 어려울지라도 삶의 균형을 잡는 걸 게을리해선 안 된다.

**작업 공간에서 가장 마음에 드는 점은?**

내가 존경하는 다른 프리랜서들과 나눠 쓰는 공간이라는 점. 훌륭한 직업윤리를 가진 사람도 있고 성격

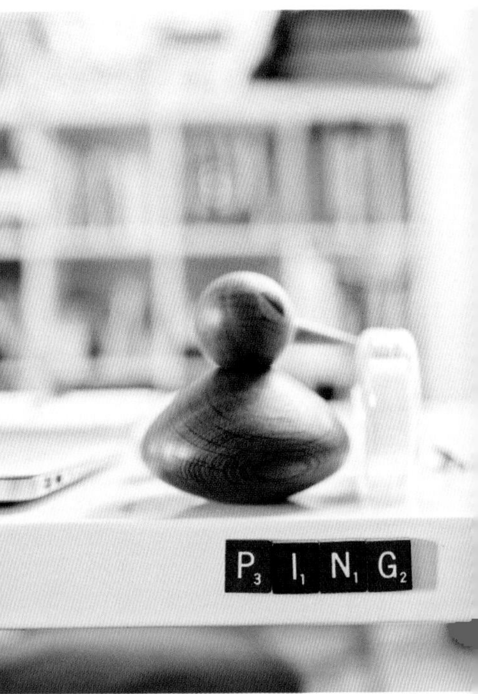

이 좋은 사람도 있다. 이들은 모두 남을 향한 응원과 건설적 비판을 건강한 비율로 유지할 줄 안다. 업무가 아닌 영역에 대해서도 대화를 나눌 수 있는 사람들을 만난 건 행운이다.

**당신에게 성공이란?**

성공은 맥락에 달려 있고 덧없기에, 잠깐이라도 모든 것이 조화를 이룬 순간을 만끽하려 노력한다.

**회사를 경영하며 얻은 가장 큰 교훈은?**

자기 수양과 조직화는 필수다.

**성공의 밑거름이 된 실수가 있다면?**

런던에 살던 시절, 문을 이중으로 잠그는 걸 잊었다가 절도를 당한 적이 있다. 도난품 중에는 컴퓨터도 있었다. 문제는 그때 내가 첫 번째 일러스트 책을 작업하고 있었고, 모든 작업물이 디지털 데이터로 저장되어 있었다는 거다. 다행히 바로 전날 백업을 해놔서 잃어버린 작업 분량은 하루치에 불과했지만 만약 백업을 하지 않았더라면 책 한 권을 통째로 날릴 뻔했다. 그때 작업 중이던 책이 〈백조의 호수〉다. 발레에 대한 어렸을 적 사랑을 담은 이 책은 몇 달 뒤 출간되었고, 새로운 거래처를 여럿 열어주었다. (그중 몇몇은 아직까지도 거래 중이다.) 그때의 사건으로 문단속을 철저히 하고 반드시 백업을 해야 한다는 교훈을 얻었다, 언제나.

**자신감이 떨어지거나 난관에 부딪혔을 때 극복하는 본인만의 비결이 있다면?**

마음을 편히 먹고 어떤 일이 일어나더라도 배우는 기회가 될 거라고 생각한다.

**당신다운 모습으로 당신이 사랑하는 일을 하도록 영감을 주는 문구가 있다면?**

만족하지 마라Stay Hungry.

**지금 세상에 더 필요한 게 있다면? 줄여야 할 게 있다면?**

---

교사가 더 많아져야 한다. 그리고 그들에게 지금보다 훨씬 많은 보수를 지급해야 한다. 플립플랍은 줄었으면 좋겠다.

---

**스스로 생각하는 자신의 장점은?**

끈기.

**과거와 현재를 통틀어 가장 존경하고 닮고 싶은 여성은?**

나의 가장 친한 친구이자 예술가로서도 인간으로서도 존경하는 크리스틴 우. 그녀가 지금의 나를 만들었다 해도 과언이 아니다. 섣불리 평가하기보다는 공감해주는 그녀 덕분에 나도 편견을 버리고 보다 자신 있게 인생의 결정들을 내릴 수 있었다. 우리는 텔레파시가 통할 만큼 가까운 사이이다. 우리의 우정에 감사한다.

# 로라 제인 그레이스

뮤지션 | 미시건

싱어송라이터이자 기타리스트이며 음반 회사 〈Total Treble Music〉의 설립자

"공감할 수 있는 사람을 사귀는 건 중요하다. 예술가로서의 삶과 수많은 여행을 하는 것을 이해 못하는 사람들과 이야기를 나누기란 어렵다."

**어렸을 적 꿈은?**

밴드에 들어가서 뮤지션이 되고 싶었다. 처음 뮤지션의 꿈을 꾸기 시작한 건 마돈나를 본 뒤였다. "나도 저렇게 되고 싶어"라고 생각했다.

**다른 여성 창작자에게서 가장 존경하는 점은?**

추진력, 야망, 규율.

**당신에게 성공이란?**

원하는 걸 창작하고, 그 창작물로 관중과 교감하는 것. 단 한 사람의 관객이라도.

**일하면서 가장 크게 희생한 것은?**

인생에서 많은 일을 겪다 보면 "왜 나한테만 이런 일이 일어나는 거야?"라고 불평하는 미숙한 관점을 버리게 된다. 인생은 원래 그렇고 나쁜 일은 누구에게나 일어난다는 걸 알게 되는 거다. 지금 하는 일에 몰두하는 건 인생의 일부일 따름이다. 좋은 점과 나쁜 점 모두 감내할 수밖에 없다. 우리 밴드는 세미트럭에 치이는 사고를 당했고 소송을 치렀고 친구의 죽음을 지켜봤다. 우리끼리 싸우기도 했고 전원이 이혼을 겪었다. 내게는 일이 내 딸 다음으로 중요하다. 생존을 위해 해야 하는 거니까.

**성공의 밑거름이 된 실수가 있다면?**

전 매니저에게 고소당해 소송을 치른 경험. 돌이켜보면 그때 나는 콧대가 꺾일 필요가 있었다. 우리 사이에 적의가 있었던 건 아니라서 결국은 모든 게 잘 풀렸다. 한마디로 멍청한 소송이었지만, 내게는 유익한 경험이었다.

**밤잠을 설칠 만큼 두려운 일이나 직업적인 고민이 있다면?**

나는 강박장애가 있다. 온갖 게 두려워서 잠을 못 이룬다. 신곡을 작곡하거나 음반을 녹음할 때면 항상 자문한다. "우리가 또 성공할 수 있을까? 저번만큼 성과를 거둘 수 있을까?" 투어를 마치면 꼭 이런 생각이 든다. "다시 투어를 할 수 있을까? 무언가 변하거나 사건이 일어

HOWL

나진 않을까?" 나는 두려운 게 많다. 과거의 시간들, 내가 떠난 탓에 더는 만날 수 없게 된 사람들을 생각하면 이 모든 고생을 감수할 가치가 있는지 의문이 든다. 나는 잠을 푹 자지 못한다.

**동종업계에 종사하거나 같은 배경을 공유하는 사람과 시간을 보내는 게 얼마나 중요한가?**

공감할 수 있는 사람을 사귀는 건 중요하다. 예술가로서의 삶과 수많은 여행을 하는 것을 이해 못하는 사람들과 이야기를 나누기란 어렵다. 나를 이해해주는 사람이 곁에 꼭 있어야 한다.

**당신다운 모습으로 당신이 사랑하는 일을 하도록 영감을 주는 문구가 있다면?**

클리셰일지 모르겠지만, 평온의 기도(내가 바꿀 수 없는 것을 받아들이는 평온과 내가 바꿀 수 있는 것을 바꾸는 용기와 그 둘을 구분하는 지혜를 주소서-옮긴이). 나는 무교고 가족도 그렇지만 할머니에게 이 기도를 배웠다. 집에 걸린 태피스트리에 이 기도문이 수놓여 있었다.

**지금 세상에 더 필요한 게 있다면? 줄여야 할 게 있다면?**

---

전체적으로 이해심이 더 필요하다.
누구나 같은 경험과 같은 관점을 지닌 게 아니고,
따라서 서로 입장이 다르다는 걸 이해해야 한다.
이를 인정하면 더 넓은 그림을 볼 수 있고,
세상에 대한 통찰력이 높아진다.

---

**10~20년 전 자신에게 들려주고 싶은 말은?**

여유를 가져라. 전부 괜찮아질 거다.

**일할 때 반드시 챙기는 도구나 물건, 의식이 있나?**

펜과 종이.

**긴 일과를 마치고 집에 왔을 때 당신을 가장 기쁘게 하는 것은?**

---

고요한 집, 레드와인 한 병, 담배.

---

**과거와 현재를 통틀어 가장 존경하고 닮고 싶은 여성은?**

어머니.

**마법에 의해 하루에 3시간씩 더 주어진다면?**

지금보다 훨씬 늦게 잘 거다.

# 베로니카 코르조-두샤르트

그래픽 디자이너 · 예술가 | 필라델피아, 펜실베이니아

예술, 출판, 와인 산업 분야의 고객을 둔 디자인 스튜디오 〈Winterbureau〉 설립자

"허세를 버리고 직업 예술가의 삶을
더 터놓고 얘기해야 한다."

**어렸을 적 꿈은?**

고고학자. 80년대에 유년기를 보냈기에 〈인디아나 존스〉, 〈구니스〉 같은 영화에 열광했다. 고대 유적지를 발굴하고, 몇 세기 동안 파묻혀 있던 유물을 만지고, 다른 세계의 이야기를 밝혀낸다는 게 퍽 매력적이었다. 그때 나는 진짜 유적지에 갈 수 없었으므로 할아버지 댁에서 발굴 작업을 했다. 매일 방과 후 할아버지가 다른 일을 하는 동안 몰래 아래층 할아버지 책상에 쌓인 장부와 세금 용지를 뒤적거리면서 미스터리를 찾아 헤맸다. 할아버지에게 들키면 곧장 끝나야 했던, 짧은 '발굴' 작업이었다. 사물에 숨겨진 이야기를 찾아내는 건 오늘날 내 예술의 원동력이다.

**작업 공간에서 가장 마음에 드는 점은?**

내게 영감을 주는 것들로 가득하다는 점. 개인 소지품, 쿠바와 관련된 책과 지류, 사무용품 등. 내 작업을 위한 이미지와 텍스처를 만들 때

참고가 될 것들을 잔뜩 들여놓았다. 그럼에도 내 작업 공간은 상대적으로 미니멀하다. 사고하려면 깨끗한 공간이 필요하기 때문에 대부분의 재료와 물건들은 내가 창고처럼 쓰는 상자에 담아놓는다. 다만 한 번 상자를 열었다 하면 난장판이 된다. 작업 중에는 모든 걸 한데 펼쳐놓고 일하는 게 습관이다.

**창조적인 일에 뛰어들려는 사람에게 추천하는 자원은?**

최고의 자원은 사람이다. 창의적이고, 영리하고, 당신이 존중하는 작업을 하는 사람들을 곁에 둬라.

**자신감이 떨어지거나 난관에 부딪혔을 때 극복하는 본인만의 비결이 있다면?**

회의감에 사로잡히거나 지칠 때는 파트너와 다른 가까운 친구 몇몇을 만난다. 나를 응원해주는 사람들을 주위에 두는 건 정말 중요하다. 그들은 내 시야를 넓혀준다. 그들과 도수 높은 위스키 칵테일을 홀짝이며 내가 얼마나 멋진 사람인지 듣는 건 최악의 경우라도 나쁘지 않다.

**당신다운 모습으로 당신이 사랑하는 일을 하도록 영감을 주는 문구가 있다면?**

"중요한 건 실행이다. 말하고 걱정하고 생각하는 건 중요하지 않다." 에이미 포엘러Amy Poehler가 한 말이다.

**성공의 밑거름이 된 실수가 있다면?**

내 성공을 다른 사람에게 맡긴 적이 몇 번 있다. 내가 직접 하기엔 겁나는 것들을 남이 대신 해주길 바라면서 한 가지 가능성에 모든 것을 맡겨버렸다. 두려움과 자신감 부족 때문이었다. 잘할 수 없을 것 같아서 남들에게 주도권을 넘겼다. 얼마간 시간이 흐른 뒤, 나는 성공과 실패를 스스로 책임져야 한다는 걸 깨달았다. 성공하려면 나 자신을 더 믿어야 했다. 비록 가끔은 더 약해져야 할지라도. 누구나 그렇듯 나 역시 아직도 두려움과 자기 회의와 맞서 싸워야 할 때가 있다. 하지만 어쨌든 조금씩 나아지고 있다.

**창업할 때 들은 최고의 조언은?**

---

"하루 끝에 중요한 건 그날 무엇을 만들었는가다." 내 스튜디오에서 일하기 시작했을 때 친한 예술가 친구가 들려준 조언이다. 이 말을 떠올리면 잡생각을 지우고 작업에 착수하게 된다.

---

**이 일을 하면서 맛본 최고의 성공은? 혹은 스스로 평가하기에 지금껏 가장 잘한 일은?**

할아버지의 이름을 딴 〈네슈 컬렉션Neche Collection〉 프로젝트. 나 개인을 위한 프로젝트였기에 어떤 반응이 돌아올지 확신할 수 없었다. 구체적인 추억이 담긴 물건들을 추상적인 시각언어로 번역해서 추상적인 이미지를 만드는 작업은 경이로웠다. 내게 깊은 의미가 있는 이미지에서 다른 사람들 역시 자신들의 개인적인 이야기를 찾아냈다. 대학원에서 공부한 역사 및 개인적 서사에 대한 관심, 그리고 추상적이고 미니멀한 디자인 정신을 결합하는 프로젝트였다.

**과거와 현재를 통틀어 가장 존경하고 닮고 싶은 여성은?**

캐슬린 해너(504쪽). 대단한 여자다. 예술가로서, 뮤지션으로서 그녀를 존경한다. 나는 내향적이라서, 겁 없이 당당하게 할 말을 다하는 페미니스트인 해너가 무척 멋있어 보인다. 그녀의 공연을 관람하는 것도 좋다. 그건 매혹적인 경험이다. 해너가 이 세상에 존재하는 것에 깊이 감사한다.

**좋은 하루를 시작하기 위해 매일 아침 첫 번째로 하는 일은?**

매일 아침 파트너와 침대에서 커피를 마신다. 그날 일정을 공유하거나 NPR을 들으며 흥미진진한 토론을 한다. 나는 파트너와 얘기하는 걸 정말 좋아한다. 서로의 하루를 시작하고 일과에서 오는 스트레스를 받기 전에 대화를 나눌 수 있다는 게 얼마나 좋은지 모른다. 함께 하루를 시작하는 기분이랄까. 어떤 이유로든 아침에 대화를 나누지 못하면 하루의 중심을 잡지 못하고 부유하는 기분이 든다.

**지금 세상에 더 필요한 게 있다면? 줄여야 할 게 있다면?**

성공에 대해 더 터놓고 대화해야 한다. 인터넷을 통해 모두의 삶을 엿볼 수 있는 지금, 남과 자신을 비교하는 건 너무나 쉽다. 하지만 사람들이 공유하지 않는 부분이 있다는 걸 잊기도 쉽다. 월세를 버느라 맡은 형편없는 일, 거절과 우울과 불안, 자신을 부양해주는 돈 잘 버는 파트너. 현 위치에 오르기까지 거쳐야 했던 시도와 실패들. 우리는 비교조차 할 수 없는 완벽한 사람들과 불완전한 자신을 비교하곤 한다. 허세를 버리고 직업 예술가의 삶을 더 터놓고 얘기해야 한다.

**회사를 경영하며 얻은 가장 큰 교훈은?**

---

전부 해내는 건 불가능하다. 무엇이 가장 중요한지
결정하고 그것을 우선으로 해야 한다.
살다 보면 우선순위가 변할 수 있으므로
순간순간 유연하게 대처하는 것이 중요하다.
지속 가능하고 건강한 방식으로
모든 걸 해내는 건 불가능하다.
제정신을 붙들기 어렵다는 이유도 있지만,
관심을 분산시키면 최고의 작품을 만들어낼 수
없기 때문이기도 하다. 당신에게 제일 중요하고
당신이 제일 잘하는 것에 노력을 쏟아라.
오직 당신만이 할 수 있는 걸 찾아라.

---

# 애비 제이컵슨

작가 · 일러스트레이터 · 배우 · 코미디언 | 브루클린, 뉴욕

웹 시리즈 〈Broad City〉의 각본을 쓰고 연기했으며, 〈Color This Book: New York City〉 집필

"내게 성공의 궁극적 정의는 웃음이다."

**어렸을 적 꿈은?**

괴상하게도 정확히 지금 내 모습을 꿈꿨다. 배우가 되고 싶었지만 그건 불가능하다 느꼈고, 또 다른 꿈은 예술가였다. 어렸을 때 항상 그림을 그렸다. 우리 남매는 고등학교에서 미술을 전공했다. 부모님 두 분 다 창조적인 직업에 종사하시는 걸 보면 예술의 피가 흐르는 것 같다.

**다른 여성 창작자에게서 가장 존경하는 점은?**

호기심. 그리고 매체에 구애받지 않고 아이디어를 펼치는 능력. 나는 마이라 칼만(288쪽) 같은 사람에게

SLICE
B. Smaller
e thing didn't work out. She's all
ıd I'm more 'Broad City.'"
Bad
Bitches
Unite.

서 큰 영감을 얻는다. 그녀는 어떤 분야에서든 독특하고 아름다운 목소리를 낸다. 드로잉, 회화, 글, 오브제 모음, 무엇이든 마이라 칼만의 작품이라는 티가 난다. 그녀의 개성은 사람과 공간과 사물에 대한 강렬한 호기심에서 비롯된다. 나도 세상을 호기심 어린 관점에서 바라보고 싶다.

**당신에게 성공이란?**

성공은 돈보다는 자신감의 문제라는 걸 요즈음 깨닫고 있다. 내가 어떤 사람인지, 내가 창작해서 남들에게 보이고 싶은 것이 무엇인지 생각하는 것만으로 기운이 난다면 그게 성공이다. 그리고 우리 업계에는 즉각적인 성공의 지표가 있다. 바로 관중의 웃음이다. 내게 성공의 궁극적 정의는 웃음이다.

**작업 공간에서 가장 마음에 드는 점은?**

펜과 마커, 자까지 온갖 도구들이 갖춰져 있다는 점. 필기구로 백지를 채워나가다 보면 더 많은 걸 창조할 영감이 떠오른다.

**성공의 밑거름이 된 실수가 있다면?**

엄밀히 말해 '실수'는 아니지만, 드라마 〈브로드 시티Broad City〉는 일래너 글레이저Ilana Glazer와 내가 교육받고 있던 극단의 하우스 팀 모집에 떨어진 덕분에 탄생했다. 3년 내내 2차 오디션 연락을 받았지만 최종 오디션에서 간발의 차로 떨어졌다. 그때 난 시야가 워낙 좁아서 하우스 팀에 들어가지 못하면 세상이 무너지는 줄 알았다. 그게 내가 공연계에서 커리어를 쌓을 유일한 방법이라고 생각했던 거다. 그렇게 3년이 지나자 일래너와 나는 한량이 되어 있었다. 차라리 우리끼리 뭔가를 만들어보자고 결심한 게 그때였다. 우리가 보기에 우린 천재였다. 남들이 우리에게 코미디를 '시킬' 때까지 기다릴 이유가 뭔가? 그렇게 우리는 〈브로드 시티〉를 만들었다. 이 드라마를 만들면서 나는 놀랍도록 많은 교훈을 얻었고 자신감도 키웠다. "하나의 문이 닫히면 다른 문이 열린다"라는 속담이 있다. 다른 문은 당신이 만들어서 열어야 한다. 그 문 너머에는 당신이 직접 설계한 무대가 있다.

**당신다운 모습으로 당신이 사랑하는 일을 하도록 영감을 주는 문구가 있다면?**

---

대학 시절 나는 서점 진열대에 놓여 있던 메시지 카드의 문구를 죄다 작은 공책에 옮겨 적었다. 그중 내게 큰 울림을 남긴 말이 있다. "당신이 할 수 있는 일, 또는 할 수 있다고 꿈꾸는 일은 일단 시작해라. 재능과 힘과 마법은 전부 용기 안에 들어 있다. 바로 지금 시작해라."

---

**스스로 생각하는 자신의 장점은?**

나는 원래 변덕스러운 사람이라, 꾸준히 일러스트를 그리고 그것을 내 커리어에 참신한 방식으로 녹여낸 것이 자랑스럽다. 앞으로도 계속하고 싶다.

**10~20년 전 자신에게 들려주고 싶은 말은?**

정확히 뭘 하고 싶은지 몰라도 괜찮다. 모든 관심사가 중요하다. 언젠가는 흥미가 있는 다양한 분야를 융합할 방법을 찾아낼 거다. 그러니 좋아하는 걸 계속해라! 이건 내가 지금까지도 스스로에게 들려주는 말이다.

**남들이 모르는 자기 사업을 하는 것의 단점은?**

좋은 협업자를 찾는 게 어렵다. 자기 사업이라고 해도 다양한 사람들과 협력해야 한다. 영리하고 협조적이고 같이 일하기 좋은 사람을 찾는 것이 성공의 열쇠다. 사업체를 운영하면서 겪은 가장 좋은 경험도 나쁜 경험도 결국 사람에게서 비롯되었다.

**무엇을 하다가 창업 아이디어를 얻거나, 하고 싶은 일을 찾았는가?**

연기 커리어에 대해 얘기하자면, 10년 전 룸메이트의 추천으로 혼자 극단 〈업라이트 시티즌스 브리게이드Upright Citizen's Brigade〉의 공연을 보러 갔을 때다. 객석에 앉아 있는 동안 혼이 빠졌다. 생전 처음 겪는 감정이었다. 그 순간 다른 길은 없다는 걸 깨달았다. 코미디가 나의 길이었다.

**과거와 현재를 통틀어 가장 존경하고 닮고 싶은 여성은?**

어머니. 정식 예술학교를 다닌 적이 없는데도 그녀의 스튜디오에는 압도적인 즐거움과 유희의 분위기가 흐른다. 어렸을 때 공예행사에서 도자기를 파는 어머니 곁을 지켰던 기억이 난다. 재미있는 경험이었다. 어머니는 존재감이 대단하고 아주 독특한 사람이다. 청각장애가 있어서 달팽이관을 이식받았지만 워낙 쾌활하고 불편을 티내지 않아서 다른 사람들은 잘 모른다. 내가 진심으로 우러러보는 분이다. 나보다 키는 작지만…….

# 줄리아 로스먼

일러스트레이터 · 디자이너 · 작가 | 브루클린, 뉴욕

〈농장해부도감〉, 〈자연해부도감〉 집필

자신감은 필수다!

**어렸을 적 꿈은?**

어렸을 때는 진심으로 댄서가 되고 싶었다. 일주일에 네 번씩 레슨을 받았다. 그러다가 사춘기에 접어들어 몸매가 변하자 댄서의 꿈을 접어야 했다. 두 번째로 되고 싶었던 게 예술가였다!

**자신감이 떨어지거나 난관에 부딪혔을 때 극복하는 본인만의 비결이 있다면?**

우리 엄마는 내 영원한 치어리더다.

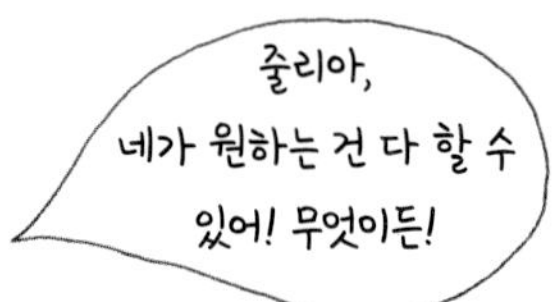
줄리아,
네가 원하는 건 다 할 수
있어! 무엇이든!

엄마는 사업가 정신도 투철하다.

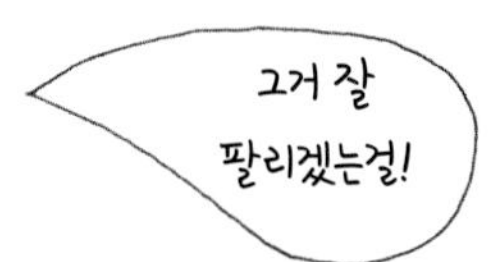
그거 잘
팔리겠는걸!

**작업 공간에서 가장 마음에 드는 점은?**

마음껏 어지럽혀도 괜찮다는 것!

**일할 때 반드시 챙기는 도구나 물건, 의식이 있나?**

프로스펙트 파크를 달린다.

**당신에게 성공이란?**

돈이 얼마나 들지, 쉽게 이룰 수 있을지 고민하지 않고 내가 원하는 프로젝트를 하는 것.

**밤잠을 설칠 만큼 두려운 일이나 직업적인 고민이 있다면?**

유행에 뒤떨어지는 것,
그리고 예술가로서 성장하는 데 필요한
새로운 것들에 도전하지 않는 것.

**개인적 또는 직업적 모토가 있다면?**

자신감은 필수다!

**1억 달러가 주어진다면 사업을 지금과 다르게 경영할 건가? 무엇을 바꿀 텐가?**

대의를 위한 무료 작업만 하고, 사람들을 많이 고용할 거다!
그러려면 돈이 많이 들겠지!

**당신다운 모습으로 당신이 사랑하는 일을 하도록 영감을 주는 문구가 있다면?**

메릴 스트립이 말했다. "살아 있는 동안 인생을 느끼고 싶다."

**지금까지 축적한 노하우를 가지고 처음으로 돌아간다면 바꾸고 싶은 것은?**

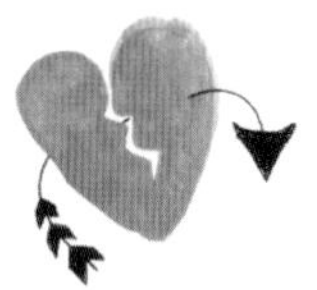

나는 사생활에서 많은 굴곡을 겪었다.
너무 많은 주말을 일하면서 보내지 않았더라면 달랐을지도 모른다.

**좋은 하루를 시작하기 위해 매일 아침 첫 번째로 하는 일은?**

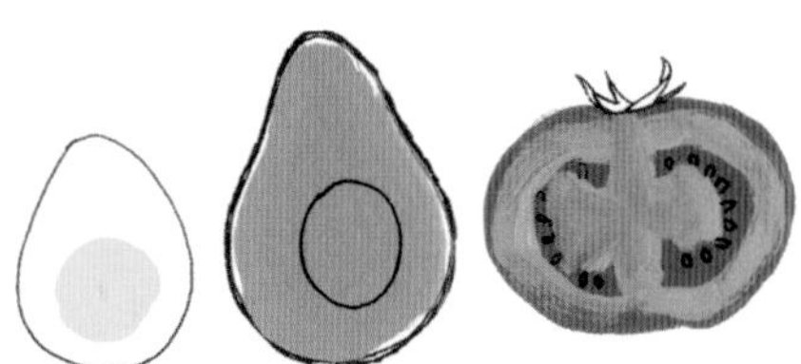

아침식사를 든든히 챙겨 먹고 WNYC 라디오를 켜서
세상에 어떤 일이 벌어지고 있는지 듣는다.

**과거와 현재를 통틀어 가장 존경하고 닮고 싶은 여성은?**

우간다에서 영장류의 영양에 대해 연구 중인 언니 제시카.
이토록 놀라운 연구를 하고 있는 과학자가
우리 언니라는 게 믿기지 않는다!

**스스로 생각하는 자신의 장점은?**

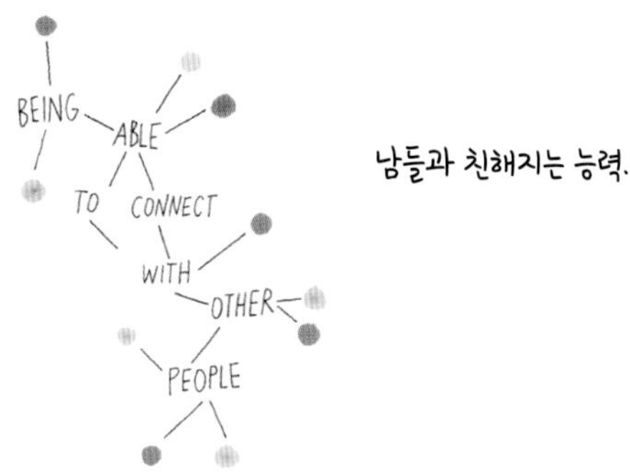


남들과 친해지는 능력.

**마법에 의해 하루에 3시간씩 더 주어진다면?**

그림을 더 그릴 거다. 순전히 재미로!

**지금 세상에 더 필요한 게 있다면? 줄여야 할 게 있다면?**

겁쟁이는 줄고, 위험을 무릅쓰는 사람이 늘어야 한다.

stewardess
i speak jive
aloha
hand

# 다니엘 헨더슨

작가 · 편집자 | 뉴욕

직접 운영하는 웹사이트 Feminist Ryan Gosling을 기반으로 책을 출간했으며 자신의 회고록 〈The Ugly Cry〉 출간 예정

"세상엔 네 목소리가 필요하니까
남들의 생각에 너를 맞추려 하지 마.
남들이 너를 뚫어져라 쳐다보게 만들어.
남들이 널 기억하게 만들어."

**어렸을 적 꿈은?**

몇 년 전 4학년 때 제출한 숙제를 봤는데 장래희망이 시인, 프로 농구 선수, 가수, 하버드 졸업생, 공사장 노동자라고 적혀 있었다. 그중 이룬 건 아무것도 없지만 어렸을 적 야망에 박수를 보낸다.

**다른 여성 창작자에게서 가장 존경하는 점은?**

자원을 공유한다는 것. 내가 아는 여성 창작자들은 예외 없이 다른 여성과 함께 일하는 걸 좋아한다. 나는 풍요를 나누는 이 문화의 열렬한 팬이다.

**당신에게 성공이란?**

자주 열정적으로 "좋아!"를 외칠 수 있는 것.

**일하면서 가장 크게 희생한 것은?**

순전히 시간이 없어서 부주의하게 희생된 인간관계가 몇 번 있었다. 친구들, 또는 내가 사랑하는 사람들과 보내는 시간은 한번 잃으면 되찾을 수 없다.

**작업 공간에서 가장 마음에 드는 점은?**

다용도라는 것. 일터라고 해봤자 뉴욕의 작은 아파트 한구석이기 때문에 무의미하게 공간만 차지하는 물건이 없다. 전부 요긴한 물건뿐이다.

**1억 달러가 주어진다면 사업을 지금과 다르게 경영할 건가? 무엇을 바꿀 텐가?**

에펠탑 꼭대기에서 '회의'를 더 많이 열겠다. 그 위에서도 와이파이가 잘 터지겠지?

**성공의 밑거름이 된 실수가 있다면?**

프리랜서 작가로서 내가 한 가장 큰 실수는 너무 많은 프로젝트 제의를 수락한 것이다. 나는 가난한 유년을 보냈고, 손을 벌릴 사람이 없어서 혼자 힘으로 생계를 꾸려야 했다. 그래서 항상 일이 충분하지 않을까봐 불안했다. 언젠가는 2주 내내 아침 8시부터 새벽 4시까지 일하는 생활을 반복했다. 당연히 제정신을 붙들기 어려웠다. 울면서 일

Never go with
a hippie
to the
second location
Lord loves a
working man
Don't trust
whitey
See a doctor
and get rid
of it
who's house?
LOIS LANE
I AM CURIOUS (BLACK)
Hey Girl.
WHEREVER
BOOKS
ARE SOLD
FEMINIST
RYAN GOSLING
Feminist Theory
from Your
Favorite Sensitive
Movie Dude
FEMINISTRYANGOSLING.TUMBLR.COM

을 했다. 마감기한을 꼭 지킨다는 게 내 자부심이라 편집자들에게 도움을 청할 수도 없었다. 그때만큼 엉망으로 일하고, 열패감에 젖은 적은 없었다. 그 시기를 넘긴 뒤 나는 적은 돈을 받으면서 매일 일해야 하는 작은 프로젝트를 맡는 것보다 돈을 많이 주는 큰 프로젝트를 맡는 게 낫겠다고 결정했다. 아직도 가끔은 생계 걱정에 겁이 더럭 나지만 그때의 결정으로 인해 지금은 보다 효율적으로 일할 수 있다.

**밤잠을 설칠 만큼 두려운 일이나 직업적인 고민이 있다면?**

주류에서 밀려날까 겁난다. 인종, 젠더, 계급에 대해 쓰는 걸 좋아하다 보니 종종 내가 다른 다양한 주제에 대해 쓸 수 있다는 사실이 간과된다.

**개인적 또는 직업적 모토가 있다면?**

자신에게 허락해라. 나는 전문 창작자가 될 자격이 없다고 생각했고, 몇 년에 걸쳐 스스로를 설득해야 했다.

**자신감이 떨어지거나 난관에 부딪혔을 때 극복하는 본인만의 비결이 있다면?**

울면서 친구에게 전화를 걸어서 친구를 잔뜩 걱정시킨다. 친구와 나 둘 다 감정적으로 격해지면 친구에게 내가 이걸 전에도 극복했으니 이번에도 잘 극복할 거라 말해달라고 부탁한다. 아, 그리고 트위터를 끈다.

**당신다운 모습으로 당신이 사랑하는 일을 하도록 영감을 주는 문구가 있다면?**

메리 올리버의 시 〈기러기〉 전문. 아름답고 사려 깊고, 내가 거칠고 광활한 세상의 일부라는 사실을 일깨워주는 시다. 하지만 당장 동기부여가 필요할 땐 할머니의 말을 생각한다. "덤빌 테면 덤벼." 우리 할머니는 몸집이 자그마하고 매서운 사람이다. 내가 쫓아버릴 수 없는 장애물은 없다. 최고에게서 배웠으니까.

**스스로 생각하는 자신의 장점은?**

나는 아주 재미있는 사람이고 겸손하기까지 하다!

**10~20년 전 자신에게 들려주고 싶은 말은?**

---

세상엔 네 목소리가 필요하니까 남들의 생각에 너를 맞추려 하지 마. 남들이 너를 뚫어져라 쳐다보게 만들어. 남들이 널 기억하게 만들어.

---

**일할 때 반드시 챙기는 도구나 물건, 의식이 있나?**

타이핑하기 전에 손으로 아이디어를 적어야 한다. 무인양품 0.38밀리미터 펜을 사랑한다. 생각의 속도에 뒤처지지 않고 아이디어가 사라져버리기 전에 받아 적을 수 있는 완벽한 펜촉이다.

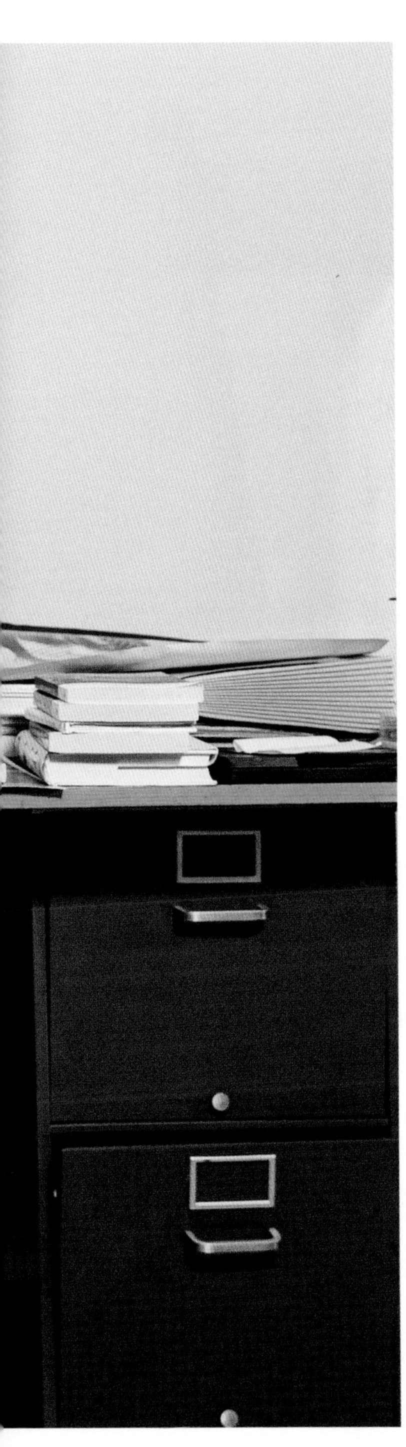

# 조애너 아빌레스

일러스트레이터 | 뉴욕

주로 패션 일러스트를 그리며 곧 펭귄북스에서 출간될 책 〈D C-T!〉 준비 중

"회의감에 사로잡힐 때마다
어렸을 때의 나를 생각한다.
어렸을 때 좋아했던 것들이
나의 이정표가 되어준다."

**어렸을 적 꿈은?**

최근에 발견한, 여덟 살 때쯤 쓴 일기장에 이렇게 적혀 있었다. "어른이 되면 어린이책 일러스트레이터, 인테리어 디자이너, 배우가 되고 싶다." 일러스트레이터라는 직업에는 인테리어 디자이너와 배우의 일도 녹아 있다고 생각한다. 공간과 사람을 구현하고, 시각화해서 그려야 하니까. 어렸을 때 나는 아빠와 함께 계속 그림을 그리고 싶은 마음뿐이었다.

**다른 여성 창작자에게서 가장 존경하는 점은?**

여성들은 모두가 '괜찮은지' 확인하는 버릇을 타고나는 것 같다. 나도 그렇다. 그래서 자기 자신을 돌보는 걸 우선순위로 하는 여성을 보는 게 참 좋다. 남을 만족시키기 위해 굽히지 않는 사람을 존경한다. 주위 사람들 모두의 입맛을 맞추려면 산만해질 수밖에 없다. 애가 생기면 다 부질없는 고민이지만.

**당신에게 성공이란?**

내게 성공은 두 가지다. 하나의 성공은 즐거움과 승리감과 한 발짝 물러설 자유다. 내 경우엔 그림으로 실제로 생계를 유지하고 있음을 깨달았을 때 성공한 기분이었다. 9살의 내가 29살의 나를 보면 어떻게 생각할지 즐겨 상상하곤 한다. 또 다른 성공은 작업으로 어딘가에 도달하고 있다는 느낌이 드는 것이다. 발전하고 있고, 정말 나답게 느껴지는 무언가에 점점 더 가까이 다가가고 있다는 느낌. 지금까지 경험에 비추어보건대, 감사하게도 성공은 평생에 걸쳐 추구해야 하는 것 같다.

**작업 공간에서 가장 마음에 드는 점은?**

나는 집에서 일한다. 아빠가 〈루시태니아Lusitania〉라는 소규모 예술·정치 저널을 내던 시기에 사무실로 쓰던 공장을 개조한 아파트다. 공간의 틀에서 찻주전자까지 곳곳에서 아빠가 느껴져서 좋다. 층고가 높은 것도 마음에 들고.

**성공의 밑거름이 된 실수가 있다면?**

그림과 글을 결합시키는 방법을 여럿 시도해보았다. 몇 달 동안 〈뉴요커〉에 만화를 투고했는데, 내가 봐도 형편없는 작품이었다! 관습대로 매주 사무실에 가서 직접 만화 편집자에게 원고를 제출했고, 초짜들이 대개 그렇듯 매주 퇴짜를 맞았다. 후에 돌이켜 생각해보니 이때의 경험은 나를 대단히 자유롭게 했다. 내 창작물을 덜 소중하게 생각하게 되었고, 거절당하는 두려움에서 해방되었으니까. 지금 하는 게 잘 풀리지 않는다고? 다시 시도하라. 그리고 직감을 따르라.

**자신감이 떨어지거나 난관에 부딪혔을 때 극복하는 본인만의 비결이 있다면?**

회의감에 사로잡힐 때마다 어렸을 때의 나를 생각한다. 뻔하고 유치하게 들릴지도 모르겠지만, 어렸을 때 좋아했던 것들이 나의 이정표가 되어준다. 처음 꿈을 발견했던 순간과 좋아하는 일로 나를 이끈 계기를 떠올리면 나라는 사람의 순수한 뿌리에 다다를 수 있다. 혼자 그림을 그리고 새로운 세계를 창조하던 시간들, 부모님 소파에서 책에 코를 박고 보낸 오후들, 내가 정말 관심 있던 것들을 접했을 때의 짜릿함을 되살린다. 그러면 소란스러운 현재에서 벗어날 수 있다.

**10~20년 전 자신에게 들려주고 싶은 말은?**

---

‘직업의 날’에 듣는 설명을 그대로 믿진 마.
업계도 직업도 들여다보면 다 미묘하게 다르거든.

---

**슬럼프를 극복하고 영감을 얻는 당신만의 비결은?**

엄마에게 전화해서 불평을 늘어놓는다.

**좋은 하루를 시작하기 위해 매일 아침 첫 번째로 하는 일은?**

개를 키우다 보니 선택권이 없다. 매일 새벽같이 긴 산책에 나서야 한다. 정적인 일러스트레이터의 삶에 나의 반려견 페페가 활력을 불어넣는다.

**당신다운 모습으로 당신이 사랑하는 일을 하도록 영감을 주는 문구가 있다면?**

---

어느 해인가 아빠가 여름 캠프로 편지를 보내주었다.
아빠가 그린 작고 귀여운 괴물인지 동물인지의
말풍선엔 이렇게 적혀 있었다.
“중요한 건, 너 자신이 되는 거야!”
단순하지만 완벽하고 진실한 말이다.
아빠가 돌아가신 뒤 나는 이 문구를 반지에 새겼다.
우울할 때 이 말을 생각하면 기운이 나고
사랑받는 기분이 든다.

---

# 앨리스 랜들 × 캐롤라인 랜들-윌리엄스

작가 · 식품 운동가 | 모건타운, 웨스트버지니아

〈Soul Food Love〉를 공동 집필했으며 건강한 공동체를 지원하는 식량 운동 활동 중

"즐거움으로 고통을 이겨낼 수 있다."

**어렸을 적 꿈은?**

앨리스　7학년 때 제인 구달의 〈인간의 그늘에서〉를 읽고 저자의 독립성, 지성, 모험에 매료되었다. 나는 내 영웅 "탄자니아, 곰베 스트림, 제인 구달"을 수신인으로 하는 항공우편을 보내 인류학자가 되겠다는 포부를 밝혔다. 1년 뒤 나는 구달에게서 자필 답장을 받았다. 언젠가 스탠포드 대학교에 와서 자신과 함께 연구하자는 내용이었다. 나는 1977년에 하버드 대학교에 입학해서 저명한 인류학자 어빈 드보어Irven DeVore의 '기이한 영장류, 인간'이라는 강의를 들었는데, 교수는 구달을 싫어했다. 그즈음 나는 인류학자 출신 흑인 소설가 조라 닐 허스턴Zora Neale Hurston의 작품을 접했다. 지금도 나는 인류 문화와 생활의 디테일과 다양성에 매혹된다. 하지만 인류학에 대한 나의 열정은 곧 인간 행동을 탐구하는 소설을 쓰는 것으로 옮아갔다. 조라 닐 허스턴의 발자취를 따른다는 생각이 마음에 들었다.

**다른 여성 창작자에게서 가장 존경하는 점은?**

앨리스　세상에 없는 것에 대해 불평하지 않고, 기꺼이 그것을 창조해내는 의지.

캐롤라인　자신이 겪은 일을 증언하고 진실을 밝히는 데 인생을 바친 여성들이 있다. 자신을 위해, 그리고 남들이 들을 수 있게 소리 높여 개인적·사회적 정의를 위해 싸우는 작품을 보면 경이로움에 사로잡힌다. 그런 작품을 만드는 데 필요한 배짱과 취약성을 가장 높이 평가한다.

**당신에게 성공이란?**

앨리스　소설가로서 성공은, 스스로를 위해 말할 수 없는 사람들을 대신해 말해주는 것이다. 이미 죽은 사람들, 목소리를 박탈당한 사람들을 위해. 우리가 일반적으로 아는 것보다 더 많은 여성들이 공적인 목소리를 빼앗겼다. 세상이 알 필요가 있는 숨겨진 이야기들을 찾고, 이해하고, 대신 이야기하고자 한다. 식품 운동가로서 성공은, 내 작업 덕분에 당뇨병 환자가 1년에 한 사람이라도 덜 생기는 것이다. 어머니로서 성공은 내 딸이 단 한 순간도 자신이 사랑받고 존중받는다는 사실을 의심하지 않는 것이다.

캐롤라인　내게 성공은 인생을 살아가는 것, 펜의 힘으로 인생을 사는 것이다. 시집이든 요리책이든 내 책으로 사람들을 움직이고 참여시키고 살아가게 하고 싶다. 그럼으로써 나도 살 수 있다.

**일하면서 가장 크게 희생한 것은?**

캐롤라인　프라이버시. 가장 터놓기 힘든 경험과 고통이야말로 가장 터놓고 말해야 하는 것인 경우가 많다. 어떤 사람들은 창조적 작업과 사생활을 구분할 수 있다지만 나는 그렇지 못하다. 중요하거나 공유해야 한다고 생각하는 건 아무리 개인적인 것이라도 공개한다.

**작업 공간에서 가장 마음에 드는 점은?**

---

앨리스 모녀가 힘을 모아 만들었다는 것. 나는 딸과 함께 책을 쓴다는 흔치 않은 특권을 누리고 있다.

캐롤라인 하이브리드라는 것. 식탁에서 일한다는 건 하루, 일주일, 인생에 많은 의미를 더한다. 식탁에 책을 놓고 서재에서 음식을 먹는 덕분에 나는 여러 역할을 동시에 수행할 수 있다. 음식과 글쓰기는 인생 내내 내 곁에 함께할 거다. 내 작업 공간은 둘의 관계를 놀라운 방식으로 발전시킨다.

---

**자신감이 떨어지거나 난관에 부딪혔을 때 극복하는 본인만의 비결이 있다면?**

앨리스 지금껏 이룬 것들을 생각한다. 즐거움으로 고통을 이겨낼 수 있음을 기억한다. 나는 유년 시절 심하게 학대받았다. 돌아가시기 전 우리 어머니는 내가 자신의 학대 때문에 죽거나 교도소에 가게 될 거라고 생각했다고 인정했다. 그러나 나는 어머니 말고도 많은 사람에게서 영향을 받았다. 할머니, 이모들, 유치원 때부터 사귄 친구들 애니타, 레슬리, 미미, 존. 이제 내겐 딸 캐롤라인이 있다. 우울할 때면 내 곁의 사람들이 나를 보는 방식으로 스스로를 보려고 노력한다. 그러면 내가 누구인지를 기억할 수 있다. 백발백중 통하는 비결이다. 나는 어렸을 적 친구들과 하늘 높이까지 그네를 탔고, 올라간 높이에 해당하는 단어를 지어내곤 했다. 유년 시절 나눈 우정과 기적처럼 찾아온 딸과의 우정이 나를 살게 한다. 좋아하는 노래를 들으며 침실에서 혼자 춤추는 것도 도움이 된다.

캐롤라인 곁에 어머니가 계시다는 사실이 무척이나 힘이 된다.

**개인적 또는 직업적 모토가 있다면?**

캐롤라인 본디 셰익스피어의 골수팬이라서 〈헨리 5세〉에 나온 문장을 골랐다. "친우들이여, 한번 더 돌파해보세." 끊임없이 앞을 향해 나아가는 정신이 좋다.

**지금 세상에 더 필요한 게 있다면? 줄여야 할 게 있다면?**

앨리스 낙관주의와 관용이 더 필요하고 옹졸함을 줄여야 한다.

캐롤라인 교사의 수와 그들이 받는 보수를 늘려야 한다.

**10~20년 전 자신에게 들려주고 싶은 말은?**

---

앨리스 계약서를 꼼꼼히 읽어라.

캐롤라인 17세의 나 자신에게 말해주고 싶다.

"네가 아름답지 않다고 생각하는 것들은 사실 아름다워. 너도 그걸 알게 될 거고, 행복해질 거야."

---

**과거와 현재를 통틀어 가장 존경하고 닮고 싶은 여성은?**

앨리스　너무 많은데…… 한 사람만 꼽으라면 해리엇 터브먼Harriet Tubman. 나는 어려서부터 그녀를 알았다. 처음 그녀의 삶에 대해 듣고 느낀 감동이 지금까지도 생생하다. 해리엇은 자유의 몸이 되고도 계속해서 위험을 무릅쓰고 남부로 돌아가 다른 이들의 해방을 도왔다. 그녀의 이타심, 용기, 능력, 상상력, 그 모든 걸 사랑한다.

캐롤라인　동점자가 셋이다. 어머니, 마야 안젤루, 엘리자베스 1세 여왕.

**개인적 또는 직업적 모토가 있다면?**

---

앨리스　어렵고 옳은 일을 해라.

지금보다 세 배는 더 착해지고, 원하는 걸 가져라.

무언가가 어디 있는지 모른다면, 어디 없는지도 모르는 거다.

---

# 애나 본드

예술가 · 디자이너 | 윈터파크, 플로리다

국제적인 문구류 및 라이프스타일 브랜드 〈Rifle Paper Co.〉 공동 창립자

"상황에 적응하고 냉정하게 자평해라."

**어렸을 적 꿈은?**

긴 장래희망 목록이 있었다. 선생님, 어머니, 건축가, 작가, 사회복지사, 예술가. 결국은 그중 한 번도 목록에서 빠지지 않은 예술가의 길에 초점을 맞추게 되었다. 예술가의 커리어를 추구한다는 게 어떤 의미인지 깨닫는 데는 오랜 시간이 걸렸다. 딱하게도 초등학교 때 내가 그래픽 디자이너나 제품 디자이너가 될 수 있다고 알려준 사람은 아무도 없었다. 아이들이 어릴 때부터 가능한 한 여러 종류의 직업에 노출시키는 게 중요하다고 생각한다.

**창업할 때 들은 최고의 조언은?**

언제나 유연하라는 것. 사업을 조정하고 바른 방향으로 나아가려면 상황에 적응하고 냉정하게 자평하는 게 중요하다.

**성공의 밑거름이 된 실수가 있다면?**

나는 계속해서 무엇이 시장에서 통하는지 배우면서 성공을 향해 나

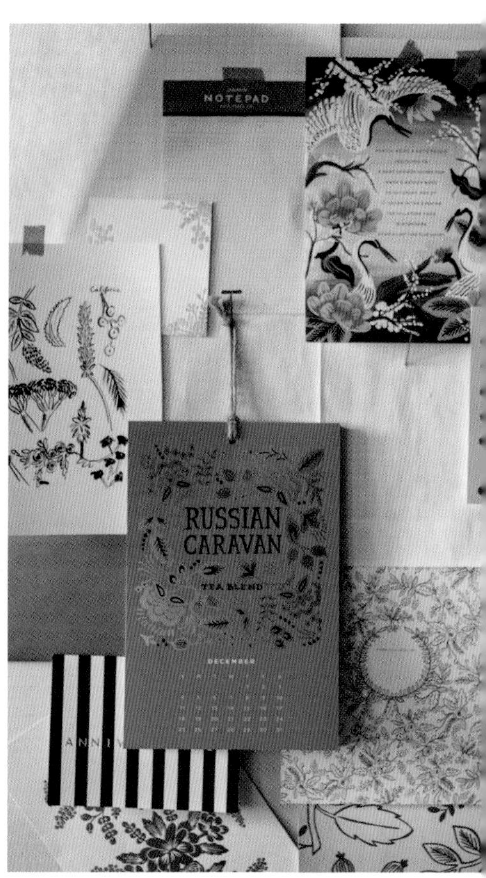


아가고 있다. 시간이 흐르며 가게 진열대에서 어떤 디자인이 제일 잘 팔리는지 알게 되었고 내가 대성공을 거두리라 생각했던 제품이 완전히 망하는 것도 목격했다. 실전 경험에서 배우는 게 많다.

**당신의 전문 분야를 처음 접하고, 일하게 된 경위는?**

돌이켜보면 내가 지금 하고 있는 일을 찾은 건 여러 관심사가 하나로 모아지는 과정이었다. 어렸을 때 나는 우표와 학용품을 좋아했다. 예닐곱 살 때 아빠에게 '애나스 로고 샵'이라는 인쇄회사를 차리고 싶다고 말한 적도 있다. 잡지 레이아웃, 앨범 커버, 그림에 매혹되었다. 나는 대학에서 그래픽 디자인을 공부한 다음 프리랜서의 길을 택했지만, 내 사업에 목말라 있었다. 스스로 무언가를 만들어낼 추진력도 있었다. 결국 문구회사를 런칭하고 내가 어려서부터 사랑했던 것들을 전부 할 수 있게 되었다.

**창업 전 고려해야 할 가장 중요한 세 가지는?**

---

1. 실행 가능하고 독창적이고 시장에 필요한가?
2. 성공을 위해 끝까지 밀고 나갈 추진력과 자기 규율이 있는가?
3. 한 걸음 물러나 내가 하는 일을 객관적으로 평가하고, 조정하고, 변화시킬 의향이 있는가?

---

**지금까지 축적한 노하우를 가지고 처음으로 돌아간다면 바꾸고 싶은 것은?**

도움을 더 많이 구하고 멘토를 찾을 것이다. 당시엔 업계에 아는 사람도, 조언을 구할 사람도 없었다. 일을 하면서 배워나갔다. 멘토가 있었더라면 한결 수월했을 거다.

# 도미니크 브라우닝

작가 · 활동가 | 리틀 컴튼, 로드 아일랜드

〈House & Garden〉의 잡지 편집장이었으며 〈Moms Clean Air Force〉 공동 설립자

"누구나 한 번쯤은 넘어진다. 중요한 건 회복력,
헛디딤에서 배우고 다시 추진력을 얻고
필요하다면 변신한다."

**어렸을 적 꿈은?**

영화 〈겟 스마트〉에 나오는 스파이. 다른 행성에서 살 수 있는 우주비행사. 엄마가 이래라저래라 하는 게 지겨워서, 남의 말을 듣지 않아도 되는 대장.

**다른 여성 창작자에게서 가장 존경하는 점은?**

회복력. 누구나 한 번쯤은 넘어진다. 중요한 건 회복력, 헛디딤에서 배우고 다시 추진력을 얻고 필요하다면 변신하는 능력이다. 그래서 나는 징징거리는 사람들이 한심하다. 그럴 시간에 앞으로 나아가라.

**당신에게 성공이란?**

성공에 대한 나의 정의는 적립식이다. 우선 성공의 최소 조건은 먹고 살 수 있는 직업을 가지는 것이다. 그 조건이 충족되면 일을 하면서 끊

임없이 배울 수 있는 좋은 직업을 가지는 것. 다음으로는 공해를 유발하는 기업들과 싸우거나 독자에게 즐거움을 주어서 세상을 더 나은 곳으로 만드는 것이다. 이렇듯 내게 성공의 기준은 점점 높아간다. 그러니 나는 영영 성공할 수 없을지도 모른다. 하지만 붓꽃 꽃밭의 잡초를 뽑거나 토마토 갈레트를 만들었을 때에도 대단히 성공한 기분이 드는 걸 보면, 어쩌면 내게 성공이란 단순히 내가 할 수 있을지 몰랐던 것을 해내는 것일지도 모른다.

**일하면서 가장 크게 희생한 것은?**

---

아이들과 보내는 시간.
솔직히 말하건대 끝없이 지루한 아이 보기에서
헤어날 수 있어 한숨 돌린 날들도 많았다. 그래 봤자
날 기다리는 건 끝없이 지루한 글쓰기였지만.
뒤돌아보면 잃어버린 시간이 통렬하게 느껴진다.
그러나 하루 종일 아이들 곁에 붙어 있었어도
비슷한 후회를 느꼈을지 모른다. 급히 덧붙이는데,
아이들은 내게 직업이 있다는 걸 무척 좋아한다.

---

**자신감이 떨어지거나 난관에 부딪혔을 때 극복하는 본인만의 비결이 있다면?**

말했듯이 회복력이 내 인생의 열쇠다. 내가 어려움을 극복하는 방법엔 7단계가 있다.

1. 분노를 폭발시키고 김을 내뿜고 화내고 욕하고 머리를 쥐어뜯는다.

(다만 남들 앞에선 자제해라. 온라인에서도 금물이다.)

2. 애도한다. 일에 차질이 생기면 슬프고, 우울하기도 하다. 하지만 두 감정을 혼동해선 안 된다. 잃어버린 것에 마음껏 슬퍼하되 우울해하진 마라.
3. 움직인다. 슬픔이 온몸을 마비시키는 우울로 번지길 원치 않는다면 하루 몇 차례씩 밖에 나가서 산책을 하라. 뺨에 닿는 공기를 느껴라. 전진하는 힘을 느껴라.
4. 도움을 청한다. 성공하는 사람들은 강하고 독립적이지만 도움을 구할 줄 안다. 우리는 남들을 기꺼이 도우면서도 자신에게 도움이 필요할 때 도움을 구하는 걸 어려워한다. 도움이 필요하다고 인정하는 게 약함의 증표가 아니라, 남들에게 기여할 기회를 주는 존중의 증표라는 걸 기억하라.
5. 생각을 뒤집는다. 이건 단순한 난관이 아니라 더 나은 자신이 될 기회다.
6. 두려움을 인지하고 그것을 존중한다. 성장이 이루어지는 건 가장 두려운 순간들에 있다.
7. 부정적인 생각은 없앤다. 묻지도 따지지도 말고 그냥 없앤다. 억지로라도 없앤다. 모든 게 자기 잘못이었다는 오만한 생각을 그만둔다. 우리에겐 실제로 그만한 통제권이 없고, 살다 보면 불운이 따르는 게 당연하다. 지금 생각해야 할 건 그 상황을 어떻게 타개할 것인가다. 이게 정말로 재미있고, 심지어는 짜릿한 부분이다.

# 애나 세라노

예술가 | 로스앤젤레스, 캘리포니아

드로잉, 콜라주, 조각, 모션 등 다양한 요소를 활용해 사회적인 주제의 작품 활동 중

"성공이란 자신의 날들을 원하는 대로 보낼 수 있는 자유다."

**어렸을 적 꿈은?**

창작자. 그중에서도 건축가, 패션 디자이너, 사진작가를 꿈꿨다. 나는 호기심이 넘치는 아이였다.

**창업할 때 들은 최고의 조언은?**

"먼저 원하는 걸 만들고 적용할 방법은 나중에 생각하라." 나를 해방시킨 조언이다. 예전엔 작품을 만들고 결과를 낼 생각에 골몰하다가 창작이 막히기 일쑤였는데, 자연스럽게 떠오르는 아이디어를 일단 실행에 옮기기 시작하니 내 고유한 목소리를 낼 수 있었고 들어주는 관객도 생겼다.

**작업 공간에서 가장 마음에 드는 점은?**

바닥이든 어디든 페인트가 묻어도 괜찮다는 것. 마음껏 어질러도 되니 작업 스트레스가 덜하다.

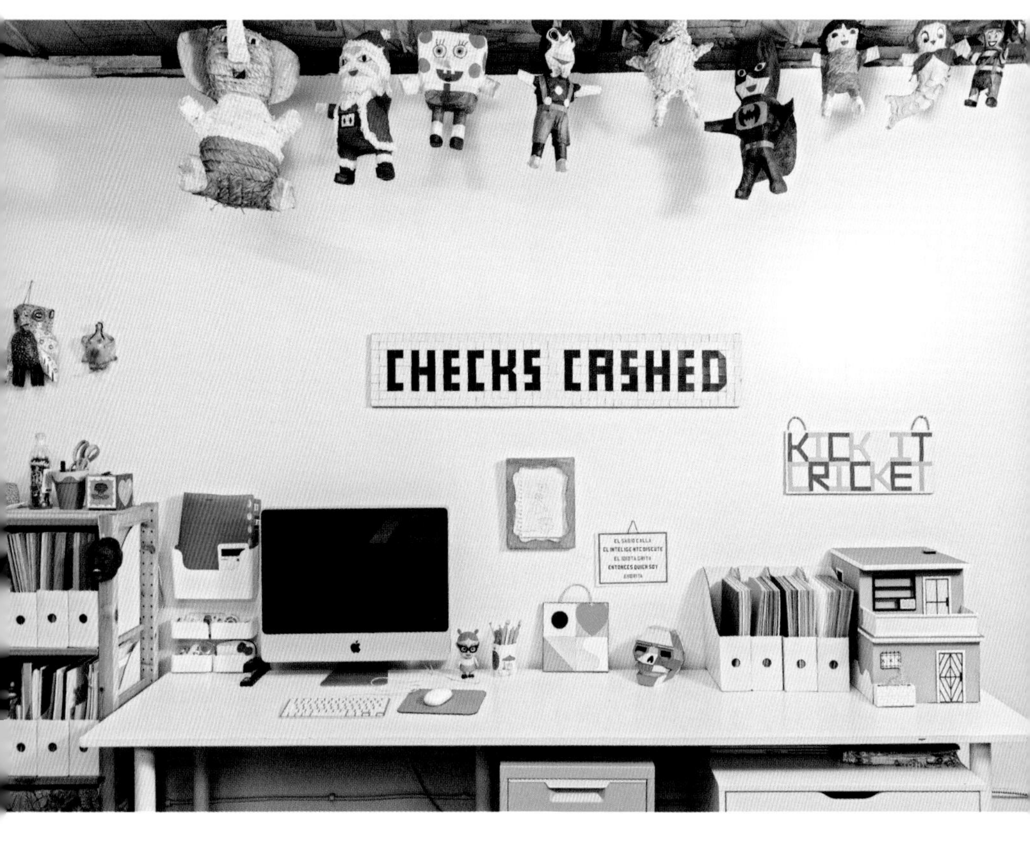


**자신감이 떨어지거나 난관에 부딪혔을 때 극복하는 본인만의 비결이 있다면?**

예술가 친구들과 대화한다. 작업의 부침에 대해 터놓고 얘기할 수 있는 친구가 많아 행운이다. 우리는 모두 비슷한 고민과 비슷한 두려움에 시달리지만, 함께 대화하고 의논하면 한결 극복하기 쉬워진다.

**당신다운 모습으로 당신이 사랑하는 일을 하도록 영감을 주는 문구가 있다면?**

"인생은 짧다." 인생의 시야를 넓혀주는 문구다. 이 말을 생각하면 살아 있고 건강하다는 것에 감사하게 되고, 행복이나 사랑하는 사람들과 시간을 보내는 것처럼 진짜로 중요한 것들에 집중하게 된다.

**지금까지 축적한 노하우를 가지고 처음으로 돌아간다면 바꾸고 싶은 것은?**

어떻게 해야 되는지 몰라서 미뤄둔 것이 많다. 누군가에게 도움을 청했더라면 좋았을 거다.

**스스로 생각하는 자신의 장점은?**

압박받는 상황에서도 빠르게 일할 수 있는 집중력.

**슬럼프를 극복하고 영감을 얻는 당신만의 비결은?**

일과를 끝내고 집에 돌아갈 때 일부러 먼 길을 택해 가보지 않은 거리를 운전해본다. 도시는 언제나 내게 영감을 준다. 도서관에 가서 예술 서적을 보는 것도 좋다. 새로운 걸 발견할 수 있다.

**과거와 현재를 통틀어 가장 존경하고 닮고 싶은 여성은?**

레이 임스Ray Eames. 예술과 디자인을 일상에 녹여낸 그녀를 존경한다.

**당신에게 성공이란?**

---

자신의 날들을 원하는 대로 보낼 수 있는 자유.

---

# 아일린 피셔

패션 디자이너 · 사업가 | 어빙턴, 뉴욕

단순함과 지속 가능성을 목표로 한 여성 패션 브랜드 〈Eileen Fisher〉 대표

"유기적으로 성장해라.

자신보다 앞서 나가려 하지 마라."

**어렸을 적 꿈은?**

댄서가 되고 싶었다. 댄스 레슨을 받은 적은 없지만.

**창업할 때 들은 최고의 조언은?**

유기적으로 성장해라. 자신보다 앞서 나가려 하지 마라. 정말로 즐겁고 유익한 제품을 만들면 이윤은 자연스럽게 따를 것이다.

**당신에게 성공이란?**

고객의 행복, 우리 옷을 좋아하는 여성 소비자들이 많아지는 것, 세상에 긍정적 영향을 미치는 것, 지속 가능한 성장을 이루고 여성 리더십을 함양하는 것, 직원들과 다른 여성 사업가들을 돕는 것.

**성공의 밑거름이 된 실수가 있다면?**

사업 초기에 나는 프렌치 테리 원단을 주요 패브릭으로 사용했는데,

그건 재난과도 같은 결정이었다. 덕분에 패브릭 선택의 폭을 넓히면 실루엣을 동일하게 유지해도 컬렉션을 확장할 수 있다는 것을 배우게 됐다. 패브릭을 다양화한 후 사업이 폭발적으로 성장했다. 이렇듯 내가 마주했던 난관들은 전부 새로운 기회를 열어주었다.

**밤잠을 설칠 만큼 두려운 일이나 직업적인 고민이 있다면?**

---

브랜드의 본질을 유지하는 게 고민이다. 사업체로서 이윤을 규정하고, 지속 가능한 사업 모델을 적용하는 것도. 내가 느끼는 가장 큰 공포는 대중 앞에서 말하는 거다. 소규모의 사람들 앞이든 객석 앞이든 강연은 두렵다.

---

**이 일을 하면서 맛본 최고의 성공은? 혹은 스스로 평가하기에 지금껏 가장 잘한 일은?**

30년이 지난 지금도 핵심 디자인 콘셉트가 여전히 시장에 통한다는 것. 우리 회사가 분명한 목적을 가지고 지속 가능한 경영을 해왔다는 사실도 대단히 자랑스럽다. 우리 회사의 오래된 옷을 재활용하는 '그린 아일린Green Eileen' 프로그램을 통해 들어온 옛날 옷을 보는 것도 좋아한다. 내가 만든 옷이 오랜 세월을 버티고 지금까지도 사람들에게 입혀지는 걸 보면 기분이 좋다.

**지금까지 축적한 노하우를 가지고 처음으로 돌아간다면 바꾸고 싶은 것은?**

너무 앞만 보고 달리는 대신 보다 침착하게 천천히 움직이고, 보다 신중하게 결정을 내렸을 거다. 좀 더 일찍 나 자신을 내 인생의 주인공으로 만들었을 거다. 내 삶을 우선순위로 했을 거다.

**지금 세상에 더 필요한 게 있다면? 줄여야 할 게 있다면?**

---

사랑, 행복, 즐거움이 더 필요하고 물건을 줄여야 한다. 제대로 된 몇 개의 물건만 있으면 된다.

---

**슬럼프를 극복하고 영감을 얻는 당신만의 비결은?**

'목적 의자'에서 시간을 보낸다. 글을 쓰는 것도 좋다. 일기장에 몇 페이지씩 생각을 쏟아내면 머릿속의 혼란이 정리되고 시야가 명료해진다. 그로써 다음에 뭘 해야 할지 결정할 수 있다.

# 제시카 니콜

배우 · 창작자 | 로스앤젤레스, 캘리포니아

폭스 TV 시리즈 〈Fringe〉를 비롯해서 다수의 영화, TV 시리즈에 출연

"퀴어 유색 인종 여성으로서 소수자가 너무나 적은 업계에서 일한다는 데 자부심을 느낀다."

**어렸을 적 꿈은?**

광고작가 또는 해양생물학자. 유년 시절엔 음악 레슨을 받을 형편이 못 되어서 생일선물로 받은 싸구려 전자 오르간을 그렇게 좋아했는데도 연주하는 방법을 끝까지 배우지 못했다. 중학교 때 해양생물학자가 되려면 물속에서 상당한 시간을 보내야 한다는 걸 알고, 바다에 나가는 게 무서워서 이 꿈도 버렸다. 어느 날 학교에서 무료로 열린 연극 수업에 참여했다가 무대 체질이라는 사실을 깨달았다. 고등학교를 졸업할 즈음 내 꿈은 '배우'가 되어 있었다.

**다른 여성 창작자에게서 가장 존경하는 점은?**

---

아니라고 말할 수 있는 능력. 나는 20대가 되기 전까지는 스스로에게 거절할 힘이 있다는 걸 몰랐고 솔직히 말해 지금도 거절하는 것이 마냥 편하진 않다. 하지만 거절은 내가 배운 것 중 내게 가장 큰 힘을 주는 행위다.

---

**작업 공간에서 가장 마음에 드는 점은?**

아, 내겐 작업 공간이 너무나 많다! 내 일에서 가장 마음에 드는 점은 하나의 공간에 얽매이지 않아도 된다는 거다. 집 전체가 내 일터다. 그게 밴쿠버에서 4년을 일한 뒤 뉴욕으로 돌아가는 대신 로스앤젤레스로 이주한 주된 이유였다. 내겐 공간이 필요했고 그 공간을 십분 활용했다. 이 넓은 공간이 없었다면 지금 내가 할 줄 아는 것의 반도 배우지 못했을 거다.

**1억 달러가 주어진다면 사업을 지금과 다르게 경영할 건가? 무엇을 바꿀 텐가?**

지금 나는 남의 의뢰를 받고 일하므로 언제, 어떻게, 얼마나 열심히 일해야 할지를 스스로 정하지 못한다. 큰돈이 생긴다면 나 자신의 연기 사업을 벌이고 싶다. 각본을 찾고, 다양한 배우와 작가들과 역동적이고 독창적인 콘텐츠를 창조하는 건 정말 신나는 일일 거다. 그리고 그

B 350
BERNINA

돈으로 사업을 확장해서 LGBTQ와 우리 사회의 위기에 처한 청소년들을 위한 비영리 사업에 투자할 거다. 이들을 위한 프로그램은 아무리 많아도 부족하니까. 내 꿈은 어린이와 10대 청소년에게 못 쓰게 된 물건을 손수 재활용하고, 다른 용도로 사용하는 방법을 가르치는 것이다.

**밤잠을 설칠 만큼 두려운 일이나 직업적인 고민이 있다면?**

배우로서 가장 큰 두려움은 내 성 정체성으로 인해 연기할 수 있는 역할에 제약을 받는 거다. 나는 피부색 때문에 이미 많은 배역에서 배제된다. 미국 영화와 텔레비전에서 주역은 대다수가 백인이니까. 하지만 할리우드의 호모포비아적 캐스팅 관습은 인종차별보다 교활하고, 입증이 불가능하다. 내가 할 수 있는 건 걱정으로 밤을 지새우고 같은 고민을 하는 배우 친구들과 위안을 나누는 게 전부다. 나는 퀴어 유색인종 여성으로서 소수자가 너무나 적은 업계에서 일한다는 데 자부심을 느낀다. 커밍아웃을 한 건 두렵지 않다. 그러나 내가 능력 있는 사람들의 다양한 서사에 가치를 두지 않는 업계에서 일하고 있다는 건 두렵다.

**자신감이 떨어지거나 난관에 부딪혔을 때 극복하는 본인만의 비결이 있다면?**

배우 커리어가 난관을 맞으면 내가 잘하고 좋아하는 다른 것에 집중한다. 배역을 맡기에 나이가 너무 많고 매력적이지 못하고 인상이 흐릴지라도, 나는 이 근사한 드레스를 만들 줄 아니까!

**지금 세상에 더 필요한 게 있다면? 줄여야 할 게 있다면?**

---

취미가 있는 사람이 더 많아져야 한다.

말보다 실천이 어렵지만. 대부분의 취미가 여분의 시간과 돈과 공간을 필요로 하므로 이 나라의 성인 대다수에겐 사치다. 그러나 삶에 즐거움을 주는 활동과 경험은 자신감을 키우고, 행복해지는 데 굉장히 유익하다.

---

# 메리 베르디-플레처

댄서·안무가 | 클리브랜드, 오하이오

최초의 휠체어 전문 무용수로 〈The Dancing Wheels Company & School〉 창립자

"사랑으로 이끌어라."

**어렸을 적 꿈은?**

기억할 수 없을 만큼 어렸을 때부터 어머니를 따라 댄서가 되고 싶었다. 나는 세 살 때 휠체어를 타고 있었는데도 사람들에게 댄서가 되고 싶다고 말하고 다녔다.

**다른 여성 창작자에게서 가장 존경하는 점은?**

과감하게 꿈꾸고 성공적인 커리어를 일궈내는 여성들에게서 뿜어져 나오는 내면의 힘을 존경한다.

**작업 공간에서 가장 마음에 드는 점은?**

일하는 시간의 90퍼센트는 음악이 켜져 있다.

**성공의 밑거름이 된 실수가 있다면?**

초기에 회사를 잃을까 두려웠던 나머지 지식과 기술에서 나보다 앞서는 다른 사람들에게 의존했다. 그들이 자신의 자아를 배불리고, 내

SCHWALBE

회사와 나를 이용하도록 놔두었다. 회사를 운영할 사람들을 잘못 뽑은 거다. 그때 나는 내가 이용당하고 있는 것도 몰랐다. 매 맞는 아내에 견줄 만한 관계였다. 그들을 떠나보내고 내 인생과 회사의 방향을 다시 스스로 통제하게 되면서 못된 상황을 벗어날 수 있었다. 내 인생 최고의 결정이었다!

**자신감이 떨어지거나 난관에 부딪혔을 때 극복하는 본인만의 비결이 있다면?**

스스로를 꾸짖는다. 변화를 원한다면 직접 키를 쥐고 소매를 걷어붙이고 실행해야 한다고 일러준다.

**당신다운 모습으로 당신이 사랑하는 일을 하도록 영감을 주는 문구가 있다면?**

---

어렸을 때 어머니가 내게 가르쳐준 말이다.
어머니는 사람들이 내 장애에 대해 물으면
"난 장애인이 아니라 메리예요!"라고 답하라고
가르치셨다. 그땐 이유를 몰랐지만 이제는 어머니가
사람들이 내 장애가 아니라 나라는 사람을 보길
바랐다는 걸 안다.

---

**스스로 생각하는 자신의 장점은?**

감정적 힘이 있다.

**개인적 또는 직업적 모토가 있다면?**

사랑으로 이끌어라. 이 모토를 지키면 올바른 근거로 결정을 내릴 수 있다.

**지금 세상에 더 필요한 게 있다면?**

---

자신보다 타인을 섬길 생각을 젊은이들이 더 많이 해야 한다.

---

**무엇을 하다가 창업 아이디어를 얻거나, 하고 싶은 일을 찾았는가?**

비장애인 파트너와 처음 댄스 경연에 나갔다가 〈댄싱 휠즈 컴퍼니〉를 창업할 아이디어를 얻었다. 우리는 2천 명의 관객이 지켜보는 무대에 선 유일한 휠체어 댄서였고, 심사위원과 관중을 놀라게 했다. 우리는 전미에 방영되는 TV 쇼 〈댄스 피버Dance Fever〉에서 2위를 차지했다. 그때부터 나는 전국적 관심을 받기 시작했고, 나머지는 세상에 알려진 대로다!

**일할 때 반드시 챙기는 도구나 물건, 의식이 있나?**

매일 기도한다. 성녀 테레사에게 특별한 기도를 드리는데, 어떤 만트라보다도 낫다고 자부한다.

HUDSON RIVER
STREET MAP
OF
MANHATTAN
MERCI
BEAUCOUP
the

# 랜디 브룩먼 해리스

소품 스타일리스트 | 브루클린, 뉴욕

패션 브랜드와 잡지사 대상의 소품 스타일링 활동 중

"헛된 말은 절대 하지 않는다. 선하고 소박한 분위기에서 나는 누구보다도 재미있고 원만한 사람이다."

**어렸을 적 꿈은?**

언제나 예술가가 되고 싶었다. 예술 작품을 만들면서 조금씩 변화를 주고, 그 효과를 확인하는 게 재밌었다. 하지만 소품 스타일리스트가 되고 난 뒤에야 내 적성이 만들기가 아니라는 걸 깨달았다. 나는 감독하고 실험하고 조립하고, 물건들을 이리저리 움직이고 겹쳐가며 어떻게 보이는지 확인하는 게 좋았다. 그래픽 디자인 전공으로 예술학교를 졸업하고 자취를 시작했을 때 인테리어에 취미를 붙였다. 소품을 이리저리 배치하면서 아파트 내부 풍경을 끊임없이 바꿔나갔다. 그렇게 나는 수년에 걸쳐 실험을 했다. 스타일링을 더 일찍 공부하기 시작했으면 그 중요한 실험 단계를 놓쳤을 테니, 스타일링 업계에 늦게 입성한 것에 오히려 감사한다. 다양한 경험을 쌓고 내 힘으로 암중모색하는 시기를 거친 다음 스타일리스트가 되어 다행이다.

**작업 공간에서 가장 마음에 드는 점은?**

집에서 혼자 일하는 건 평화로워서 좋다. 정해진 작업 공간은 없고, 식탁을 사용한다. 식탁 위에는 종이가 산더미처럼 쌓여 있지만 일이 끝나면 전부 쓰레기통 행이다! 버리는 게 제일 신난다. 식사 때마다 치우지 않아도 되는 업무용 책상이 있었더라도 물건을 마구 늘어놓았을 것 같진 않다. 영수증과 필요한 자료는 아코디언 폴더에 정리하지만 그걸 제외하면 종이는 대개 버리는 편이다. 나는 가볍게 일하는 걸 선호한다. 나의 다른 기술적인 작업 공간은 이 도시 전체다. 손에 넣기가 하늘의 별따기인 물건을 어디서 구할 수 있는지 알고, 거의 20년 가까이 뉴욕의 특별한 공간들을 물색해왔다. 발견하는 게 제일 재미있다. 친구들도 찾는 게 있을 때 내게 꼭 도움 요청을 한다. 발견물은 괴상할수록 좋다.

**당신에게 성공이란?**

모두의 소품 스타일리스트 명단에 오르는 것. 한 번 같이 일했던 거래처에서 다시 연락이 오면 기쁘다. 특히 이 일을 할 수 있는 건 오직 나밖에 없다며 내 편의에 맞추어 프로젝트 스케줄을 조정해줄 때 뿌듯하다.

HARPER'S
BAZAAR
please do come to us for Christmas
I understand you sell partridges in pear trees
...brandy, cream, nutmeg—and what?
I finally found Blitzen...
...after Candlelight Service...
but George always plays Santa like King Lear...
yes, the goose came—but it's alive...
December 1958

**회사를 경영하며 얻은 가장 큰 교훈은?**

---

- 신뢰는 스스로 얻는 거다.
- 노력의 의미는 사람마다 다르다.
- 창의성과 콘셉트는 주관적이다.
- 계약은 엄격하게 해야 한다. 그러지 않으면 아주 짜증스러울 수 있다.
- 돈을 추구하는 게 최악이다.

---

**성공의 밑거름이 된 실수가 있다면?**

업무 중 멍청한 사건이 일어나 진이 빠질 때마다 계약서에 새로운 조항을 추가한다.

**스스로 생각하는 자신의 장점은?**

헛된 말은 절대 하지 않는다. 선하고 소박한 분위기에서 나는 누구보다도 재미있고 원만한 사람이다.

**자신감이 떨어지거나 난관에 부딪혔을 때 극복하는 본인만의 비결이 있다면?**

초콜릿을 탐닉한다. 그리고 기다린다.

**당신의 전문 분야를 처음 접하고, 일하게 된 경위는?**

예술학교에서 그래픽 디자인 학위를 받고 졸업한 지 3년이 지나서야 소품 스타일링이라는 분야를 알게 되었다. (사실을 말하자면 나는 2학년 때 시각예술학부로 전과하기 전까지 그래픽 디자인에 대해서도 잘 몰랐다. 그때 난 19세다운 패기로 무작정 도전했다.) 업계에 나가 그래픽 디자인이 내 적성에 맞는지 고민하던 중 잡지 〈마사 스튜어트 리빙〉 편집자들의 강연을 들었다. 그날 저녁 스타일링이 무엇인지 처음 알고 마침내 나와 어울리지 않는 곳에서 벗어나 천생연분의 직업을 찾았다는 기분이 들었다. 소품 스타일링을 평생 해오면서도 그걸 직업으로 삼을 수 있다는 건 몰랐다. 집까지 날듯이 달려갔다. 머리가 시속 수억 킬로미터로 돌아갔다. 바로 다음날 나는 강연을 한 스타일 디렉터에게 연락했고, 그녀는 나를 채용했다. 그때 내게 거절당할지도 모른다는 선택지는 존재하지도 않았다. 이윽고 6년간 〈마사 스튜어트〉는 내게 훌륭한 스타일링 훈련소가 되어주었고, 동시에 세련된 취향을 다듬어주었다. 모든 영역에서 최고로 좋은 것에만 노출되었고 가장 재능 있는 사람들만 만났으니까.

**지금 세상에 더 필요한 게 있다면? 줄여야 할 게 있다면?**

아름다움, 친절함, 유머, 이해가 더 필요하다. 평가와 평범함은 줄어야 한다.

**개인적 또는 직업적 모토가 있다면?**

하기 싫은 일엔 상냥하고 예의 바르게 싫다고 말하라. 하고 싶은 일엔 열정적으로 하고 싶다고 말하라.

# 루바브 초이 두에르

예술가 · 일러스트레이터 | 브루클린, 뉴욕

수제 카드를 만드는 〈Llubav Co.〉 대표

"모든 것엔 해법이 있다."

**어렸을 적 꿈은?**

모던 댄서. 1980년대 드라마 〈페임Fame〉에 나온 댄스 학교에 다니고 싶었다.

**다른 여성 창작자에게서 가장 존경하는 점은?**

창작뿐 아니라 경영에 있어서도 창의성을 발휘하는 여성들을 진심으로 존경한다. 둘 다 잘해내는 건 어렵지만 작은 사업체의 단독 오너에겐 필수다.

**일하면서 가장 크게 희생한 것은?**

출산 뒤 육아에 전념하느라 일을 그만두고, 나 자신의 텍스타일 컬렉션을 만드는 꿈을 무기한 연기했다.

**성공의 밑거름이 된 실수가 있다면?**

친구에게 결혼반지용 링 필로우(결혼식에서 예물교환식을 할 때 반지를

올려 놓는 작은 쿠션-옮긴이)를 만들어달라는 부탁을 받은 뒤 링 필로우 주문제작 사업을 시작했다. 곧바로 주문이 쏟아졌다. 처음엔 좋았지만 갈수록 내 손으로 주문량을 소화하기가 힘들어졌다. 강도 높은 노동이 필요한 일이라 충분히 속도가 나지 않았다. 고객들과 이메일을 주고받느라 지치기도 했고, 가끔은 바로 배송 가능한 재고가 없어서 거래가 불발되기도 했다. 후에 나는 신뢰할 만한 지침을 정하고 그걸 따르는 게 중요하다는 걸 깨달았다. 이때의 시행착오를 거름삼아 훗날 미술용품 사업을 보다 생산적으로 경영할 수 있었다. 도매도 가능해졌고 배송도 더 빨라졌다.

**밤잠을 설칠 만큼 두려운 일이나 직업적인 고민이 있다면?**

어느 날 아침 일어나니 손이 너무 아프고, 최악의 경우 손을 아예 움직일 수 없어서 그림을 그리지 못하게 될까봐 두렵다. 2014년에 건선 관절염을 진단받은 이래 험난한 역경을 이겨내야 했다. 특히 고통을 감내하는 법을 배워야 했다. 이 병으로 나는 언젠가 관절을 못 쓰게 될 것이다.

**10~20년 전 자신에게 들려주고 싶은 말은?**

---

## 모든 것엔 해법이 있다.

---

**자신감이 떨어지거나 난관에 부딪혔을 때 극복하는 본인만의 비결이 있다면?**

기도를 하거나 남편과 어머니와 대화를 나눈다. 가족의 생각과 의견을 들으면 위안이 된다.

**지금 세상에 더 필요한 게 있다면? 줄여야 할 게 있다면?**

연민이 더 필요하고 증오는 줄여야 한다.

**과거와 현재를 통틀어 가장 존경하고 닮고 싶은 여성은?**

---

프리다 칼로를 깊이 존경한다.

그녀는 젊었을 때 교통사고를 당했음에도

회화를 통해 자신을 거침없이 표현했다.

그녀의 강한 의지와 용기, 열정을 우러러본다.

---

BEATLES!

# 메리 램버트

뮤지션 | 애머스트, 매사추세츠

LGBTQ 권리를 위한 노래 〈Same Love〉를 발표했으며, 이 곡으로 56회 그래미어워드 후보로 선정됐다

"나와 함께 일하는 사람들은 모두 공정한 보수를 지급받고, 동료로서 그리고 친구로서 친절한 대우를 받는다."

**어렸을 적 꿈은?**

많은 아이들처럼 내 장래희망도 나이에 따라 달라졌다. 세 살 때는 장래희망을 물으면 단순히 "우주요"라고 대답했다. 조금 더 커서는 "박사요!"라고 답했고, 엄마가 어떤 종류의 박사냐고 묻자 오랜 고민 끝에 "수스 박사요(Dr. Seuss, 미국의 인기 동화작가-옮긴이)"라고 답했다고 한다. 일고여덟 살쯤엔 노래를 하고 춤을 추는 웨이트리스가 되겠다고 마음을 정했다.

**창업할 때 들은 최고의 조언은?**

---

나는 순전히 관찰로 정보를 얻는 타입이다. 특히 처음 이 일을 시작할 때 나는 스펀지 같았다. 존경하는 뮤지션들이 어떻게 현 위치까지 올라갔는지 알아봤는데, 그들의 공통점은 기고만장하지 않았다는 거였다. 그들은 에이전트가 생기기 전엔 공연과 투어 장소를 직접 예약했고 생활비를 벌기 위해 파트타임으로 일했다. 직접 굿즈를 포장했고, 악기를 실어 날랐고, 보컬을 녹음했다. 가장 존경스러웠던 건 자신의 몫을 챙기기 전에 밴드에게 먼저 보수를 지급했다는 거다. 그렇게 그들은 업계의 모든 분야에 인맥을 만들었다. 내가 존경하는 뮤지션들은 돈과 성공을 당연한 것으로 여기지 않았다.

---

**작업 공간에서 가장 마음에 드는 점은?**

집에서 일하기 때문에 파트너와 고양이와 가까이 있을 수 있고, 정원 일을 하거나 건강한 간식을 만들면서 쉴 수 있다. 균형 잡힌 생활이 가능하다. 가끔 작업하는 곡이 있을 때는 고양이가 소파에 자리를 잡고 피아노 연주를 듣기도 한다. 고양이가 소파 끄트머리로 올라와 골골거리기 시작하면 곡이 괜찮게 뽑혔다는 증거다!

**성공의 밑거름이 된 실수가 있다면?**

내게 많은 돈과 명성을 안겨준, 대단히 성공적인 컬래버레이션에 참여한 적이 있다. 그 곡에 참여한 건 무척이나 행운이었지만, 나는 업계 초짜였고 일이 돌아가는 상황을 명료하게 파악하지 못해서 로열티를 한 푼도 받지 못하는 계약을 했다. 지금까지도 악몽처럼 느껴지는 기억이다. 하지만 그 덕에 다른 작곡가나 뮤지션을 어떻게 대해선 안 되는지 알았으니 한편으로는 감사하다. 나와 함께 일하는 사람들은 모두 공정한 보수를 지급받고, 동료로서 그리고 친구로서 친절한 대우를 받는다. 앞서의 불행한 컬래버레이션을 내게 유리하게 활용할 방법을 찾아내는 것도 좋은 경험이었다. 나는 기회를 잡는 데 성공했다. 잃은 것이 있듯 얻은 것도 분명히 있다.

**자신감이 떨어지거나 난관에 부딪혔을 때 극복하는 본인만의 비결이 있다면?**

뮤지션으로서 그리고 사업가로서 성장하려면 "안전지대를 박차고 나가는 것"이 필수라는 얘기를 귀에 못이 박이게 들었다. 그러나 내가 안전하게 느낄 때 스스로 경계를 넓히는 것과 타인의 지시로 불편한 걸 억지로 하는 것 사이엔 분명한 차이가 있다. 후자의 상황에서 벗어나기 위해선 직설적이고 단호해야 한다. 이런 식으로 말하는 게 좋다. "x가 좋은 아이디어라고 생각하는 건 이해하지만, 내 사업상의 결정이고 내 창작물이라 나는 y를 하고 싶다. 언젠가 x를 하고 싶어지는 날이 올지도 모르지만 아직은 아니다. 내 목소리와 의사결정을 존중해주기 바란다."

안전지대에 대해 내가 듣고 싶은 말은 사실 이렇다. "안전지대를 박차고 나가라. 하지만 그러면서 우는 날이 많아지고 당신과 당신의 작품이 형편없게 여겨진다면 좋지 못한 신호이니, 당신이 하고 싶고 당신을 행복하게 하는 일로 돌아가라." 동기부여용 포스터에 어울리지 않는 말인 건 알지만, 우리에겐 이런 말도 필요하다.

**이 일을 하면서 맛본 최고의 성공은? 혹은 스스로 평가하기에 지금껏 가장 잘한 일은?**

그래미상 시상식에서 마돈나, 매클모어, 라이언 루이스와 공연하기 전날을 기억한다. 완전히 초현실적이었다. 〈세임 러브Same Love〉가 올해의 노래 후보로 올랐다는 걸 알고 이미 정신이 나갈 것 같았는데, 수백만 명이 시청하는 시상식에서 마돈나와 함께 공연하고, 그 무대에서 퀸 라티파가 동성 커플이 포함된 30쌍의 주례를 선다는 걸 알고 나는 완전히 무너졌다. 그처럼 상징적인 뮤지션들과 함께 무대에 선다는 건 내게 믿을 수 없는 기회였고, 나아가 동성애자 공동체에 속한 레즈비언으로서 세상에서 가장 의미 있는 일이었다. 커밍아웃을 해야 할지 망설이던 열일곱 살의 나를 떠올렸다. 그때 내겐 닮고 싶은 역할모델이 존재하지 않았다. TV에서 동성 커플 결혼식이 열리는 공연을 볼 수 있다는 게 열일곱 살인 나에게 어떤 의미일지 생각했다. 2014년에도 어딘가에는 혼란스러운 채로 분투 중인 열일곱 살의 아이가 있을 거라고, 우리 공연을 보면 그 애의 선택이 조금은 쉬워질지 모른다고 생각했다. 몇 년 전 나는 동성 결혼을 위한 투쟁에 어떻게든 기여하고 싶었지만 방법을 몰랐다. 그날 나는 레즈비언으로서 당당하게 무대에서서 세 시간 만에 작곡한 보편적인 사랑에 대한 노래를 불렀고, 세상이 받아들였다. 평생 잊지 못할 기억이다.

**긴 일과를 마치고 집에 왔을 때 당신을 가장 기쁘게 하는 것은?**

해질녘 산책을 하거나 자전거를 타면서 예술가인 내 파트너 미셸과 근무시간이 끝난 걸 기념한다. 낮에 있었던 일들을 이야기하고 집에 돌아와 함께 저녁을 차린다. 매일 가장 기다려지는 시간이다.

**슬럼프를 극복하고 영감을 얻는 당신만의 비결은?**

평소에도 공연이나 강연에 가는 걸 좋아하지만 슬럼프가 닥쳤을 땐 정말 도움이 된다. 공연을 보고 나가는 길에 막혀 있던 작업의 새로운 아이디어가 떠오르는 일이 비일비재하다. 열정은 분명히 전염성이 있다.

# 조이 초

디자이너 · 블로거 | 로스앤젤레스, 캘리포니아

디자인 스튜디오 〈Oh Joy!〉 대표

"어머니가 된 이래 내게 가장 큰 동기부여는 내 딸들에게 본보기가 되고 싶다는 소망이다. 내 아이들이 자신이 하는 일을 사랑하는 어머니를 보며 자랐으면 좋겠다."

**어렸을 적 꿈은?**

치어리더, 식물학자, 유전학자, 저널리스트, 스턴트우먼.

**창업할 때 들은 최고의 조언은?**

"네가 할 수 없다고? 누가 그런 말을 해?"

**작업 공간에서 가장 마음에 드는 점은?**

내가 원하는 대로 디자인하고 꾸몄다. 집과 달리 남편의 취향이나 아이들의 안전 같은 실용적인 면에 대해 걱정할 필요가 없었으니까. 일터는 나만의 다채로운 원더랜드다.

**성공의 밑거름이 된 실수가 있다면?**

불황이라 자금이 쪼들렸던 시기가 있다. 청구서가 연체되는 압박을 느끼기 시작하면 즐겁게 할 수 있는 양보다 많은 일을 수락하게 된다.

CALI

모든 프로젝트가 꿈의 프로젝트일 수는 없고 특히 사업 초기에는 경험을 위해 닥치는 대로 일을 했다. 하지만 초기에 내게 전혀 맞지 않는 일을 받은 적이 있었다. 조금도 관심이 없는 주제였는데 그저 돈이 필요해서 수락한 일이었다. 그러자 작업물에도 무관심이 티가 났고, 결국 나는 프로젝트에서 해고되었다. 그때의 경험으로 열정을 쏟을 수 있는 일만 받기로 결정했다. 청구서가 쌓여 있다고 해서 모든 일을 수락할 필요는 없다.

**당신다운 모습으로 당신이 사랑하는 일을 하도록 영감을 주는 문구가 있다면?**

어머니가 된 이래 내게 가장 큰 동기부여는 내 딸들에게 본보기가 되고 싶다는 소망이다. 내 아이들이 무無에서 무언가를 창조해내고, 자신이 원하는 일을 하고, 자신이 하는 일을 사랑하는 어머니를 보며 자랐으면 좋겠다. 그 애들도 무엇이든 원하는 커리어를 추구할 수 있다고 믿었으면 좋겠다. (일이 재미있을 수 있다는 것도 배웠으면!)

**지금 세상에 더 필요한 게 있다면?**

긍정성과 서로를 향한 격려가 더 필요하다. 좋아하는 친구뿐 아니라 모르는 사람에게도. 모르는 사람에게서 창작물을 칭찬받으면 얼마나 기분이 좋겠는가?

**스스로 생각하는 자신의 장점은?**

원하는 걸 손에 넣고야 만다. 커리어에서 내가 원했던 것의 95퍼센트는 노력으로 달성했다. 가만히 앉아서 성공이 품으로 굴러 들어오기만을 기다려선 안 된다. 당신 인생의 주인은 당신이다. 원하는 걸 찾아 나서라.

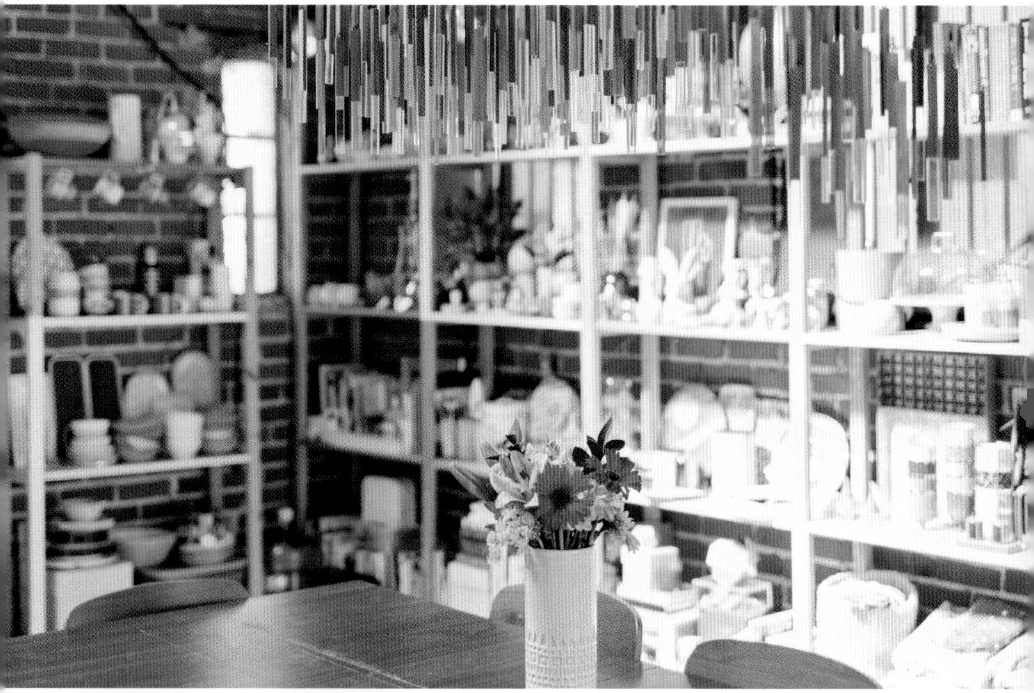

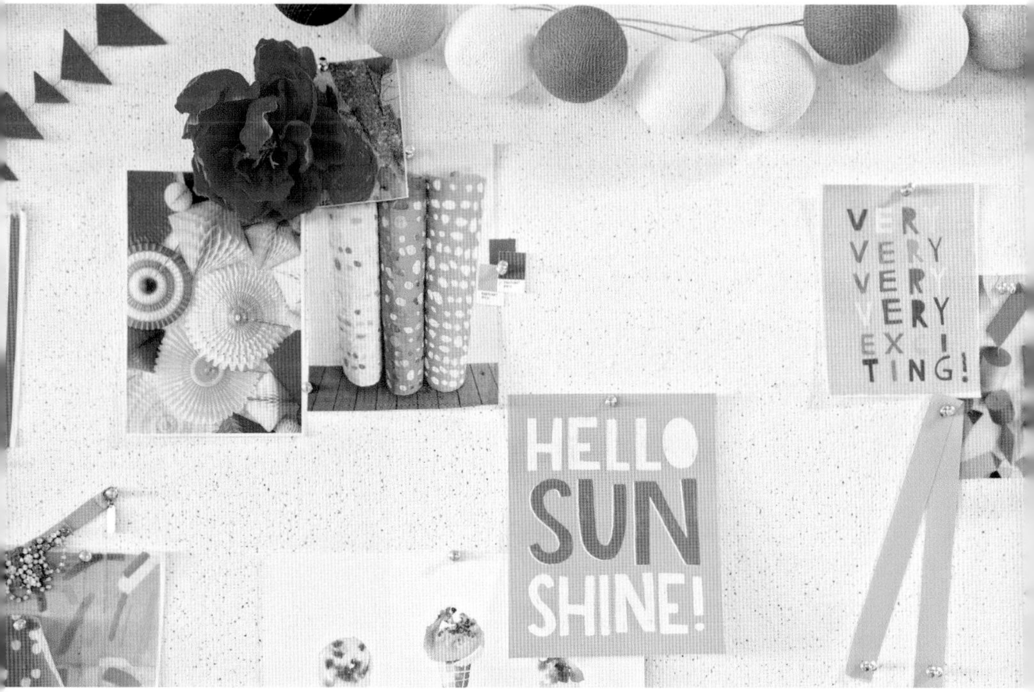
VERY
VERY
VERY
VERY
EXCI
TING!
HELLO
SUN
SHINE!

# 베서니 옐로테일

패션 디자이너 | 로스앤젤레스, 캘리포니아

아메리카 원주민이 전통기법으로 만든 섬유, 보석 등을 소개하는 패션 브랜드 〈B.Yellowtail〉 대표

"내게 성공은 부와 명예를 향해
상승하는 직선이 아니라
내가 처음에 세웠던 목표를 향하는
원을 그리는 것이다."

**어렸을 적 꿈은?**

농구 선수가 되고 싶었다. 아메리카 원주민 보호구역에선 농구 선수가 신이나 다름없다. 성공하려면 그 길밖에 없다고 생각했다. 고등학교 때 가정 선생님이 내게 창조적인 면이 있다고 알려주기 전까진 내가 디자인 감각을 타고났단 걸 몰랐다.

**다른 여성 창작자에게서 가장 존경하는 점은?**

두려움 없는 정신. 자신의 아이디어

와 창작물을 공공연히 드러내는 건 겁나는 일이다. 주눅들지 않고 자신의 작품을 공개하는 여성 창작자들을 존경하고, 나도 그들처럼 되고자 한다.

**당신에게 성공이란?**

내 꿈과 목표가 결실을 맺는 것. 내게 성공은 부와 명예를 향해 상승하는 직선이 아니라 내가 처음에 세웠던 목표를 향하는 원을 그리는 것이다.

**1억 달러가 주어진다면 사업을 지금과 다르게 경영할 건가? 무엇을 바꿀 텐가?**

내 고향 크로우 부족이 사는 보호구역에 생산업체를 설립하고 부족 사람들을 고용할 거다. 그럼으로써 보호구역의 경제에 활기를 불어넣고, 문화와 전통예술이 꽃피는 공간을 만들 거다. 1억 달러를 벌든 못 벌든 훗날 그곳에서 사업을 하고 싶다.

**일하면서 가장 크게 희생한 것은?**

원하는 만큼 가족이나 부족 사람들과 시간을 보내지 못하는 것. 부족 공동체와 떨어져 지내면서 공동체의 일에 참여하지 못하는 게 힘들다. 가끔은 아주 외롭기도 하다.

**밤잠을 설칠 만큼 두려운 일이나 직업적인 고민이 있다면?**

다시 누군가의 밑에서 일하는 날이 올까봐 두렵다.

**자신감이 떨어지거나 난관에 부딪혔을 때 극복하는 본인만의 비결이 있다면?**

기도한다. 처음 스트레스를 받기 시작하면 본능적으로 집에 전화하는데, 언제나 같은 대답이 돌아온다. "기도해라." 나는 크로우 부족에선 '믿음을 통해 극복하는 이'라는 이름을, 노던 샤이엔 부족에선 '태양의 길 여인'이라는 이름을 받았다. 내 두 이름과 그 이름을 붙여준 사람들의 기도를 생각하면 기운이 난다.

**당신다운 모습으로 당신이 사랑하는 일을 하도록 영감을 주는 문구가 있다면?**

"조상들이 전부 내 뒤에 있다. 그들이 말한다. '가만히 있어라. 보고 들어라. 너는 수천 명의 사랑의 결실이다.'"

**10~20년 전 자신에게 들려주고 싶은 말은?**

---

17세의 나 자신에게 말해주고 싶다.

"네 출신은 중요하지 않아.

너도 다른 사람과 같은 꿈을 꾸고

기회를 누릴 자격이 있어.

네게도 그런 게 허락돼."

---

# 린네 앨런

사진가 · 예술가 · 작가 | 애선스, 조지아

자연과 어우러진 작업을 주로 하며, 〈Beauty Everyday: A Year of Southern Beauty〉 저자

"소속감은 내 성격과 직업의 큰 부분을 차지한다."

**어렸을 적 꿈은?**

강하게 끌리는 직업이 없었기에 장래희망을 콕 집어 정할 수 없었다. 누군가 꿈을 물으면 뭐라 대답할지 고민했던 기억이 난다.

**다른 여성 창작자에게서 가장 존경하는 점은?**

자신이 믿는 바를 추구하는 사람을 존경한다. 창조적인 일을 하려면 호기심과 끈기가 필요하다. 거기에 여자들에게 주어지는 여러 문제(임신과 출산, 일과 생활의 균형 잡기 등)를 감안하면 창작자이자 어머니인 여성들을 진심으로 존경하게 된다.

HARMS WAY
JOEL-PETER WITKIN
ONE HUNDRED FLOWERS
JOSEF KOUDELKA

**작업 공간에서 가장 마음에 드는 점은?**

집 옆이라는 점. 집과 일터 사이의 정원을 하루에도 몇 번씩 오간다.

**스스로 생각하는 자신의 장점은?**

조지아 애선스의 지역 공동체에 깊이 뿌리를 내리고 있다는 점. 소속감을 느끼고, 가족이 가까이에 있고, 창조적이고 활기차고 너그러운 사람들로 가득한 이곳에 살아서 행복하다. 지역에 대한 소속감은 내 성격과 직업의 큰 부분을 차지한다. 감사할 일이다.

**일할 때 반드시 챙기는 도구나 물건, 의식이 있나?**

자연광.

**좋은 하루를 시작하기 위해 매일 아침 첫 번째로 하는 일은?**

사실 내 일과는 아이들이 일어날 때 시작되므로, 기분 좋게 아침을 맞을 여유가 없을 때가 많다. 그러나 감내하는 법을 배웠다. 정신없이 시작했더라도 차츰 궤도에 오르곤 한다. 그게 안 돼도 언제나 다음날이 있으니 괜찮다.

**10~20년 전 자신에게 들려주고 싶은 말은?**

기다리라고, 나이가 들면 경험이 생기고 경험이 생기면 직감적으로 옳은 걸 따를 자신감도 생긴다고 말해주겠다.

# 실라 브리지스

인테리어 디자이너 | 뉴욕

셀럽, 기업가, 비즈니스 전문가를 위한 집과 사무실을 설계하는 〈Sheila Bridges Design〉 대표

"내게 성공은 다른 사람의 기대나 세간에서 정의하는 성공과 무관하다."

**당신에게 성공이란?**

개인적으로나 직업적으로나 목표를 이루는 것. 내게 성공은 다른 사람의 기대나 세간에서 정의하는 성공과 무관하다.

**작업 공간에서 가장 마음에 드는 점은?**

집에서 일하므로 가끔은 잠옷을 입고 일해도 된다는 점.

**성공의 밑거름이 된 실수가 있다면?**

사람과 상황에 관해 직감을 믿는 법을 배웠다. 여성의 직관을 믿어라.

**스스로 생각하는 자신의 장점은?**

창조적 문제해결 능력.

**무엇을 하다가 창업 아이디어를 얻거나, 하고 싶은 일을 찾았는가?**

맨해튼의 건축회사에서 일하던 어느 날 나도 회사를 경영할 수 있겠다는 깨달음을 얻었다.

**슬럼프를 극복하고 영감을 얻는 당신만의 비결은?**

여행. 영감을 얻고 머릿속의 거미줄을 걷어내는 최고의 수단이다.

# 티나 로스 아이젠버그

그래픽 디자이너·사업가 | 브루클린, 뉴욕

〈Swissmiss〉, 〈CreativeMornings〉, 〈Tattly〉 창립자

"자신이 무엇을 할 수 있는지
제일 잘 아는 사람은 자신이다.
자신을 믿어라.
자신의 아이디어를 믿어라."

**어렸을 적 꿈은?**

한동안은 어머니가 할아버지에게 물려받아 운영하던 고급 옷가게를 나도 물려받을 거라고 생각했다. 그러지 않아 다행이다. 돌이켜 보면 단언컨대 패션업계는 내게 맞춤옷이 아니었을 거다.

**창업할 때 들은 최고의 조언은?**

자신이 무엇을 할 수 있는지 제일 잘 아는 사람은 자기 자신이다. 자신을 믿어라. 자신의 아이디어를 믿어라. 많은 젊은이들이 내가 정답을 줄 거라고 기대하고, 창업 아이디어를 내밀며 조언을 구한다. 나는 언제나 이렇게 답한다. "마음속 깊이 이 아이디어가 통할 거라고 믿는다면, 사람들이 이걸 좋아할 거라고 믿는다면, 실행해라. 제일 잘 아는 사람은 당신이다."

HOW TO BE USEFUL
LARGE SCALE
BIG QUESTIONS FROM LITTLE PEOPLE
GREAT MINDS
FOREVER
TATTOO
Th'Adventoorz of Freddie & Mannie
Studiomates
KINFOLK
Popular Lies About Graphic Design
SMALL GIANTS
DON'T EAT THE YELLOW SNOW
Munari's BOOKS
FRIENDS
The Leader's Checklist
Michael

Design
is
Everything
is
Design
WITH DEEP RESPECT TO DOYALD YOUNG

**작업 공간에서 가장 마음에 드는 점은?**

그네, 컨페티를 보관하는 서랍, 모자와 털목도리 같은 우스꽝스러운 물건이 잔뜩 든 소품 상자. 어려운 이메일에 답장을 보내야 할 때 바이킹 모자를 쓰면 도움이 된다. 재미있게 일하는 게 최고의 결과를 낳는다.

**밤잠을 설칠 만큼 두려운 일이나 직업적인 고민이 있다면?**

이메일에 제때 답장하는 것. 내게 가장 죄책감을 주는 일이기도 하다.

**회사를 경영하며 얻은 가장 큰 교훈은?**

사업체는 살아 숨 쉬는 유기체다. 내가 심장부를 이끌고, 팀원들이 존중받고 이해받는다고 느끼면 우리는 어떤 위기에도 적응할 수 있다.

**당신다운 모습으로 당신이 사랑하는 일을 하도록 영감을 주는 문구가 있다면?**

마야 안젤루가 한 말이다. "성공은 자신과 자신이 하는 일과 그 일을 하는 방식을 좋아하는 것이다."

**당신의 전문 분야를 처음 접하고, 일하게 된 경위는?**

일곱 살 때쯤 프랑스 남부로 휴가를 갔다가 삼촌이 폰트 견본을 그리는 걸 보았다. "뭐 하는 거예요?" 묻자 삼촌은 답했다. "일하고 있지!" 나는 혼란에 빠졌다. 삼촌은 즐겁게 낙서를 하고 그림을 그리고 있었는데, 그게 일이라니. 나는 삼촌에게 다시 물었다. "돈 버는 일이요?" 그러자 삼촌은 간단히 "응!" 하고 답했다. 나는 쉬지 않고 그림을 그리는 아이였다. 삼촌의 말을 듣고 내 머릿속에 전구가 켜졌다. '폰트를 그려서 돈을 벌 수 있다고? 그림을 그리는 게 직업이 될 수 있다고?' 이 경험을 돌이켜보면 아이들을 가능한 한 많은 '업계'에 노출시키는 게 얼마나 중요한지 알 수 있다.

**이 일을 하면서 맛본 최고의 성공은? 혹은 스스로 평가하기에 지금껏 가장 잘한 일은?**

내가 속한 창조 공동체에서 시작한, 누구나 참여할 수 있는 무료 행사 〈크리에이티브모닝스CreativeMornings〉가 세계 곳곳의 사람들에게 공명을 일으켜 매달 천 명이 넘는 자원봉사자들이 개최하는 세계적 조직으로 성장한 것. 이 행사는 여전히 무료고, 단순하고, 한 달에 지부가 3~5개씩 늘고 있다. 내 스튜디오에서 처음 열린 행사가 세계적인 봉사 활동으로 성장했다. 〈크리에이티브모닝스〉는 타인을 신뢰하면 기대 이상의 결과가 돌아온다는 사실을 보여주었다. 신뢰는 가장 큰 찬사다. 신뢰는 마법을 낳는다.

**창업 전 고려해야 할 가장 중요한 세 가지는?**

한 가지만 말하겠다. 흥분감에 밤잠을 설치게 하는 아이디어가 아니라면 창업을 하지 마라. 당신의 길에 놓인 장애물을 넘기 위해선 그런 열정의 불꽃이 필요하다.

**지금까지 축적한 노하우를 가지고 처음으로 돌아간다면 바꾸고 싶은 것은?**

창업을 더 일찍 했을 거다. 나는 딸이 태어나던 날 디자인 스튜디오를 열었다. 그 애는 내 커리어의 가장 큰 촉매다. 아이를 낳기 전엔 준비가 되지 않았다고 생각했다. 천사들의 합창단이 이제 내 사업을 시작해도 된다고 말해주길 기다리기라도 했던 걸까? 하지만 지금은 내가 기다리던 완벽한 순간이란 건 애초에 존재하지 않는다는 걸 안다. 창업을 하기에 완벽한 순간이 있다면 그건 정말 창업을 하고 싶을 때, 그리고 실행에 옮길 자유가 있을 때다. 좁은 보폭으로라도 꿈을 향해 나아가라. 기다리지 마라. 20대는 실험하기에 최적의 나이다.

**스스로 생각하는 자신의 장점은?**

아이디어에 대한 열정을 불러일으키고 사람들을 들뜨게 할 수 있다. 내가 만약 슈퍼히어로라면 '캡틴 열정'으로 불릴 거다.

**개인적 또는 직업적 모토가 있다면?**

"부족함에 대해 불평하는 최고의 방법은 부족한 걸 직접 만드는 거다." 제임스 머피James Murphy의 말이다.

**긴 일과를 마치고 집에 왔을 때 당신을 가장 기쁘게 하는 것은?**

아이들의 포옹.

# 아유미 호리에

도예가 | 포틀랜드, 메인

수제 도자기 회사 〈Ayumi Horie〉 대표

"내게 성공이란 수동적으로 일거리가 들어오길 기다리기보다 능동적으로 프로젝트를 만들어내는 능력이다."

**어렸을 적 꿈은?**

고고학자가 되고 싶었다. 흙 속에서 일하면서 새로운 걸 발견하고 싶었다. 고고학자가 되진 못했지만 도예가가 하는 일도 비슷하다.

**작업 공간에서 가장 마음에 드는 점은?**

아늑하되 층고가 높고 개방적인 공간이라는 점. 내 스튜디오는 안락하지만 넓은 시야가 보장된다. 널찍한 작업 테이블을 조망하고 창밖에 쌓이는 눈을 바라보고 남은 한 주의 스케줄을 생각하기에 아주 좋은 장소다.

**당신에게 성공이란?**

수동적으로 일거리가 들어오길 기다리기보다 능동적으로 프로젝트를 만들어내는 능력. 지금의 나는 생계유지를 위한 작업을 하면서도 수익은 얻지 못해도 창작으로서 의미가 있는 다른 프로젝트를 수행하고 있다.

**밤잠을 설칠 만큼 두려운 일이나 직업적인 고민이 있다면?**

지속 가능성을 고민한다. 도예는 육체적으로 힘이 드는 일이기에 몸을 망가뜨리기 쉽다. 중요한 일을 타인에게 맡기지 않으면서 도예를 계속할 방법을 찾아야 한다. 나이가 들면서 사업 모델에도 변화를 주어야 한다. 내 작품의 강점은 하나하나가 10개 이상의 창조적 결정으로 만들어진다는 거다. 핸드메이드의 매력과 독특함을 유지하면서 보다 많은 소비자에게 다가갈 방법을 물색하고 있다.

**사업체를 경영하며 배운 가장 큰 교훈은?**

품질은 타협 불가라는 것. 말끔한 제품을 만들기 위해 세세한 디테일에 신경쓰려면 시간이 두 배는 들지만, 그럴 가치가 있다.

**이 일을 하면서 맛본 최고의 성공은? 혹은 스스로 평가하기에 지금껏 가장 잘한 일은?**

10만 달러 이상을 모금하는 데 성공한 동일본 대지진·쓰나미 구호기금 마련 프로젝트 〈핸드메이드 포 재팬Handmade for Japan〉. 내 사업 철학에선 개인적 삶과 일 사이의 경계가 뚜렷하지 않다. 나는 사업가들이 마음으로부터 우러나온, 공동체에 유익한 프로젝트를 실행해야 한다고 생각한다. 전통적 사업 모델에 비추었을 때 비용이 들더라도 이건 필수다. 〈핸드메이드 포 재팬〉을 공동 설립한 건 내게 선택이 아니라 의무였다. 내 몸의 뼈 하나하나가 그것이 옳은 일이라고 외치고 있었다.

**일할 때 반드시 챙기는 도구나 물건, 의식이 있나?**

아이폰. 명상이나 콜드프레스 케일 주스 같은 건강한 대답을 할 수 있다면 좋을 텐데. 하지만 그런 데는 별로 마음이 동하지 않는다. (안다, 나중에 후회할 것이다!) 내게 아이폰은 도구이자 물건이자 의식이다. 도예 스튜디오에 하루 종일 있는 건 아니지만, 나는 하루 종일 일하고 있다. 주로 인스타그램에서 작품을 조사하고 감상한다. 내가 @potsinaction 계정에서 하는 작업은 내가 만든 도자기만큼이나 나답다.

**좋은 하루를 시작하기 위해 매일 아침 첫 번째로 하는 일은?**

커피 잔을 고른다. 나는 도예를 하는 친구들에게서 받은 다양한 제조사의 컵을 갖고 있다. 커피 잔을 직관적으로 선택하는 데에서 흥미로운 사실들이 드러난다. 어떤 도예가 친구가 머릿속에 맴돌고 있는지, 어떤 미학을 추구하고 싶은지 알게 되고 크기와 모양과 재질처럼 실용적인 면에 대해서도 생각하게 된다. 친구를 떠올리고 사물과 소통하면 하루를 개운하게 시작할 수 있다.

**자신감이 떨어지거나 난관에 부딪혔을 때 극복하는 본인만의 비결이 있다면?**

친구들과 대화한다. 내 친구들은 침착하고, 힘을 주고, 무엇보다 내게 어려운 일이 있으면 가볍게 넘기지 않고 함께 고민해준다. 친구들의 응원을 받고 나면 작업으로 복귀한다. 고된 작업을 통해 내 핵심 가치를 기억하고 창조를 통해 내가 사랑하는 걸 기억한다.

# 멜리사 해리스-페리

교수 · 저널리스트 | 윈스턴-세일럼, 노스캐롤라이나

웨이크포레스트 대학교 교수로 재직 중이며 주로 인종, 젠더, 정치에 대해 연구

"나는 허튼소리를 못한다. 진심으로 믿는 말만 한다.
직설적이고 단도직입적인 성인 여성으로 사는 건 제법 재미있다."

**어렸을 적 꿈은?**

한때 고고학자가 되고 싶었는데 고고학은 고되고 인내심을 요하는 학문이라 성격이 급한 나와는 맞지 않았다. 고등학교 때는 아동심리학자가 되어 어린이들을 돕고 싶었지만, 대학을 다니던 중 교사가 되고 싶었다. 교수의 길이 명확해진 뒤에는 다른 직업을 생각한 적 없다.

**창업할 때 들은 최고의 조언은?**

임신과 관련된 조언이었다. "하루는 길지만, 한 해는 쏜살같이 갈 것이다."

**작업 공간에서 가장 마음에 드는 점은?**

오랫동안 이런 작업 공간을 기다리고 있었다. 이 집은 내가 꿈꾸던 모습 그대로고, 여기서 영원히 살고 싶을 만큼 마음에 든다. 문을 열고 첫 발을 내딛자마자 이게 내 집이 될 걸 알았다. 현관을 가로질러 들어오는 빛을 특히 사랑한다. 가장 좋은 건 내 작업실이 거실과 연결되어

있으며 남편의 방 바로 맞은편이라는 거다. 집에서 무슨 일이 일어나고 있는지 전부 볼 수 있고, 가족에게 언제든 말을 걸 수 있다.

**밤잠을 설칠 만큼 두려운 일이나 직업적인 고민이 있다면?**

생각을 거르지 않고 곧바로 말해버리는 내 성격이 가족과 팀원들에게 부정적 영향을 미칠까 겁이 난다.

**성공의 밑거름이 된 실수가 있다면?**

내 인생은 실수에서 얻는 교훈을 빼놓고 말할 수 없다. 나는 남자를 따라 대학에 갔다. 대학 진학 이유로는 참으로 형편없다. 그러나 되돌아보면 잘못된 이유로 올바른 결정을 하는 경우가 참 많더라. 내가 웨이크포레스트 대학교를 고른 이유는 고등학교 때 남자친구가 바로 길 건너 채플 힐의 대학교에 진학했기 때문이다. 이유야 어떻지 몰라도 결과적으론 옳은 결정이었다.

**자신감이 떨어지거나 난관에 부딪혔을 때 극복하는 본인만의 비결이 있다면?**

스스로를 일으켜 세우는 데에는 능하지 못하다. 남이 나를 일으켜줘야 한다. 나를 무조건적으로 사랑해주는 가까운 사람들에게 의지할 수밖에 없다. 가족, 남편, 심지어는 직원들과 팀원들처럼. 프로그램이 난항을 겪을 때 프로듀서들이 나를 격려하면서 "한번 해봅시다"라고 말해주곤 했다. 기운이 나고 도움이 되는 말이었다.

**이 일을 하면서 맛본 최고의 성공은? 혹은 스스로 평가하기에 지금껏 가장 잘한 일은?**

내 두 번째 저서 〈자매 시민Sister Citizen〉에 자부심을 느낀다. 강연이나 수업에서 만나는 사람이 이 책의 한쪽 귀퉁이를 접어두었거나 내게 인용해서 들려주면 세상을 다 가진 기분이다. 집필에 말도 안 되게 오랜 시간이 걸린 책인데, 아주 자랑스럽다.

**지금 세상에 더 필요한 게 있다면? 줄여야 할 게 있다면?**

읽을 시간이 더 필요하다. 책을 읽고 책 속 세계를 탐험할 공간이 더 많았으면 좋겠다. 다들 바쁜 스케줄에 시달리느라 앉아서 책 읽을 시간을 내기가 어렵다. 줄여야 할 건 우리가 모든 답을 알고 있다는 오만, 더 많아져야 할 건 호기심이다. 새로운 학습의 곡선을 타고 상승해가는 건 즐거운 일이다.

**스스로 생각하는 자신의 장점은?**

사실 내 장점은 내가 밤잠을 설치는 이유와 같다. 나는 허튼소리를 못한다. 진심으로 믿는 말만 한다. 직설적이고 단도직입적인 성인 여성으로 사는 건 제법 재미있다.

**마법에 의해 하루에 3시간씩 더 주어진다면?**

글을 쓰겠다. 내게 가장 필요한 게 그거니까. 하루에 3시간이라면 여섯 달 만에 다음 책을 끝낼 수 있다. 혹시 이거, 제안인가? 내게 정말로 3시간을 더 줄 수 있나?

**당신에게 성공이란?**

내가 무언가에 기여하면서 동시에 무언가를 얻고 있다는 생각이 드는 순간들이 있다. 내겐 이런 상호성이 성공이다.

# 크리스티나 길

사진작가 · 개발고문 · 요리 편집자 | 로마, 이탈리아

요리, 여행 사진작가로 〈디자인*스펀지〉의 음식, 음료 분야 에디터

"싸우지 않으면 이길 수 없다."

**어렸을 적 꿈은?**

솔직히 잘 기억나지 않지만 어느 시점엔 미국 대통령이 되고 싶었다.

**다른 여성 창작자에게서 가장 존경하는 점은?**

진실로 독창성을 유지할 수 있는 능력.

**당신에게 성공이란?**

내가 한동안 고민했던 질문이다. 사진작가로서 성공은 누군가의 마음을 움직이고 머릿속에 맴도는 이미지를 만들어내는 것이다. 요리 편집자로서 성공은 누군가 내가 공유한

레시피를 채택하고 발전시키는 것이다. 개발 고문으로서 성공은 많은 사람들에게 도움이 될 올바른 정보를 제때 얻는 것이다. 인생에서 성공은 내 상황이 변하고 새로운 도전이 주어짐에 따라 정의가 달라진다. 최근에는 가족을 잘 섬기고 돌보는 것이 성공이었다.

**일하면서 가장 크게 희생한 것은?**

두 가지다. 미국으로 복귀하지 않은 것, 그리고 아직 아이를 낳지 못한 것. 미국 복귀는 양날의 검이었다. 미국보다 이탈리아에서 직업적 기회가 더 많았지만 일가친척을 자주 보지 못하고 조카들이 크는 걸 보지 못하는 게 아쉬웠다. 아이를 낳는 건 계속 시기를 고민해왔다. 지금 하는 일만 끝내고 나면 드디어 시간이 생길 것 같다.

**자신감이 떨어지거나 난관에 부딪혔을 때 극복하는 본인만의 비결이 있다면?**

기분이 최악으로 떨어지면 새로운 사진 편집자들과 내가 꿈꾸는 출판사나 거래처를 조사하고 연락한다. 지금까지는 응답률이 꽤 좋았다. 객관적 시선에서 작업의 가치를 확인받는 건 기쁜 일이다. 남들의 포트폴리오를 보거나 〈모노클Monocle〉의 팟캐스트 〈사업가들Entrepreneurs〉을 듣기도 한다. 그러면 새로운 아이디어가 떠오른다.

**당신다운 모습으로 당신이 사랑하는 일을 하도록 영감을 주는 문구가 있다면?**

---

단순하지만 이만한 문구가 없다.
"싸우지 않으면 이길 수 없다."

---

**스스로 생각하는 자신의 장점은?**

역경을 헤쳐나가는 끈기.

**10~20년 전 자신에게 들려주고 싶은 말은?**

세 가지다.

1. 너와 네 목표에 투자할 땐 아끼지 마라. 네가 너 자신에게 투자하지 않는데, 타인이 투자하겠는가?
2. (부모님을 포함해) 다른 사람의 생각이 네 선택에 영향을 주지 못하게 해라.
3. 실수를 해서 당황한 상황에선 스스로에게 물어라. "5년 뒤에도 이게 중요할까?" (대답은 거의 항상 '그렇지 않다'다.)

**과거와 현재를 통틀어 가장 존경하고 닮고 싶은 여성은?**

---

자신의 직업, 커리어, 좋아하는 활동,
옳다고 믿는 대의를 추구하기 위해
극한의 장애물을 극복한 여성들을 존경한다.

---

# 다이애나 옌

**푸드 스타일리스트 · 작가 | 뉴욕**

**쿠킹 스튜디오 〈The Jewels of New York〉 대표**

"창의성은 내게 타고난 것이지만

경영자의 자질은 공부해서 익혀야 했다."

**어렸을 적 꿈은?**

어렸을 때는 건축가가 되고 싶었다. 햄스터가 살 집을 공상하고 그림으로 옮기며 몇 시간씩 보내곤 했다. 손으로 무언가를 만드는 건 항상 좋아했다. 나이가 들면서 나는 보다 사교적인 사람이 되었고, 남들과 공유할 수 있는 걸 만들 때 가장 행복하다고 느낀다.

**창업할 때 들은 최고의 조언은?**

창작과 관련된 사업을 시작할 땐 자신의 비전에만 몰두하기 쉽다. 뉴욕에서 성공하고 싶다면 예술가 마인드만으로는 부족하다는 조언을 들었다. 사업 기회를 포착하고, 고객의 필요를 파악하는 방법을 배워야 한다는 것이다. 창의성은 내게 타고난 것이지만 경영자의 자질은 공부해서 익혀야 했다.

**작업 공간에서 가장 마음에 드는 점은?**

현재 브루클린 하이츠에 사는데, 로어 이스트 사이드에서 내 스튜디

오까지 출근하는 길에 항상 영감을 받는다. 나는 쉬지 않고 변하는 도시의 에너지를 먹고 산다. 앙고라토끼 클레오가 내 책상 아래에서 놀 수 있는 것도 몹시 즐거운 일이다.

**밤잠을 설칠 만큼 두려운 일이나 직업적인 고민이 있다면?**

작은 스튜디오를 운영하다 보니 직원의 수를 결정하는 게 어렵다. 인력이 부족하면 사업체가 성장하지 못하고 반대로 너무 많으면 불황기에 경비가 부담스럽다. 대규모 케이터링을 하던 때에는 직원을 더 많이 고용했으나 곧 내가 타인을 부리는 일을 썩 즐기지 않는다는 걸 깨달았다. 벌이는 좋았지만, 내겐 창의적인 과정에 몰두하는 게 더 적합했다. 그래서 나는 케이터링 사업은 축소하고 내가 하고 싶은 작업만

The
JEWELS
of NEW YORK
est.
MMIX

맡기로 결정했다. 필요할 때는 프리랜서를 고용한다.

**당신다운 모습으로 당신이 사랑하는 일을 하도록 영감을 주는 문구가 있다면?**

"음식과 안전과 사랑에 대한 세 개의 기본적 욕구는 너무나 뒤섞이고 얽혀 있어서 하나만 뚝 떼놓고 생각할 수 없다. 그래서 굶주림에 대해 쓸 때 내가 실제로 쓰는 건 무언가에 대한 사랑과 굶주림, 따뜻함과 사랑과 굶주림에 대해서다…… 그리고 그 따뜻함과 풍요로움과 굶주림이 만족되었을 때의 행복한 현실에 대해서다…… 그건 전부 하나다." M. F. K. 피셔의 말이다.

**지금까지 축적한 노하우를 가지고 처음으로 돌아간다면 바꾸고 싶은 것은?**

나는 20대 후반에 창업을 했고, 세세한 자금 계획을 세우지 않은 채 업계에 뛰어들었다. 깊은 고민 없이 회사를 성장시키고 유지시키는 데 모든 자원을 쏟아 부었다. 재미있고 꿈같은 일들에만 집중하고 싶었던 거다. 30대가 된 지금의 나는 스튜디오와 집 월세를 대느라 허덕인다. 월세를 내는 건 블랙홀에 돈을 퍼붓는 것과 같다. 창업하기 전 안정적인 직장에 다니고 있을 때 아파트를 샀으면 좋았을 거다. 일찍부터 자금 안정성을 확보할수록 사업체를 꾸려나갈 탄탄한 기반을 갖는 셈이다.

**무엇을 하다가 창업 아이디어를 얻거나, 하고 싶은 일을 찾았는가?**

〈마사 스튜어트 크래프트 쇼〉에서 친구와 쿠키를 팔고 있었는데 편집자들이 TV 출연을 제의했다. 짜릿한 순간이었다! 사업체가 있냐는 질문에, 나는 TV에 출연하고 싶어서 거짓으로 그렇다고 대답했다. 2주 뒤 우리는 웹사이트를 디자인하고 사업자 등록을 하고 쿠키를 생산

할 베이커리와 계약을 했다. 그때 나는 시즌 맞춤 요리와 뉴욕의 숨겨진 보물을 찾는 것에 집중하고 있었으므로 회사 이름은 '뉴욕의 보석The Jewels of New York'으로 지었다.

**슬럼프를 극복하고 영감을 얻는 당신만의 비결은?**

---

뿌리 깊은 요리의 전통이 살아 있는 곳으로 여행을 한다. 이상적인 여행은 아파트를 빌려 지내는 거다. 온종일 시장 구경을 하고 집에 와서 훌륭한 재료들로 자유롭게 요리를 한다.

---

# 제니 지은 리

도예가 | 브루클린, 뉴욕

추상적 그림이 인상적인 도자기를 만드는 현대미술 작가이자 도예가

"일하면서 희생한 건 없다. 지금 하는 일을 하지 않았던 과거야말로 희생한 게 많다."

**어렸을 적 꿈은?**

어머니를 따라 시각 예술가가 되고 싶었다.

**창업할 때 들은 최고의 조언은?**

친구 애니타 비튼의 캐스팅 에이전트로 일하고 있을 때, 그녀에게서 한 결같음이 가장 중요하다는 말을 들었다. 나는 매주 그 말을 곱씹는다.

**작업 공간에서 가장 마음에 드는 점은?**

프라이버시와 자연광. 문 하나만 열면 목재 공예와 금속 공예를 하는 친구들을 만날 수 있다는 점.

**회사를 경영하며 얻은 가장 큰 교훈은?**

항상 모든 걸 알지 못해도 괜찮다.

**자신감이 떨어지거나 난관에 부딪혔을 때 극복하는 본인만의 비결이 있다면?**

다른 예술가들의 동영상을 보고 인터뷰를 읽는다. 다른 창작자의 세

상을 들여다보는 건 언제나 도움이 된다. 스스로에게 회의감을 품는 건 흔한 일이니까.

**일하면서 가장 크게 희생한 것은?**

일하면서 희생한 건 없다. 지금 하는 일을 하지 않았던 과거야말로 희생한 게 많다.

**당신다운 모습으로 당신이 사랑하는 일을 하도록 영감을 주는 문구가 있다면?**

내가 모두에게 맞는 사람일 필요는 없다.

**당신의 전문 분야를 처음 접하고, 일하게 된 경위는?**

어머니가 한국에서 미술교사를 하셨다. 나 역시 어려서부터 손으로 무언가를 만들고, 어머니의 회화와 판화를 통해 세상을 보는 법을 익혔다.

**창조적인 일을 시작하는 사람에게 추천하는 자원은?**

좋아하는 것을 찾고, 그것을 속속들이 연구해라. 영화를 보고 책과 잡지를 읽고 팟캐스트를 듣고 공부하는 여행을 떠나고 같은 일을 하는 사람들과 대화해라.

**지금 세상에 더 필요한 게 있다면? 줄여야 할 게 있다면?**

휘게가 더 필요하고 인구가 줄어야 한다.

**개인적 또는 직업적 모토가 있다면?**

평범해지기까지는 많은 노력이 필요하다.

# 카슨 엘리스

예술가 · 일러스트레이터 | 투알라틴, 오리건

그림책 〈Home〉, 〈Du Iz Tak〉의 저자

"끊임없이 무언가를 만드는 게 자랑스럽다."

**어렸을 적 꿈은?**

예술가 또는 박물학자.

**다른 여성 창작자에게서 가장 존경하는 점은?**

재미있고 저속한 여성을 존경한다. 평생 축적한 지식을 활용하는 동시에 완전히 무시하여 신비로운 작품을 만드는 똑똑하고 강박적인 여성들을.

**작업 공간에서 가장 마음에 드는 점은?**

밝고, 들판 한가운데 있다는 점. 여름에 열어둘 수 있는 이중문과 오리건의 우울한 겨울을 아늑하게 덥혀줄 나무 스토브가 있다. 매일 통근 길에 넓은 채소밭을 지나야 하는 점도 좋다. 상상력을 발휘해 일러스트 작업을 하다 보면 모든 걸 삼키는 내면세계에만 몰두하기 일쑤지만, 채소밭을 볼 때마다 바깥에도 돌봐야 할 것들이 있다는 걸 기억하게 된다.

**스스로 생각하는 자신의 장점은?**

---

끊임없이 무언가를 만든다.
그림을 그리고 페인트를 칠하고
뜨개질과 바느질을 하고 정원을 돌보고 건축을 한다.
남이 아니라 나를 위해 하는 거다.

---

**지금 세상에 더 필요한 게 있다면? 줄여야 할 게 있다면?**

배고픈 아이들을 위한 음식, 교사와 사서에게 지급되는 보수, 고등교육을 위한 보조금, 남녀 유급 육아휴가, 임금 현실화, 신경다양성에 대한 인식 개선(자폐를 장애가 아닌 다양성으로 간주하자는 운동 – 옮긴이), 형편없지 않은 공포영화가 더 필요하다. 경찰의 야만 행위와 자동화기를 줄여야 한다.

**과거와 현재를 통틀어 가장 존경하고 닮고 싶은 여성은?**

어린이책 편집자 어슐라 노드스트롬Ursula Nordstrom을 존경한다. 40년대에서 70년대까지 아동문학의 창조적 혁명을 이끈 인물로, 당신이 기억하는 용감하고 유익한 어린이책은 거의 다 그녀가 편집했다 해도 과언이 아니다. 〈괴물들이 사는 나라〉, 〈잘 자요 달님〉, 〈탐정 해리엇〉, 〈샬롯의 거미줄〉, 〈아낌없이 주는 나무〉가 그녀의 손을 거쳐 출판되었다. 영향력 있고 강단 있는 투사였던 그녀가 없었더라면 빛을 보지 못했을 독특한 책들이 많다. 1900년대 중반에 동성애자 여성으로서 성공했다는 점도 놀랍다. (1960년에 그녀는 여성 최초로 하퍼스 출판사의 부회장이 되었다.) 재치 있고 총명했던 그녀의 모토는 '나쁜 아이에게 좋은 책을'이었다.

**10~20년 전 자신에게 들려주고 싶은 말은?**

---

일러스트레이터로서 보다 자주적이 되라고 말해주겠다. 본능을 믿고, 순간의 어려움을 모면하기 위해 나쁜 결정에 굴복하지 마라. 하지만 동시에 과거의 나처럼 지나치게 까다롭게 굴진 말라고도 말해주고 싶다. 못되게 굴지 않고도 비전을 고수하는 게 가능하다고 말해주겠다.

---

# 조너 트위그

제본가 | 브루클린, 뉴욕

일기장, 노트, 앨범 등을 수제로 제본하는 친환경 회사 〈Twiggs Bindery〉 대표

"인내심을 가진다는 건 시간을 들여야만 일을 제대로 해내고 최고의 결과를 얻을 수 있다는 사실을 인정하는 거다."

**어렸을 적 꿈은?**

건축가 또는 엔지니어. 멋진 재료로 독창적인 건물을 설계하고 건설하고 싶었다. 그러나 건축가가 되려면 상당한 고급 수학을 익혀야 한다는 걸 알고 꿈을 버렸다.

**창업할 때 들은 최고의 조언은?**

언제나 자신의 비전을 믿고, 겁내지 말고 위험을 감수해라. 자신을 대중 앞에 내보일 때는 다양한 의견을 받아들일 준비를 해야 한다. 기회를 잡을 만반의 준비를 갖추되, 스스로를 알고 목표에 계속 집중하는 게 중요하다.

**작업 공간에서 가장 마음에 드는 점은?**

내가 직접 만든 재료함. 이 커다란 가구 덕분에 작업 공간이 말끔히

TWIGG'S BINDERY
965

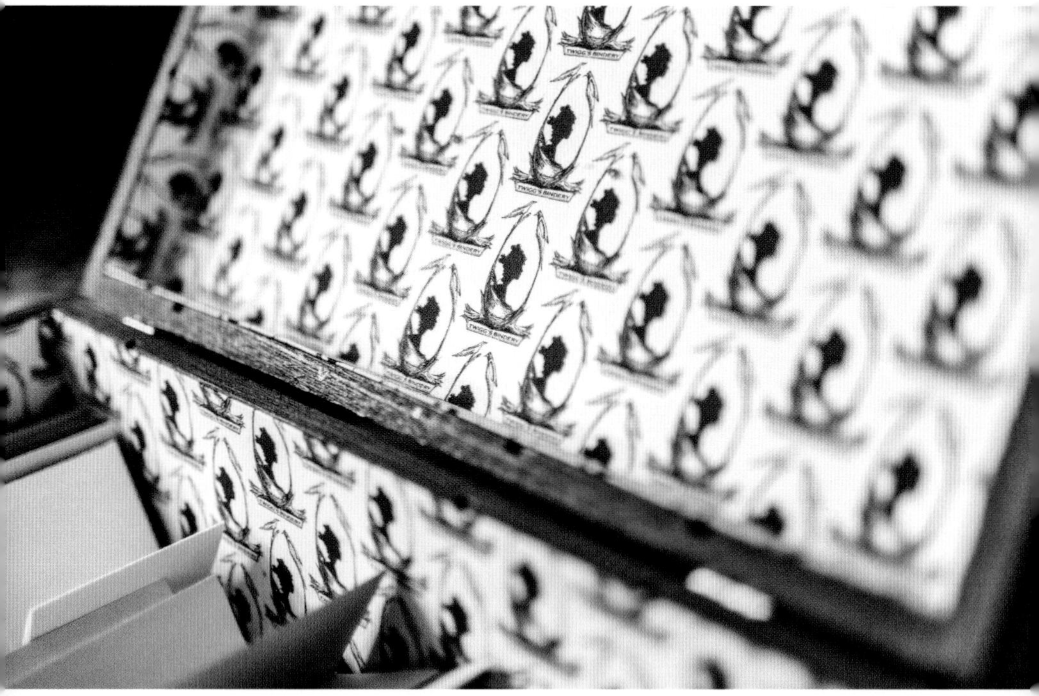

정돈된다. 고객들에게 우리가 쓰는 재료와 제본 과정을 시각화해 보여줄 수 있다는 것도 장점이다. 매일 아침 재료함 문을 열고, 모든 게 내가 구상한 그대로 정리되어 있는 걸 보면 기쁘다. 사람들은 프로젝트의 각 요소를 눈으로 볼 수 있을 때 영감을 얻는다. 손으로 뭔가를 만드는 자신의 모습을 시각화할 수 있기 때문이다. 이는 언제나 긍정적 결과를 낳는다.

**회사를 경영하며 얻은 가장 큰 교훈은?**

---

인내심. 무엇보다도 나 자신에 대한 인내심을 가져야 한다. 매년 똑같은 교훈을 되풀이하여 배우는 것 같다. 여러 프로젝트를 진행하다 보니 시간 개념과 전략이 매우 중요하다.
인내심을 가진다는 건 시간을 들여야만 일을 제대로 해내고 최고의 결과를 얻을 수 있다는 사실을 인정하는 거다.

---

**이 일을 하면서 맛본 최고의 성공은? 혹은 스스로 평가하기에 지금껏 가장 잘한 일은?**

개인적으로 내가 거둔 가장 큰 성공은 나 자신을 변화시켰다는 거다. 자신을 기본적으로 예술가로 인지하던 사람이 스스로를 사업체 오너이자 사업가, 경영자로 부르게 된 건 큰 업적이다. 이 세상에서 그런 직함을 달려면 지속적 자기계발과 자신감이 필요하다. 사업에서도 창의성을 발휘할 수 있다는 걸 알고 큰 보람을 느꼈다.

**일할 때 반드시 챙기는 도구나 물건, 의식이 있나?**

하나만 꼽기엔 필수 도구가 너무 많지만, 일과를 마친 뒤 작업 공간을 정리하고 도구를 크놀링(정리법의 일종으로 물건들을 수평 혹은 90도 각도로 늘어놓는 것)하는 의식이 큰 만족감을 준다. 그럼으로써 머릿속으로 하루 일과를 평화롭게 정리하고 다음날 아침을 더 가뿐하게 시작할 수 있다.

**과거와 현재를 통틀어 가장 존경하고 닮고 싶은 여성은?**

어머니는 내게 막대한 영감을 준다. 그녀가 보여준 노력과 사업가 정신, 창조적 문제 해결 방식은 언제 생각해도 놀랍다. 어머니는 우리 남매에게 언제나 힘이 되어주셨고, 침착한 태도로 우리를 양육하셨다. 나도 어머니처럼 나이 들어 가족에게 좋은 본보기가 될 날을 꿈꾼다.

# 애슐리 C. 포드

작가 | 브루클린, 뉴욕

〈Refinery29〉 매체의 선임 특집 작가로, 자신의 회고록을 집필 중

"나는 언제나 책장 속에서
힘과 자신감을 북돋울 방법을
찾아내곤 했다."

**어렸을 적 꿈은?**

어렸을 때 가장 되고 싶었던 건 배우다. 토요일마다 영화 애호가였던 할머니와 영화를 보곤 했다. 할머니와 내가 번갈아 영화를 골랐다. 내 선택 기준은 대개 영화관 밖에 내걸린 포스터였다. 그때 내가 본 멋진 흑인 여성들은 거의 다 영화나 TV에 나오는 인물이었기에, 그걸 성공의 척도로 삼았다. 앤젤라 바셋처럼 될까, 오프라 윈프리처럼 될까? 열일곱 살까진 계속 배우를 꿈꿨다. 지금 생각해보면 그때 내가 지닌 열망은 스토리텔링에 대한 열망이었다. 스토리텔링을 하는 방식엔 여러 가지가 있다. 하지만 솔직히 말하면 아직도 가끔 무대가 그립다.

**창업할 때 들은 최고의 조언은?**

첫걸음은 첫걸음일 뿐이다. 여러 걸음의 첫 번째에 불과하다는 뜻이다. 나는 너무 오랫동안 가만히 멈춰 있었다. 평생 걷고 싶은 길을 확

신하지 못해 어느 방향으로도 섣불리 움직이기가 두려웠던 거다. 그러던 중 첫걸음이 앞길을 모조리 결정하는 건 아니라는 조언을 들었다. 필요하면 길을 걷는 중간에도 변화를 위한 결정을 내리고, 기회를 잡을 수 있었다. 이 말 덕분에 무엇보다도 새로운 것에 도전하는 두려움을 떨칠 수 있었다. 내게는 그런 자유가 절실했다.

**작업 공간에서 가장 마음에 드는 점은?**

책이 범람하는 공간이라는 것. 내 위, 옆, 앞에 책이 있다. 유년기엔 형편이 넉넉하지 못해 책이 별로 없었다. 내가 가진 책은 도서관이나 학교에서 빌린 것, 또는 독서 대회나 프로그램에서 상으로 타온 것이 다였다. 지금 나는 사람들에게 책을 증정받고, 서점에서 일하는 파트너와 살고, 갖고 싶은 책은 웬만해선 살 수 있는 처지다. 지금 내가 가진 책들은 내가 꿈꾸던 삶을 대부분 이루었다는 상징이다.

**일하면서 가장 크게 희생한 것은?**

우리 가족은 자금 안정성을 1순위로 추구했다. 지출보다 많은 돈을 꾸준히 버는 것이 성공한 삶의 전형이었다. 많은 가족이 같은 꿈을 꿀 거다. 나는 프리랜서로 일하면서 그런 종류의 안정성을 일시적으로 포기했다. 아이가 없고 저당도 없는 황금 같은 기회에 나만의 무언가를 만들어내고 싶어서였다. 지금은 고생을 좀 한다. 하지만 내가 택한 거다.

**당신에게 성공이란?**

언제나 선택지가 있는 것. 무언가를 사거나 하지 않기로 결정하는 것과 할 수 없어서 못하는 건 다르다.

**밤잠을 설칠 만큼 두려운 일이나 직업적인 고민이 있다면?**

도움을 구하는 데 젬병이다. 오해하지 말라, 지금껏 많은 도움을 받았으니. 내가 인생에서 거둔 성공의 대부분은 억지로라도 나를 도와준 사람 덕분에 가능했다. 내 친구이자 멘토 록산 게이(126쪽)는 이제 내게 도움이 필요하냐고 묻지도 않는다. 그녀는 다짜고짜 도움의 손길을 내밀고, 내가 그에 대해 왈가왈부하지 못하게 한다. 내 인생엔 좋은 사람들이 많고 나도 그들에게 좋은 사람이 되고자 한다. 서로에게 좋은 사람이 되어 나쁠 것 없다.

**회사를 경영하며 얻은 가장 큰 교훈은?**

모든. 것의. 기록을. 남겨라.

**성공의 밑거름이 된 실수가 있다면?**

내가 글이나 말로 풀어낸 적 없는, 극히 개인적인 소재로 글을 의뢰받아 쓰기로 했다. 꼬박 한 주를 노력한 끝에 그 글을 쓸 수 없다고 결정했다. 그리고 사실대로 말하는 대신 숨어버렸다. 프리랜서로 일하기 시작한 초기에 받은 일이라 편집자가 날 미워하게 될까 겁이 났던 거다. 만난 적도 없는 사이였으니까! 시간이 조금 흐른 뒤 나는 그녀에게 이메일을 받고서 자초지종을 설명했다. 그녀는 이해는 하지만, 말없이 잠수해버리는 건 그다지 유익하지 못했다고 말했다. 그 사건으로 나는 일을 못하는 건 괜찮지만 아무리 스트레스를 받아도 편집자에게 상황을 알려주는 짧은 이메일을 보내는 건 필수라는 걸 알게 되었다.

**자신감이 떨어지거나 난관에 부딪혔을 때 극복하는 본인만의 비결이 있다면?**

책을 읽는다. 나는 언제나 책장 속에서 힘과 자신감을 북돋울 방법을 찾아낸다. 좋아하는 책을 다시 읽거나 새 책을 찾아 사랑에 빠지는 것, 둘 다 좋다. 책은 언제나 내게 단단한 기반이자 견고한 토대가 되어주었다. 책 속에서 길을 찾을 수 있다면 뭐든 해낼 수 있다. 책을 읽으면 설레는 한편 안전하고 이해받는 기분이 든다. 책은 내 인생을 여러 번 구했으며 지금도 계속 나를 구해주고 있다.

**당신다운 모습으로 당신이 사랑하는 일을 하도록 영감을 주는 문구가 있다면?**

---

"말하지 않은 이야기를 품고 있는 것보다 더 큰 고통은 없다." 마야 안젤루가 한 말이다.

---

**지금까지 축적한 노하우를 가지고 처음으로 돌아간다면 바꾸고 싶은 것은?**

저축을 더 많이 했을 거다. 훨씬 많이.

**지금 세상에 더 필요한 게 있다면? 줄여야 할 게 있다면?**

더 많은 연민이 필요하고, 확실성에 대한 중독을 줄여야 한다.

**스스로 생각하는 자신의 장점은?**

매일 어제보다 더 나은 사람이 되려고 노력한다.

**슬럼프를 극복하고 영감을 얻는 당신만의 비결은?**

샤론 크리치의 〈두 개의 달 위를 걷다〉를 다시 읽는다. 내가 '아는' 가장 용감한 소녀 살라망카 트리 히들을 주인공으로 하는 청소년 소설이다. 살라망카는 내 뮤즈이고, 내 장점은 전부 그녀에게서 배운 거다.

**좋은 하루를 시작하기 위해 매일 아침 첫 번째로 하는 일은?**

베이컨과 과일을 먹으면 좋은 하루를 보낼 수 있다.

**과거와 현재를 통틀어 가장 존경하고 닮고 싶은 여성은?**

아주 많다. 몇 명만 이름을 대보자면 마야 안젤루, 샐리 만, 토니 모리슨, 그레이스 존스, 록산 게이, 오프라 윈프리, 어사 키트, 해리엇 터브먼, 숀다 라임스, 엘리자베스 길버트. 나는 다수의 여성에게서 영감을 받는다.

**개인적 또는 직업적 모토가 있다면?**

---

당신은 당신이 행한 최악의 행동보다 나은 사람이다.

---

# 제시카 마르케스

예술가 · 공예가 | 브루클린, 뉴욕

공예 제품 회사 〈Miniature Rhino〉 대표이자 〈Stitched Gifts〉 집필

"일단 뛰어들고 불편을 감수하는 게
사업체를 성장시키는 과정의 일부라는 걸 배웠다."

**창업할 때 들은 최고의 조언은?**

일단 시작해보라고 응원하는 친구와 가족이 많았다. 그러나 나는 의심이 많아서 그들의 말을 쉽게 받아들이지 못했다. 시작하기 전에 모든 걸 완벽히 알아야 한다고 생각했다. 지금도 모든 걸 알진 못한다. 그러나 이제는 일단 뛰어들고 불편을 감수하는 게 사업체를 성장시키는 과정의 일부라는 걸 배웠다.

**회사를 경영하며 얻은 가장 큰 교훈은?**

아낌없이 스스로를 던져라. 그럴수록 얻는 게 많아진다. 내 책이 나오고, 내 작업물이 온라인에 공유되고, 가게에서 내 핸드메이드 상품이 팔리는 걸 보게 될 거라고는 상상도 못했다. 그러나 가속이 붙자 영역을 확장하고 기회를 잡기가 더 쉬워졌다.

**작업 공간에서 가장 마음에 드는 점은?**

물건이 빼곡하게 들어찬 스튜디오는 나의 두 번째 침실이기도 하고, 손님이 오면 잡동사니를 숨기는 창고이기도 하다. 이 공간과 애증 관계에 놓여 있다. 물건이 너저분하고 어지럽지만 나만의 공간이라 좋다. 밤새

누구의 잔소리도 듣지 않고 혼자 작업할 수 있다. 아니, 혼자는 아니고 고양이가 내 곁을 지켜준다. 바닥에 난장판을 만들 때가 더 많지만.

**당신에게 성공이란?**

성장하는 것. 내가 동경하는 사람들, 상점, 업체와 함께 일하는 것. 과거에 나는 업계에서 입지를 쌓기 위해 나와 잘 맞지 않는 프로젝트도 수락했다. 조금 더 선택권을 행사하면서도 꾸준히 일감을 찾을 수 있다면 내가 올바른 방향으로 성장하고 있다는 뜻일 테다.

**성공의 밑거름이 된 실수가 있다면?**

한동안 일을 쉰 적이 있다. 몇 년 전 아버지가 돌아가셨을 때 나는 상실감에 시달렸고 침통했다. 혼자 일하고 싶지 않아 사진 작업을 늘리면서 〈미니어처 라이노〉는 잠시 뒷전으로 했다. 마음 아픈 일이었다. 당시엔 실수처럼 느꼈지만 돌이켜보면 진짜 실수는 아니었다. 일감을 다양화하고 기분을 전환할 기회가 되었으니까. 다시 준비가 되었을 때 나는 어느 때보다도 열정과 설렘을 안고 일할 수 있었다.

**창조적인 일을 시작하는 사람에게 추천하는 자원은?**

카메라를 속속들이 알고 사용법을 익혀라. 당신의 기기가 핸드폰 카메라일지라도. 당신이 판매하는 것이 촬영 서비스든 물리적 제품이든 사업을 성장시키려면 아름다운 이미지가 필요하다. 내가 직접 찍은 사진이 내겐 강력한 도구이자 자원이었다.

**창업 전 고려해야 할 가장 중요한 세 가지는?**

누군가 나를 앉혀두고 제품에 대한 질문을 했더라면 좋았을 거다.

"이걸 대량으로 만들 수 있습니까? 제작량을 추산할 수 있습니까? 도매가로도 판매가 가능합니까?" 대답은 전부 "아니요"였다. 그때 나는 이처럼 구체적인 것들을 생각해야 한다는 걸 몰랐고, 내 일을 과소평가하고 있었다. 수예 제품을 제작하던 시기에는 시간이 너무 오래 걸리는 게 문제였다. 판매가와 작업 방식을 바꿨더라면 성공을 거뒀을지도 모른다. 하지만 내 디자인으로 제품을 만들고, 가르치고, 그에 관한 책을 집필하는 것이 내겐 더 잘 맞았다.

**슬럼프를 극복하고 영감을 얻는 당신만의 비결은?**

책꽂이에서 책을 한아름 꺼내 쓱 훑어본다. 대부분 낡은 책과 삽화가 그려진 어린이책이다. 나는 어린이책을 가장 좋아한다. 삽화, 이야기, 색채가 언제나 내게 영감을 불어넣는다. 가만히 앉아서 책을 감상하면 행복해진다.

**좋은 하루를 시작하기 위해 매일 아침 첫 번째로 하는 일은?**

매일 아침 알람 문구를 이렇게 설정해두었다. "오늘을 최고의 날로 만들어라." 내게 선택권이 있다는 점을 상기시켜주는 좋은 문구다. 더 자고 싶어도 이 말을 들으면 하루를 시작할 동기가 생긴다.

**과거와 현재를 통틀어 가장 존경하고 닮고 싶은 여성은?**

창조적 사업가 중에는 〈앨라배마 셰닌〉의 나탈리 셰닌(488쪽)을 존경한다. 그녀의 책과 옷도 아름답고 배울 점이 많지만 사업 자체도 큰 영감을 준다. 지역 내에서 온전히 수제로만 제작하는 수예 패션업체라니! 인간적으로 존경하는 창작자는 루이즈 부르주아다. 그녀는 거침없고 개방적이고 끊임없이 무언가를 만들어낸다

# 아니쉬카 클라크

인테리어 디자이너 | 브루클린, 뉴욕

인테리어 디자인 회사 〈Ishka Designs〉 공동 대표

"하룻밤 만에 성공을 거두기 위해선
10년이 필요하다."

**어렸을 적 꿈은?**

발레리나. 장래희망 1순위는 무조건 발레리나였다. 그러다가 열 살 때쯤 어린이책을 쓰고 싶다고 생각했고, 실제로 책을 쓰기도 했다. 패션 디자인에 대한 열망 역시 어려서부터 불타고 있었다. 나는 어머니가 재봉을 하는 모습에 매료되었다. 재봉틀 쓰는 법을 배웠고, 손바느질을 했고, 맥콜 패턴(20세기 미국 최대 월간지 〈맥콜〉에서 출간했던 의상 패턴 책-옮긴이)을 잘라 인형 옷을 재봉했다. 고등학생 때는 가방을 만들어 팔기까지 했다. 수예 수업을 받은 적도 있다. 이때의 꿈이 언제 사그라졌는지, 아니 사그라지긴 했는지 모르겠다. 아직도 미래의 목표 목록에는 '의류 라인 런칭'이 있다.

**창업할 때 들은 최고의 조언은?**

교수님 한 분이 디자인 미학을 보는 눈을 키우고 여러 종류의 일에 익숙해지도록, 내 사업을 시작하기 전에 서로 다른 스타일의 디자이너

ALEXANDER McQUEEN SAVAGE BEAUTY
punk: chaos to couture
THE ULTIMATE PICASSO
Paris Interiors
DECORATE
New Asian Style
FABRIC SCIENCE
A MEMOIR
The World's Greatest Hotels
GRASSES
Karl Blossfeldt
TASCHEN
good green HOMES
KENNEDY GREEN HOUSE WILSON
The American Meadow Garden
THE AUDACITY of HOPE
ACCIDENTAL BRANDING
GREEK ART
DREADS
REMIX
DESIGN BROOKLYN
Lofts
AFROS
The Old... The New... The Future!

들 아래에서 일해보라고 권고했다. 그때 나는 머릿속에 〈이쉬카 디자인〉을 창업할 생각만 가득해서 그 조언을 듣지 않았다. 다행인 건 우리 고객들의 취향이 스타일 스펙트럼의 극과 극을 아울러서, 지난 몇 년 동안 우리가 작업한 포트폴리오가 폭넓은 다양성을 보여준다는 거다. 교수님이 내가 견습생으로서 배우길 바랐던 무언가를 나는 '어떻게든 해내는' 태도로 배웠다.

**성공의 밑거름이 된 실수가 있다면?**

---

사업 초창기에 앞일을 예상하는 게 중요하다는 교훈을 얻었다. 첫해에 프로젝트에서 낭패를 본 이후로는 앞일을 극도로 신중하게 생각하고, 처음부터 최고의 시나리오와 최악의 시나리오를 전부 고려한 다음 일에 착수한다.

---

**당신다운 모습으로 당신이 사랑하는 일을 하도록 영감을 주는 문구가 있다면?**

"하룻밤 만에 성공을 거두기 위해선 10년이 필요하다."

**당신의 전문 분야를 처음 접하고, 일하게 된 경위는?**

나는 원래 금융계에서 일하고 있었는데 커리어에 불만이 많았다. 그러다가 첫 아파트를 산 첫해인가 둘째 해였을 거다. 내가 직접 구상한 새 아파트 인테리어와 혁신적인 벽 디자인을 보고 친구들이 자신의 인테리어도 도와달라고 줄줄이 연락해왔다. 11월 말의 어느 날, 한 친구의 집을 꾸미고 있는데 귀금속점을 운영하는 친구에게서 신세를 한탄하는 전화가 왔다. 어시스턴트가 보수를 많이 주고 성과급도 많은 직장으로 옮기는데, 그 이유가 어시스턴트의 남편이 건축을 공부하러 다시 대학에 진학했기 때문이라는 거였다. 뭐라고, 나이 서른에 다시 대학에 갔다고? 딩동댕! 다음날 나는 뉴욕의 건축학교 두 군데를 골라 지원서를 냈다. 그 뒤는 아는 대로다.

**지금 세상에 더 필요한 게 있다면? 줄여야 할 게 있다면?**

---

긍정적인 미디어, 뉴스, 사람들이 더 필요하다. 다양성이 더 필요하다. 포용을 더 많이 해야 한다. 지원 시스템이 더 필요하다. 분별없는 리얼리티 프로그램은 줄여야 한다. 부정적인 뉴스, 무지, 동질적 사고, 평가도 줄여야 한다.

---

**과거와 현재를 통틀어 가장 존경하고 닮고 싶은 여성은?**

오프라 윈프리, 니나 시몬, 우리 엄마.

# 카르멘 아르고테

예술가 | 로스앤젤레스, 캘리포니아

기억, 개인사, 이민 경험 등의 주제를 다양한 방식으로 전시하는 멀티미디어 아티스트

"새나 날개 달린 말이나
야생동물이 되고 싶었다."

**어렸을 적 꿈은?**

새나 날개 달린 말이나 야생동물이 되고 싶었다. 나중에야 그 질문이 장래에 갖고 싶은 직업을 묻는다는 걸 깨달았다. 나는 항상 과학을 공부하게 될 거라고 생각했다. 예술가라는 직업이 있다는 건 몰랐다.

**직업 공간에서 가장 마음에 드는 것은?**

내가 거주하고, 매일 계속적으로 경험하는 공간이라는 점.

**성공의 밑거름이 된 실수가 있다면?**

나는 많은 실수를 했다. 예술을 하면서 가장 오랫동안 저지른 실수는 나 자신의 경험을 과소평가한 거였다. 어떤 작품을 만들지 연구하면서 내 개인사에서 소재를 찾을 생각은 하지 못했다. 이 실수에서 교훈을 얻고 나는 장기적 관점에서 커리어를 조망할 수 있는, 더 나은 예술가가 되었다. 내가 가진 모든 걸 소재로 보기 시작한 뒤로는 영감의 샘이

마르지 않는다. 진정한 나의 목소리로 자신을 표현할 수 있게 되었다.

**사업체를 경영하며 배운 가장 큰 교훈은?**

---

자신의 강점과 약점을 직시하고, 성공에 기여할 능력과 의지가 있는 사람들을 주변에 두는 게 핵심이다. 타인의 일에 보상하는 가장 좋은 방법은 공정한 임금 지급이다.

---

**이 일을 하면서 맛본 최고의 성공은? 혹은 스스로 평가하기에 지금껏 가장 잘한 일은?**

2010년 전시 〈720스퀘어피트: 가정의 돌연변이720 Sq. Ft.: Household Mutations〉에 대단한 자부심을 느낀다. 사비로 비용 일체를 댄 이 전시에서 나는 유년 시절 집에서 사용한 카펫을 이용해 사적인 방식으로 건축에 대해 이야기했다. 처음으로 기관 밖에서 열리는 이 전시를 위해 나는 직접 제안서를 쓰고 예산을 짜고 내가 이상적으로 생각하는 갤러리 G727에 연락을 취했다. 직접 내 길을 찾고, 기관의 울타리 밖에서 일하는 방법을 배운 소중한 경험이다.

**슬럼프를 극복하고 영감을 얻는 당신만의 비결은?**

내가 자란 동네, 로스앤젤레스 피코 유니언을 산책한다. 여전히 자리를 지키고 있는 것과 변한 것을 살핀다. 사람들이 도시의 길을 어떻게 활용하고 어떤 새로운 활동을 하는지 관찰한다.

**지금 세상에 더 필요한 게 있다면? 줄여야 할 게 있다면?**

---

우리가 서로 연결되어 있다는 사실을 더 인식하고, 개인에 초점을 덜 맞추어야 한다.

---

**과거와 현재를 통틀어 가장 존경하고 닮고 싶은 여성은?**

어머니를 비롯해 존경하는 여성이 많다. 내게 영감과 동기를 불어넣고 도전정신을 일으킨 예술가와 큐레이터, 작가들에게 감사한다. 특히 토니 모리슨의 소설과 글은 내게 큰 감동을 주었다. 개인적이고 사적인 데서 시작해서 모든 방향으로 확장해나가는 그녀의 글쓰기는 내 모든 것을 바꿔놨고, 내 시야와 지식에 지대한 영향을 미쳤다. 나는 그녀를 굉장히 존경한다.

# 마티카 윌버

사진작가 | 시애틀, 워싱턴

국립 다큐멘터리 프로젝트인 〈Project 562〉에 참여해 현대 아메리카 원주민을 촬영 중

"두려워서 잠을 못 자는 일은 없다.
기도를 하느라, 혹은 춤을 추느라
밤을 샌 적은 있어도.
하지만 두려움 때문은 아니다.
두려움에 빠져 있을 기력이 없다."

**어렸을 적 꿈은?**

프로 농구 선수가 되고 싶었다. 그땐 여성농구협회가 설립되기도 전이었지만. 페미니즘이라는 개념을 알기 전부터 나는 선천적으로 여성해방을 믿었던 것 같다. 고등학생이 되고서 결코 프로 농구 선수가 될 수 없다는 사실을 받아들였다. (조정력이 떨어지기 때문이다.) 시각예술에 열정이 있고 적성도 맞았기에, 농구 선수 대신 예술가의 커리어를 추구하기로 결정했다.

**창업할 때 들은 최고의 조언은?**

열여섯 살 때 로키 마운틴 사진학교의 여름 집중 프로그램에 입학할 기회가 있었다. 입학 허가 통지서를 받고 기쁨에 전율했으나, 곧 7천

달러의 수업료를 내야 한다는 걸 깨달았다. 심해어업을 비롯해 다른 몇 개의 사업체를 경영하는 어머니께 수업료가 너무 비싸서 학교에 못 가겠다고 말했다. 집에 남아 어업을 돕겠다고 하자 성공적인 사업가인 어머니가 단호하게 답했다. “마티카, 학교에 못 가는 이유는 그만 생각하고, 가기 위해 필요한 것에 집중하자.” 우리는 결국 돈을 마련했다. 그때 나는 ‘일을 해내는’ 것에 대해 처음으로 교훈을 얻었다. 1단계: 뭐가 필요한지 알아낸다. 2단계: 필요한 걸 마련해서 하고 싶은 걸 이룬다.

**작업 공간에서 가장 마음에 드는 점은?**

나는 현재 2005년식 폭스바겐 리알타 RV에 살면서 일한다. 차를 타고 미국 전역을 돌아다니면서 미국 연방에 등록된 562개 이상의 아메리카 원주민 부족들을 촬영하고 사진과 글을 결합한 다큐멘터리 〈프로젝트 562〉를 진행하고 있다. (결과물은 단순히 사진과 글을 합해놓은 것 이상일 것이다.) ‘빅 걸’이라는 별명을 붙인, 아늑하게 굴러가는 내 작업 공간에서 제일 좋은 점은 주유소 마일리지가 어마어마하게 쌓인다는 거다. 또한 내 장비, 의류, 개인 소지품, 침대, 음식, 화장실까지 이끌고 어디든 함께 가준다는 것도 장점이다.

**일하면서 가장 크게 희생한 것은?**

어디선가 우리가 모든 걸 가질 수 있다는 말을 들었던 것 같다. (사실 이런 말은 지나치게 난무한다.) 성공적인 커리어, 로맨틱 코미디 빰치는 연애, 〈비버는 해결사Leave It to Beaver〉에 나올 법한 화목한 가정, 전망 좋은 근사한 아파트. 나는 아직 이런 것들을 손에 넣지 못했다. 그러나 매일 내가 사랑하는 일을 하고 끊임없는 모험으로 가득한 일상을 영

위한다. 사람들을 만나고, 사진을 찍고, 내가 중요하다고 생각하는 것들에 대한 이야기를 듣고, 정말 맛있는 음식을 먹고, 숨쉬고 요가를 하고 때로는 잠도 자고 가끔은 (아주 가끔은) 화끈한 데이트도 즐긴다. 물론 큰돈을 벌진 못했고 평생의 반려자도 찾지 못했고 고급 아파트에 비하면 초라한 '빅 걸'에서 살고 있다. 열정을 따르다 보니 '좋은' 삶의 요소라고 생각했던 많은 걸 놓쳤다. 하지만 아무것도 바꾸고 싶진 않다. 지금의 삶에서 너무 많은 걸 얻었으니까.

**당신에게 성공이란?**

나는 워싱턴 주에 사는 '밀물과 썰물의 사람들'이라는 뜻의 스위노미시와 '연어의 사람들'이라는 뜻의 툴라립 부족 출신이다. 역사적으로 우리 공동체에서 가장 고귀한 일은 포틀래치potlatch(부족의 경조사가 있을 때 부유한 일원이 잔치를 열어 선물을 증여하는 북미 원주민 풍습 – 옮긴이)를 열어 공동체 주위의 친척과 친구들에게 음식을 대접하는 것이다. 포틀래치에서는 함께 노래와 기도를 하고, 아기들에게 '인디언' 이름을 주고, 연인들의 결혼식을 올리고, 고인들을 추모한다. 잔치가 끝날 때 주최자들은 귀중품이 담긴 바구니와 식량, 카누 등 자신의 모든 소유물을 참석한 사람들에게 나눠준다. 그럼으로써 가난해진다. 가진 걸 모두 내줄 만큼 공동체를 사랑한다는 건 존경받아 마땅한 일이다. 내가 갈구하는 성공이 이런 거다.

**밤잠을 설칠 만큼 두려운 일이나 직업적인 고민이 있다면?**

두려워서 잠을 못 자는 일은 없다. 기도를 하느라, 혹은 춤을 추느라 밤을 샌 적은 있어도. 하지만 두려움 때문은 아니다. 두려움에 빠져 있을 기력이 없다.

**1억 달러가 주어진다면 사업을 지금과 다르게 경영할 건가? 무엇을 바꿀 텐가?**

'초인'들을 채용하겠다. 교육, 미디어, 음악 분야에 진출해서 재미있고 실행력 있는 전문가와 사업가들과의 네트워크를 구축하겠다. 아메리카 원주민 예술가·지식인들의 재능을 꽃피우기 위한 컨소시엄 같은 걸 구상하고 있다. (재능 있는 사람이 너무나 많다!) 그리고 우리 부족 사람들, 특히 아이들과 여성들의 어려움을 해결하기 위한 큰 싸움들에서 그들의 편이 되어주겠다.

**당신다운 모습으로 당신이 사랑하는 일을 하도록 영감을 주는 문구가 있다면?**

---

아무도 보고 있지 않은 듯 살지 마라.
조상들이 지켜보고 있는 듯 살아라.

---

**회사를 경영하며 얻은 가장 큰 교훈은?**

사업은 열매를 맺기 전 몇 번의 생애주기를 거쳐야 한다는 점에서 과실수와 같다. 몇 세대가 지나서야 열매를 얻을 수 있다는 걸 알면서도 손주들에게 과실을 남기기 위해 나무를 심는다. 사업체를 성장시키는 데에도 시간이 걸리고 양분과 보살핌이 필요하다. 힘들고 끝도 없고 멈출 수도 없는 노동이 필요하다. 그러나 포기하지 않으면 결국은 과실이 맺힌다.

**자신감이 떨어지거나 난관에 부딪혔을 때 극복하는 본인만의 비결이 있다면?**

기도한다.

**이 일을 하면서 맛본 최고의 성공은? 혹은 스스로 평가하기에 지금껏 가장 잘한 일은?**

최근 내 발표와 워크샵에 참여하기 위해 아버지와 몇 시간을 이동해 온 젊은 원주민 여성을 만났다. 그녀는 중독과 자살충동에 시달리다가 내 사진을 접하고 인생을 바꿀 자극을 얻었다고 고백했다. 이런 사람들을 만나면 내 일에 가치가 있다는 생각이 든다.

**창업 전 고려해야 할 가장 중요한 세 가지는?**

1. 목표가 무엇인가? 그게 당신의 정신과 상통하는가?
2. 일과 정말로 사랑에 빠져 있는가, 아니면 돈을 벌 욕심으로 창업을 하려고 하는가?
3. 당신이 하고자 하는 일이 어떤 식으로든 세상에 보탬이 되는가? 사업은 어렵다. 많은 힘과 용기가 필요하다. 당신이 하고자 하는 일이 세상을 더 나은 곳으로 만든다고 믿는다면 내면에서 사업을 성공시킬 힘을 찾을 수 있을 것이다.

**지금 세상에 더 필요한 게 있다면? 줄여야 할 게 있다면?**

사랑과 관용과 평화가 필요하다. 증오와 권력은 줄어야 한다.

**개인적 또는 직업적 모토가 있다면?**

새로 맺는 인연을 오랜 친구처럼 사랑과 따뜻함으로 대하자.

# 나탈리 셰닌

패션 디자이너 | 플로렌스, 앨라배마

슬로우 패션을 추구하는 패션 브랜드 〈Alabama Chanin〉 창립자

"삶을 검토하고, 원하는 삶의 방식을 정해라.
그러면 그 결정을 중심으로 사업을 꾸려나가면서
목표로 하는 삶을 성공의 지표로 삼을 수 있다."

**어렸을 적 꿈은?**

동물학자, 저널리스트, 돌고래를 비롯해 육상과 해상의 마법적인 생물들을 전문으로 촬영하는 사진작가.

**창업할 때 들은 최고의 조언은?**

사업 초기에 친한 친구(이자 현재 내 변호사)가 처음부터 "내가 뭘 얼마나 원하는지" 결정하는 게 좋다고 일러주었다. 내 삶을 검토하고, 내가 원하는 삶의 방식을 정하라는 거였다. 그러면 그 결정을 중심으로 사업을 꾸려나가면서 목표로 하는 삶을 성공의 지표로 삼을 수 있다. 만족스러운 삶을 살려면 먼저 자신이 바라는 걸 잘 파악해야 한다.

**작업 공간에서 가장 마음에 드는 점은?**

끊임없이 변하는 동시에 영원한 것처럼 느껴진다는 점. 모든 게 순조

롭게, 규칙적으로 움직인다. 지정된 작업 공간이 있는 것도 중요하지만 프로젝트나 무대에 맞춰 기존의 공간을 해체하고 새로 구성하는 것도 똑같이 중요하다.

**밤잠을 설칠 만큼 두려운 일이나 직업적인 고민이 있다면?**

현금 흐름. 현금 흐름. 현금 흐름. 젊은 사람들이 점점 더 많이 창업에 뛰어들고 있는 건 반가운 일이다. 더 나이를 먹고 금융에 빠삭한 사람들은 절대 무작정 도전하지 못할 거다. 나는 창업을 하고자 하는 사람들에게 언제나 회계, 저축, 투자에 대해 가능한 한 많은 걸 배워두라고 말한다. 내 사업에 저녁 식탁을 맡기고 있는 가족이 많다. 책임감에 어깨가 무겁다.

**성공의 밑거름이 된 실수가 있다면?**

첫 회사를 접을 때 나는 세상이 무너지는 줄 알았다. 그러나 첫 회사에서 저질렀던 실수를 밑거름 삼아 보다 지속 가능하고, 우리가 처음에 만들고 싶었던 목표에 훨씬 근접한 새 회사를 만들 수 있었다.

**자신감이 떨어지거나 난관에 부딪혔을 때 극복하는 본인만의 비결이 있다면?**

나는 공동체와 가족에 뿌리를 내리고 있는 사람이다. 자신감이 떨어질 때면 잠시 일을 멈추고 휴식을 취한다. 가족과 저녁 식사를 하고 정원을 돌보고 숙면을 취하면 다시 모든 게 가능해 보인다. 다음날 아침 다시 일터로 돌아가 팀원들에게 조언을 구한다. 팀원들은 거의 항상 정답을 알고 있으니까.

# 아르티 세퀘이라

셰프·TV 진행자 | 로스앤젤레스, 캘리포니아

인도 요리책 〈Aarti Paarti〉의 저자로, 유튜브를 기반으로 〈Food Network〉 방송 중

"창작 과정에서 맞닥뜨리는 회의감을 진솔하게 인정하고 그럼에도 불구하고 전진해서 실행하는 여성들을 존경한다."

**어렸을 적 꿈은?**

슈퍼히어로를 제외하면 쿠킹쇼 호스트가 되고 싶었던 것 같다. 사실 어렸을 때 기억은 없지만 더 나이가 든 뒤 친구와 이런 대화를 나누었다. "우리 어렸을 때 쿠킹쇼 호스트인 척하고 놀았던 기억 나?" 친구는 무슨 뚱딴지같은 소리냐는 표정으로 나를 보며 말했다. "아니야, 아르티. 그러고 놀았던 건 너밖에 없어."

**다른 여성 창작자에게서 가장 존경하는 점은?**

과거엔 결코 스스로에게 회의를 품

"Therefore humble yourselves under the mighty hand of God, that He may exalt you at the proper time, casting all your anxiety on Him, because He cares for you!" - 1 P
"I am proud of you."
Your Father
Cayenne
Oregano
Basil
Aleppo Pepper
Poppy seeds
ground ginger
Curry powder
Cajun Powder

지 않고, 두려움 없이 기합 한 번에 모든 일을 '해 버리는' 여성들을 존경한다고 말하곤 했다. 하지만 지금은 생각을 바꿨는데, 그런 여성은 현실에 존재하지 않기 때문이다. 현재 나는 창작 과정에서 맞닥뜨리는 회의감을 진솔하게 인정하고, 그럼에도 불구하고 전진해서 실행하는 여성들을 존경한다.

**당신에게 성공이란?**

내 안엔 두 자아가 있다. 한 자아에게 성공은 곧 과잉 성취다. 나는 문화적으로 성취하고 또 성취하는 걸 목표로 하며 자라났다. 성취를 통해 후세를 양성할 수 있기 때문이다. 또 다른 자아에게 성공은 행동이나 말로 다른 사람에게 도움을 주는 것이다. 일전에 푸드 네트워크 쇼에서 내 경연을 본 여성들 네 명에게서 페이스북 메시지를 받았다. 그때 나는 국제산후지원Postpartum Support International(산후우울증으로 고통받는 여성들을 지원하는 단체) 홍보 차원에서 경연에 참여했는데, 내게 메시지를 보낸 여성들이 단체에 전화를 걸었다고 한다. 나로 인해 필요한 도움을 구하기로 결정한 여성들이 있다는 건 너무나 감사하고 큰 의미가 있는 일이다. 그 네 여성은 단체의 지원을 받아 마침내 행복한 어머니가 될 수 있을 테고, 아이들은 우울증에 빼앗겼던 어머니를 되찾을 것이다. 내가 보탬이 되었다는 건 대단한 특권이다.

**작업 공간에서 가장 마음에 드는 점은?**

내 작업 공간은 부엌이다. 내 부엌의 가장 큰 매력은 종종 사람들로 붐빈다는 거다. 딸, 남편, 친구들, 누가 곁에 있든 내게 요리는 몹시 사교적인 행위다. 그게 마음에 든다. 혼자 일하지 않아도 되어서 참 좋다. 물리적으로는 부엌의 양념 진열 벽이 좋다. 남편이 만들어준 건데, 칠

판으로 되어 있어서 나를 위한 격려의 문구를 적어둘 수 있다. 필요한 양념이 한눈에 보이는 것도 편리하다.

**성공의 밑거름이 된 실수가 있다면?**

〈푸드 네트워크 스타Food Network Star〉에서 처음 우승했을 때 나는 그 행운에 깊이 감사했다. 내가 이런 걸 받을 자격이 있나 싶을 만큼 감사했다. 그게 내 발등을 찍은 격이었다. 방송사에서 내 이름을 건 쿠킹 쇼를 일방적으로 취소한 거다. 그때 이런 의문이 들었다. "시키는 걸 전부 했는데 어째서?" 내가 원하지 않는 방식으로 쿠킹 쇼가 무산된 게 불쾌했다. (오랜 시간 울고) 나는 TV에 나오기 위해 내 본모습을 바꿀 필요가 없다는 걸 깨달았다. 엄마가 되고 나서는 사고방식이 또 한 번 달라졌다. "허튼 수작은 그만둬. 그럴 시간 없어. 일할 시간도 부족해. 지금 제대로 일할 게 아니면 집에 가겠어." 나는 아이들과 관련된 일에선 사나운 암사자가 되고, 그뿐 아니라 나 자신과 내 시간과 능력에 대해서도 보다 예민해진다. 아이들에게 좋은 역할모델이 되고 싶기 때문이다. 아이를 낳은 뒤의 이런 변화도 내게 도움이 되었다. 내가 수락하고 거절하는 일, 시간을 투자할 가치가 있는 일과 없는 일의 판단 기준이 크게 달라졌다.

**자신감이 떨어지거나 난관에 부딪혔을 때 극복하는 본인만의 비결이 있다면?**

진지하게 말하는 건데, 믿음을 통해 극복한다. 믿음은 내 정체성과 능력의 많은 부분을 차지한다.

**당신다운 모습으로 당신이 사랑하는 일을 하도록 영감을 주는 문구가 있다면?**

〈잠언〉에 이런 말이 있다. "의로운 이들은 사자처럼 대담하다." '의롭다'라는 건 '올바르게 산다'라는 뜻이다. 나는 언제나 올바르게 살진 못하지만, 인생은 한 번뿐이니 대담하게 살고 싶다.

**개인적 또는 직업적 모토가 있다면?**

---

내 웹사이트에는 '먹고 웃고 반복하라'라고 적혀 있지만 이제 슬슬 질리기 시작한 참이다. 요새 내가 꽂혀 있는 문구는 이것이다. "용기는 두려움을 느끼지 않는 게 아니라 두려움을 느끼면서도 행하는 것이다."

---

**10~20년 전 자신에게 들려주고 싶은 말은?**

지금 서른일곱 살이니 열일곱 살의 내게 말해주겠다. 더 하라고. 대학 시절 듣지 못해 아쉬운 강의가 많다. 가령 사형수 석방을 다루는 강의를 수강하지 않은 게 후회된다. 또 남들이 날 어떻게 생각하든 신경 쓸 필요 없다고 말해주고 싶다. 쉬운 일은 아니지만, 이건 성장의 일부다. 내가 아는 50대 여성들은 "이제 남들이 날 보고 뭐라 하든 하나도 신경 쓰지 않아"라고 말하곤 한다. 50대가 되면 자연스럽게 그렇게 되나 보다.

# 클레어 마주르 × 에리카 세룰로

사업가 | 뉴욕

신진 디자이너를 소개하고 한정판 디자인 제품을 독점 판매하는 사이트 〈Of a Kind〉 설립자

"아직 존재하지 않는 문제를 해결하려 하지 마라."

**어렸을 적 꿈은?**

클레어 아이스스케이터 겸 댄서 겸 가수가 되고 싶었다. 부모님의 반응은 단순했다. "아, 그래, 괜찮아. 4년제 대학만 가면 우리는 만족이다." 부모님은 이 세 가지를 전부 해내는 게 힘들 거라는 말은 한 번도 하지 않았다. 한 가지라도 성공하는 게 쉽지 않다는 말도. 그래서

나는 정말로 내가 이걸 다 할 수 있으리라 생각했다. 아무리 어려워 보이는 꿈도 이룰 수 있다는 그 믿음이 남아서 26세의 나도 "당연히 내 사업을 시작할 수 있어, 해보자"라고 생각한 것 같다.

**창업할 때 들은 최고의 조언은?**

에리카　클레어와 함께 과감히 창업에 도전해보겠다고 말하자, 위험 회피형 친구가 사업이 쫄딱 망하더라도 내 이력서엔 보탬이 될 거라고 격려해줬다. 실패를 무릅쓰고 주체적으로 도전할 만큼 용기 있는 사람은 존경받아 마땅하고, 이력서에 적을 좋은 이야깃거리를 얻을 수 있으니까.

**작업 공간에서 가장 마음에 드는 점은?**

클레어　뼈대가 온통 흰색이라는 것. 벽, 큰 가구, 조명 모두 흰색이다. 그래서 이 공간에 어떤 예쁜 물건들을 놓아도 시야가 혼잡해지거나 너무 요란해지지 않는다. 제품, 샘플, 아트워크까지 온갖 물건이 있어도 너무 어지럽거나 과한 느낌은 없다.

**밤잠을 설칠 만큼 두려운 일이나 직업적인 고민이 있다면?**

클레어　내가 좋은 관리자인지 고민하면서 시간을 많이 보낸다. 고등학교 때 학생회장으로 뽑히면 단순하게 생각했다. '멋져! 난 타고난 지도자야. 해낼 수 있어.' 지금 보면 우스운 자신감이다. 지도자가 되는 건 복잡하고 어렵다. 나는 상당히 감정적인 사람이기에 다른 사람들의 기분을 많이 걱정한다. 그 덕분에 어떤 면에선 더 나은 관리자가 되었을지 모르나, 남을 신경 쓰는 데 너무 많은 시간을 허비해서 효율성이 떨어진 것도 사실이다. 배우 겸 코미디언인 민디 캘링Mindy Kaling 인

터뷰를 읽은 적이 있는데, 그녀는 부하직원이 자신을 어떻게 생각하든 개의치 않는 여성 상사들에게서 큰 영감을 받는다고 말했다. 내겐 낯선 생각이었다.

**회사를 경영하며 얻은 가장 큰 교훈은?**

에리카 아직 존재하지 않는 문제를 해결하려 하지 마라. '만약'으로 머릿속을 채우면 실제 일어나고 있는 일을 해결할 시간과 에너지와 여유가 없어진다. '그때 가서 생각하자'라는 마인드를 장착하는 게 내겐 무척이나 유익했다. 항상 쉬운 건 아니지만. 사실 아직도 어렵다.

**성공의 밑거름이 된 실수가 있다면?**

에리카 2010년 뉴욕에서 온라인 사업을 런칭할 때 클레어와 나는 상당한 압박에 시달렸다. 소기업이 아니라 스타트업처럼 시작하고 싶었다. 그건 투자를 열심히 따내고, 하키 채 모양으로 수직 상승하는 그래프를 그리며 미친 듯한 속도로 성장해야 한다는 뜻이었다. 우리의 역량을 감안하면 터무니없는 방식으로 사업의 규모를 키우고자 애썼고, 기이한 사회적 압박에 시달리며 이 꿈을 좇느라 시간과 에너지와 돈을 허비했다. 그 꿈을 버리고 나자 우리가 진짜 잘하는 것에, 그리고 진짜 의미 있는 방식으로 사업을 성장시킬 우리의 능력에 더 자신을 가질 수 있었다.

**당신다운 모습으로 당신이 사랑하는 일을 하도록 영감을 주는 문구가 있다면?**

에리카 동기부여에 있어 역대 최고 인물인 드라마 〈프라이데이 나이트 라이츠Friday Night Lights〉의 테일러 코치가 말했다. "위험을 감수하는 것을 자책하면 안 된다."

**이 일을 하면서 맛본 최고의 성공은? 혹은 스스로 평가하기에 지금껏 가장 잘한 일은?**

에리카 클레어와 나 사이의 동업 관계에 굉장한 자부심이 있다. 함께 창업하기 전 우리는 거의 10년 지기였고, 우리 관계를 사업 동료로 성장시키는 데에는 큰 노력이 필요했다. 결혼과 비슷하달까. 5년이 지난 지금, 나는 우리 관계의 발전에 감사한다. 그리고 모든 변화에도 불구하고 우리 사이에 그대로 남아 있는 것들에 깊이 감동한다.

**지금 세상에 더 필요한 게 있다면?**

---

에리카 좋은 분위기가 필요하다. <오브 어 카인드>에선 절대 부정적이 되지 않는다는 규율을 엄격하게 지킨다. 전문 열정주의자가 되는 게 우리의 소망이다.

---

**과거와 현재를 통틀어 가장 존경하고 닮고 싶은 여성은?**

클레어 우리 엄마. 엄마는 과학자이자 고위 간부다. 성장기에는 엄마가 하는 일을 정확히 이해하지 못했지만, 남성이 지배하는 업계에서 성공했으며 부하직원 또한 대부분 남성이라는 건 막연히 알고 있었다. 친구들처럼 전업주부 엄마를 갖고 싶었던 적도 있지만, 엄마가 잘나가는 커리어우먼이라서 자랑스러웠던 적이 훨씬 많다.

# 캐슬린 해너

예술가 · 뮤지션 | 뉴욕

90년대 펑크 밴드 'Bikini Kill'의 멤버로 새로운 밴드 'The Julie Ruin'에서 활동 중

"좋아하는 것과 세상에서

가장 변화시키고 싶은 것을 융합해라."

**어렸을 적 꿈은?**

7학년 때 직업 검사를 받았을 때 성격에 맞는 직업 세 가지를 추천받았다. 결코 잊지 못할 결과다. 1. 댄서 2. 뮤지션 3. 인테리어 디자이너. 기이하게도 나는 결국 세 직업 모두 갖게 되었다. 뮤지션이자 댄서고(스트립댄스도 댄스로 쳐달라.) 파슨스에서 인테리어 디자인을 배웠다. 학교에서 배운 건 아직까지 세트 디자인과 잡다한 프로젝트 외엔 써먹지 못하고 있지만.

**다른 여성 창작자에게서 가장 존경하는 점은?**

솔직한 비판과 비열한 헛소리를 구분하는 능력.

**당신에게 성공이란?**

내 음악이 페미니즘 의식을 깨웠거나, 성적 학대를 이겨내는 데 도움을 줬다고 말하는 사람들이 존재한다는 것.

PETER JAY SHARP BUILDING
Jon Vie
DRAK KAR NOIR
JOY

**작업 공간에서 가장 마음에 드는 점은?**

문을 닫고 잠글 수 있다는 점. 방 안의 아름다움과 지저분함이 전부 내 것이라 좋다!!!

**일하면서 가장 크게 희생한 것은?**

---

교활하고 명시적인 성차별을 견디고,
목소리를 언제나 최상의 상태로 유지하고,
투어 중엔 내가 사랑하는 사람들에게서
멀리 떨어져야 하는 것.

---

**밤잠을 설칠 만큼 두려운 일이나 직업적인 고민이 있다면?**

나 자신을 브랜드처럼 대하는 게 싫어도 남들은 나를 그렇게 본다는 사실을 인정하고 긍정적인 관점을 취하려 노력해야 한다.

**자신감이 떨어지거나 난관에 부딪혔을 때 극복하는 본인만의 비결이 있다면?**

일기장에 내가 거둔 뛰어난 성취를 자랑한다.

**당신다운 모습으로 당신이 사랑하는 일을 하도록 영감을 주는 문구가 있다면?**

"인기는 공허하다."

**스스로 생각하는 자신의 장점은?**

레몬으로 레몬에이드를 만들 수 있고, 번트 케이크(도넛 모양의 케이크-옮긴이)를 만들어서 고등학교 때 나를 괴롭히던 사람들에게 팔 수도 있다.

**개인적 또는 직업적 모토가 있다면?**

좋아하는 것과 세상에서 가장 변화시키고 싶은 것을 융합해라.

**지금 세상에 더 필요한 게 있다면? 줄여야 할 게 있다면?**

---

빈곤층을 위한 음식과 집이 더 필요하다.
그들이 세상을 바꾸는 데 동참하고
예술을 창작할 수 있도록.
틀로 찍어낸 듯 못생긴 집들을 만드는
월스트리트의 범죄자들이 줄어야 한다.

---

**10~20년 전 자신에게 들려주고 싶은 말은?**

남들을 돕기 전에 너부터 산소마스크를 써라.

# 세이디 바네트

예술가 | 뉴욕

주로 그림, 사진 및 대규모 설치 작업을 하는 예술가

"당신이 상상 가능한 모든 슬럼프를 위한 플레이리스트를 구비하고 있다."

**어렸을 적 꿈은?**

작가가 되고 싶었던 것 같다. 하지만 실제로 되고 싶었던 건 탐정에 더 가깝다. 서류가방을 들고 다니는 일을 하고 싶었다. 왕관을 쓰는 것도 꿈꿨다.

**창업할 때 들은 최고의 조언은?**

내가 제일 좋아하는 예술가이자 멘토인 안드레아 바워스Andrea Bowers가 해준 말이다. "어떤 일이 있어도 계속 예술을 해라."

**성공의 밑거름이 된 실수가 있다면?**

---

고등학교 때 나는 전통적 교육제도의 편협한 기준에서 '성공'할 수 없다는 걸 깨달았다. 수업에 결석하기 시작하자 곧 졸업이 위태로워졌다. 그때 나는 독립 교육 프로그램에 참여하기 시작했다. 자유 시간을 전부 그곳의 암실에서 보내면서 사진에 대한 열정을 발견했고, 자연스럽게 졸업하고 대학에 갈 이유도 찾았다. 나는 일반 고등학교에 도무지 순응할 수 없었다. 스트레스를 받는 일이었지만 (어머니에겐 더욱 그러했을 거다.) 어쩔 수 없었다. 한편으로는 어른이 되는 데 다른 방법이 있을 거라고 믿었다. 칼아츠에 입학한 뒤, 잘못된 건 내가 아니라 제도였고 나와 비슷한 경험을 한 일련의 사람들이 학습과 성취 평가의 새로운 방식을 만들고자 한다는 걸 알게 되었다.

---

**이 일을 하면서 맛본 최고의 성공은? 혹은 스스로 평가하기에 지금껏 가장 잘한 일은?**

2015년 할렘의 스튜디오 박물관에서 입주 예술가가 된 것. 1968년으로 거슬러가는 이 놀라운 프로그램의 유산과 에너지와 열정을 흡수

할 수 있었다. 역사의 일부가 된다는 건 대단한 영예였다.

**슬럼프를 극복하고 영감을 얻는 당신만의 비결은?**

음악! 그럴 때 듣는 음악이 아주 많다……. 당신이 상상 가능한 모든 슬럼프를 위한 플레이리스트를 구비하고 있다.

**과거와 현재를 통틀어 가장 존경하고 닮고 싶은 여성은?**

캘리포니아 오클랜드에 위치한 데스티니예술센터Destiny Arts Center의 세라 크로웰.

**사업체를 경영하며 배운 가장 큰 교훈은?**

---

모든 건 아이디어 게임이다.
심지어 아이디어에도 아이디어가 있다.

---

# 애니타 로

셰프 · 레스토랑 경영자 | 뉴욕

레스토랑 〈Annisa〉 대표로 〈Cooking Without Borders〉 집필

"공동체의 일원이 되는 건 중요하다."

**어렸을 적 꿈은?**

어머니처럼 의사가 되고 싶었다. 조금 더 커서는 콘서트 피아니스트가 되고 싶었다. (하지만 동기도 재능도 부족했다.)

**창업할 때 들은 최고의 조언은?**

데이비드 월턱David Waltuck이 내게 레스토랑 창업은 하지 말라고 했다. 지금 생각해도 훌륭한 조언이다. 나는 내가 데리고 있는 요리사들에게 같은 조언을 한다. 요식업은 어렵다. 하지만 한편으로는 그의 조언을 무시한 게 기쁘다. 열정에 사로잡혀 하지 않을 도리가 없을 경우에만 요식업계에 뛰어들어라.

**작업 공간에서 가장 마음에 드는 점은?**

내 레스토랑은 규모가 작아서 식사의 품질을 최고로 보장할 수 있다.

**당신에게 성공이란?**

건강하고 행복한 직원, 행복하게 감동받은 손님들, 균형 잡힌 삶.

**일하면서 가장 크게 희생한 것은?**

---

어려운 질문이다. 레스토랑을 여는 데에는 많은 피, 땀, 눈물이 필요하다. 최소 1년은 사교생활을 포기해야 하며 대단한 스트레스와 책임감을 떠맡아야 한다. 나는 몇 년 동안 보수 없이 오랜 근무시간을 견뎠다. 그다음 몇 년은 최저 수준의 보수로 버텼다. 그러나 그 과정은 굉장히 재미있었다. 결과적으로 충분한 보상이 따랐고.

---

**회사를 경영하며 얻은 가장 큰 교훈은?**

약속은 낮춰서 하고 결과물은 높여서 내라.

**자신감이 떨어지거나 난관에 부딪혔을 때 극복하는 본인만의 비결이 있다면?**

강인하고 멋진 여성 셰프 친구들이 나를 격려해준다. 공동체의 일원이 되는 건 중요하다.

**당신다운 모습으로 당신이 사랑하는 일을 하도록 영감을 주는 문구가 있다면?**

"음식은 사람들을 하나로 묶어준다."

**이 일을 하면서 맛본 최고의 성공은? 혹은 스스로 평가하기에 지금껏 가장 잘한 일은?**

2009년에 레스토랑이 불타서 아홉 달 동안 문을 닫아야 했다. 보험금을 받고 임대를 재협상하고 재건축이 완료되기까지 그토록 오랜 시간을 기다려야 했는데도 레스토랑을 다시 오픈할 때 23명의 직원들 가운데 한 명만 빼고 전부 돌아왔다. (그 한 명은 그새 매니저로 승진했다.)

**지금 세상에 더 필요한 게 있다면? 줄여야 할 게 있다면?**

---

자기 레스토랑을 경영하는 여성 파인다이닝 셰프가 더 많아져야 한다. 타 문화권의 음식에 대한 두려움을 줄여야 한다.

---

**긴 일과를 마치고 집에 왔을 때 당신을 가장 기쁘게 하는 것은?**

내 파트너와 시추 두 마리와 고양이가 반겨준다.

# 아리엘 알라스코

목수·가구 디자이너 | 퀸스, 뉴욕

온라인 상점을 통해 자신의 작품을 판매하는 목공예가

"자립심이 나의 가장 큰 장점이다. 기본적으로 언제나 자신에게 '이걸 하는 법은 배울 수 있어'라고 말한다."

**어렸을 적 꿈은?**

어렸을 땐 승마를 하고 싶었고 한동안은 올림픽 스피드스케이터가 되고 싶기도 했다. 하지만 예술가가 될 건 언제나 알고 있었다.

**창업할 때 들은 최고의 조언은?**

"싫다고 말하길 겁내지 마라." 나는 싫다는 말의 열혈 팬이다. 내가 커리어에서 내린 최고의 선택은 내가 정말 원하지 않았던 일을 그만두는 거였다. 대안이 있든 없든 상관없었

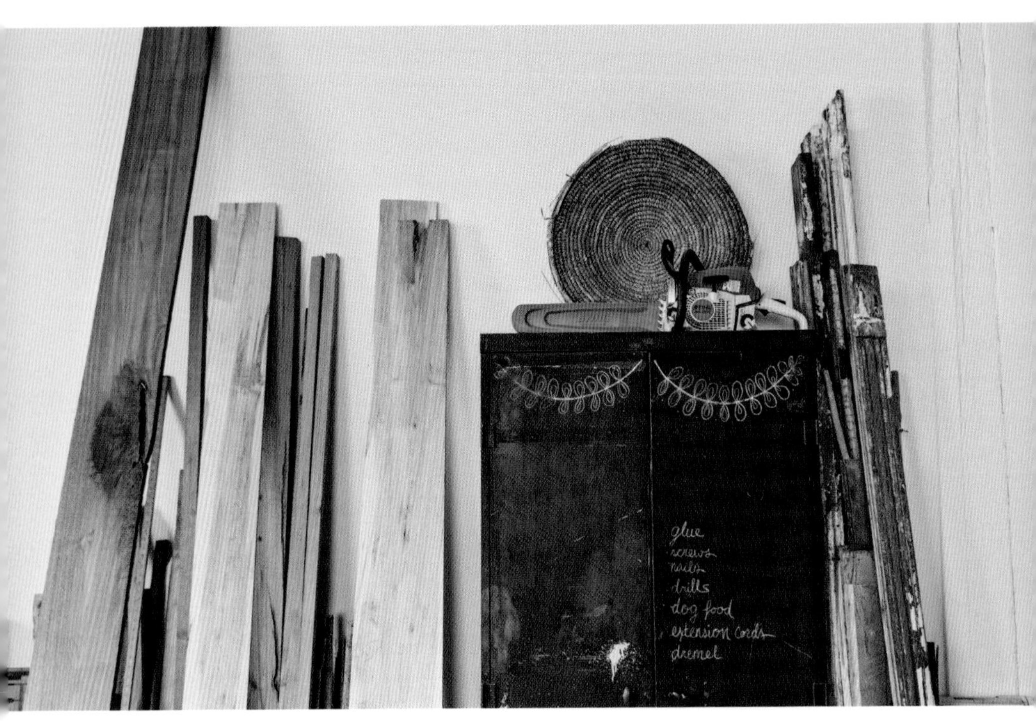


다. 내 생각에 이 조언의 진짜 의미는 너무 좋아서 생각만 해도 설레는 일이 아니면 하지 말라는 뜻이다. 또한 그 일엔 관심 없다고 솔직하게 말하는 걸 꺼리지 말라는 뜻이기도 하다.

**작업 공간에서 가장 마음에 드는 점은?**

단언컨대 창문이다. 최근 꿈에 그리던 아파트로 이사했다. 모퉁이 집이라 두 벽에 창문이 있다. 커다랗고 통풍이 잘 되는 투박한 창문에 육각형 패턴의 판유리가 끼워져 있다. 빛이 아름답게 산란되고 하루 종일 밝아서 좋다.

**회사를 경영하며 얻은 가장 큰 교훈은?**

처음 1인 회사를 시작했을 때 나는 일반적 관습대로 주문과 특별한 의뢰를 받아야 한다고 생각했다. 그런데 경영이 썩 즐겁지 않았다. 나는 곧 사업계획을 따르지 않아도 괜찮다는 걸 깨닫고, 남이 원하는 걸 채워주는 대신 내가 만들고 싶은 걸 만들기로 결정했다. 남들이 원하는 것에 대해 신경을 덜 써도 내 제품에는 충분한 관심이 주어졌다. 스트레스와 반복, 지루함도 가셨고.

**성공의 밑거름이 된 실수가 있다면?**

나나 친구의 작품을 거의 똑같이 베끼는 사람을 마주치면 불쾌하다. 내가 내린 결론은 일부러 도용 작품을 찾아보지 말자는 거다. 별로 중요하지도 않은 것에 스트레스를 받고 분노로 휘청거릴 필요도 없다. 나는 이제 구독하는 몇 사람의 계정 말고는 인스타그램 탐방도 그만뒀다. 솔직히 말하면 가끔은 어플을 완전히 지워버리고, 도서관에서 예술 서적을 한 장씩 넘겨보던 옛 시절로 돌아가고 싶은 날들도 있다. 스스로를 방어하는 데 몰두하면 제자리걸음을 하기 십상이다. 그러는 대신 더 빠르게 페달을 밟고 뒤는 돌아보지 않는 법을 배웠다.

**당신다운 모습으로 당신이 사랑하는 일을 하도록 영감을 주는 문구가 있다면?**

---

멈추지 말고 밀고 나가라.

---

**무엇을 하다가 창업 아이디어를 얻거나, 하고 싶은 일을 찾았는가?**

한순간 번득 아이디어를 얻었으면 좋았겠지만, 사실 내겐 몇 달이 필요했다. 다른 예술가 아래에서 일해서는 결코 만족하지 못할 걸 깨닫고 어쩌면 내 창작물로 밥벌이를 할 수 있을지도 모른다고 생각했다. 그러던 어느 날 길가에서 라스 다발을 발견하고 영감을 얻었다. 창업은 느리게 진행되었다. 약 5년 전 일이다. 그 뒤로 내 사업은 계속해서 발전했으며 앞으로도 그럴 것이다.

**긴 일과를 마치고 집에 왔을 때 당신을 가장 기쁘게 하는 것은?**

직접 만든 파스타 한 그릇. 그리고 길고 기분 좋은 산책. 머리와 욱신거리는 손을 쓰지 않아도 되는 가벼운 TV 프로그램 시청.

**스스로 생각하는 자신의 장점은?**

---

자립심. 기본적으로 언제나 자신에게
'이걸 하는 법을 배울 수 있어'라고 말한다.
나 자신을 위해 모든 걸 배우고 싶다.
극도로 완고한 사람이 될 위험성이 있다는 것도
알지만, 나는 아직까지 직원 없이 일한다.
일의 모든 단계를 스스로 하기를 선호하기 때문이다.
고되고 반복적이고 험한 일까지도.
나는 그게 자랑스럽다! 독립적으로 일해서 행복하다.

---

## 한눈에 보는 여성들

**대니얼 콜딩** Danielle Colding
인테리어 디자이너
dcdny.com

**타냐 아기니하** Tanya Aguiñiga
가구 디자이너, 제작자
tanyaaguiniga.com

**마야 고고니** Maya Gorgoni
패션 디자이너
royaljellyharlem.com

**테타 고고니** Teta Gorgoni
패션 디자이너
royaljellyharlem.com

**태비 게빈슨** Tavi Gevinson
작가, 잡지 편집장
rookiemag.com

**미셸 콴** Michele Quan
도예가, 디자이너
mquan.com

**프리티 미스트리** Preeti Mistry
셰프
juhubeachclub.com

**조디 패터슨** Jodie Patterson
뷰티 사업가
twitter.com/jodie_GeorgiaNY

**린다 로댕** Linda Rodin
스타일리스트, 뷰티 사업가
oliolusso.com

**셀마 고든** Thelma Golden
뮤지엄 디렉터, 수석 큐레이터
studiomuseum.org

**사이 로즈** Cy Lauz
란제리 디자이너
chrysalislingerie.com

**리사 헌트** Lisa Hunt
디자이너, 예술가
lisahuntcreative.com

**아멜리어 메사-베인스** Amalia Mesa-Bains
예술가, 큐레이터, 작가

**멀린 바넷** Malene Barnett
섬유 디자이너
maleneb.com

**셰릴 데이** Cheryl Day
베이커, 저자
backinthedaybakery.com

**자넷 모크** Janet Mock
작가, TV 진행자
janetmock.com

**제네비에브 고더** Genevieve Gorder
인테리어 디자이너, TV 진행자
genevievegorder.com

**카를라 페르난데스** Carla Fernández
패션 디자이너
carlafernandez.com

**크리스티나 랑헬** Cristina Rangel
패션 디자이너
carlafernandez.com

**사민 노스라트** Samin Nosrat
셰프, 작가
ciaosamin.com

**엘리스 코낙** Elise Kornack
셰프, 식당 경영자
take-root.com

**안나 히에로니무스** Anna Hieronimus
식당 경영자
take-root.com

**케이트 본스타인** Kate Bornstein
작가, 예술가, 활동가
katebornstein.typepad.com

**카렌 영** Karen Young
제품 디자이너, 사업가
twitter.com/hammockshightea

**크리스틴 슈미트** Christine Schmidt
예술가, 디자이너
yellowowlworkshop.com

**록산 게이** Roxane Gay
작가, 교수
roxanegay.com

**새러 너버거** Sarah Neuburger
화가, 디자이너
thesmallobject.com

**고리 난다** Gauri Nanda
제품 디자이너
nandahome.com

**메리 고잉** Mary Going
패션 디자이너
saintharridan.com

**데지레 애커번** Desiree Akhavan
작가, 배우, 영화 제작자, 영화 감독

twitter.com.desimakesmovies

**재스민 라이트** Jasmine Wright
타투 아티스트
instagram.com/imbusy666

**리사 폴라위요** Lisa Folawiyo
패션 디자이너
lisafolawiyo.com

**크리스티 털링턴 번스** Christy Turlington Burns
운동가, 모델
everymothercounts.org

**시주 살다만도** Shizu Saldamando
예술가
shizusaldamando.com

**타오 응우엔** Thao Nguyen
뮤지션, 송라이터
thaoandthegetdownstaydown.com

**올림피아 재그놀리** Olimpia Zagnoli
일러스트레이터
olimpiazagnoli.com

**해너 게터추** Hana Getachew
텍스타일 디자이너
boleroadtextiles.com

**캐머론 에스포지토** Cameron Esposito
코미디언, 배우
cameronesposito.com

**셰디 페토스키** Shadi Petosky
작가, 제작 책임자
punyentertainment.com

**아미나 무치올로** Amina Mucciolo
예술가, 디자이너
bystudiomucci.com

**저스티나 블레이크니** Justina Blakeney
디자이너, 예술가, 작가
justinablakeney.com

**마야 린** Maya Lin
예술가, 건축가, 조각가, 디자이너
mayalin.com

**잇사 래** Issa Rae
작가, 감독, 배우
issarae.com

**어매더 크루즈** Amada Cruz
미술관장
phxart.org

**리즈 램버트** Liz Lambert
호텔리어
bunkhousegroup.com

**마틴 로즈** Martine Rose
패션 디자이너
martine-rose.com

**페이 안드라다** Fay Andrada
주얼리 디자이너
fayandrada.com

**프랜시스 파머** Frances Palmer
도예가
francespalmerpottery.com

**캐롤리나 이비드** Carolina Ebeid
시인, 편집자
carolinaebeid.com

**니키 지오바니** Nikki Giovanni
시인, 교수
nikki-giovanni.com

**리조** Lizzo
뮤지션
lizzomusic.com

**섀넌 캄파나로** Shanan Campanaro
텍스타일 디자이너
eskayel.com

**리베카 우드** Rebecca Wood
도예가
rwoodstudio.com

**카를라 홀** Carla Hall
셰프, TV 호스트
carlahall.com

**루이즈 필리** Louise Fili
그래픽 디자이너
louisefili.com

**메리엄 파레** Mariam Paré
예술가, 디자이너, 연사
mariampare.com

**줄리아 터션** Julia Turshen
요리책 저자
juliaturshen.com

**미코 브랜치** Miko Branch
뷰티 사업가
missjessies.com

**호피 스톡먼** Hopie Stockman
텍스타일 디자이너

blockshoptextiles.com

릴리 스톡먼 Lily Stockman
텍스타일 디자이너
blockshoptextiles.com

네코 케이스 Neko Case
뮤지션
nekocase.com

시벨라 코트 Sibella Court
인테리어 디자이너, 스타일리스트, 작가
thesocietyinc.com.au

마이라 칼만 Maira Kalman
예술가, 작가
mairakalman.com

웬디 마루야마 Wendy Maruyama
예술가, 디자이너, 조각가
wendymaruyama.com

로르나 심슨 Lorna Simpson
예술가, 사진작가
lsimpsonstudio.com

클랜시 밀러 Klancy Miller
작가, 셰프
krancy.tumblr.com

다나 타나마치 Dana Tanamachi
예술가, 그래픽 디자이너
danatanamachi.com

데비 밀먼 Debbie Millman
작가, 예술가, 교육자, 라디오 호스트
debbiemillman.com

캐리 브라운스타인 Carrie Brownstein
뮤지션, 작가, 배우
carriebrownstein.com

핑 쥬 Ping Zhu
일러스트레이터, 예술가
pingszoo.com

로라 제인 그레이스 Laura Jane Grace
뮤지션
againstme.net

베로니카 코르조-두샤르트 Veronica Corzo-Duchardt
그래픽 디자이너, 예술가
winterbureau.com

애비 제이컵슨 Abbi Jacobson
작가, 일러스트레이터, 배우, 코미디언
cargocollective.com/abbij

줄리아 로스먼 Julia Rothman
일러스트레이터, 디자이너, 작가
juliarothman.com

다니엘 헨더슨 Danielle Henderson
작가, 편집자
daniellehenderson.net

조애너 아빌레스 Joana Avillez
일러스트레이터
joanaavillez.com

앨리스 랜들Alice Randal
작가, 식품 운동가
alicerandall.com

캐롤라인 랜들-윌리엄스 Caroline Randall-Williams
작가, 식품 운동가
soulfoodlove.com

애나 본드 Anna Bond
예술가, 디자이너
anna-bond.com

도미니크 브라우닝 Dominique Browning
작가, 활동가
dominiquebrowning.com

애나 세라노 Ana Serrano
예술가
anaserrano.com

아일린 피셔 Eileen Fisher
패션 디자이너, 사업가
eileenfisher.com

제시카 니콜 Jasika Nicole
배우, 창작자
jasikanicole.com

메리 베르디-플레처 Mary Verdi-Fletcher
댄서, 안무가
dancingwheels.org

랜디 브룩먼 해리스 Randi Brookman Harris
소품 스타일리스트
brookmanharris.com

루바브 초이 두에르 Llubav Choy Duerr
예술가, 일러스트레이터
llubav.com

메리 램버트 Mary Lambert
뮤지션
marylambertsings.com

조이 초 Joy Cho

디자이너, 블로거
ohjoy.com

**베서니 옐로테일** Bethany Yellowtail
패션 디자이너
byellowtail.com

**린네 앨런** Rinne Allen
사진가, 예술가, 작가
rinneallen.com

**실라 브리지스** Sheila Bridges
인테리어 디자이너
sheilabridges.com

**티나 로스 아이젠버그** Tina Roth Eisenberg
그래픽 디자이너, 사업가
swiss-miss.com

**아유미 호리에** Ayumi Horie
도예가
ayumihorie.com

**멜리사 해리스-페리** Melissa Harris-Perry
교수, 저널리스트
melissaharrisperry.com

**크리스티나 길** Kristina Gill
사진작가, 개발고문, 요리 편집자
www.kristinagill.com

**다이애나 옌** Diana Yen
푸드 스타일리스트, 작가
thejewelsofny.com

**제니 지은 리** Jennie Jieun Lee
도예가
jenniejieunlee.com

**카슨 엘리스** Carson Ellis
예술가, 일러스트레이터
carsonellis.com

**조너 트위그** Jonna Twigg
제본가
twiggsbindery.com

**애슐리 C. 포드** Ashley C. Ford
작가
ashleycford.net

**제시카 마르케스** Jessica Marquez
예술가, 공예가
miniaturerhino.blogspot.com

**아니쉬카 클라크** Anishka Clarke
인테리어 디자이너
ishkadesigns.com

**카르멘 아르고테** Carmen Argote
예술가
carmenargote.com

**마티카 윌버** Matika Wilbur
사진작가
matikawilbur.com

**나탈리 셰닌** Natalie Chanin
패션 디자이너
alabamachanin.com

**아르티 세퀘이라** Aarti Sequeira
셰프, TV 진행자
aartipaarti.com

**클레어 마주르** Claire Mazur
사업가
ofakind.com

**에리카 세룰로** Erica Cerulo
사업가
ofakind.com

**캐슬린 해너** Kathleen Hanna
예술가, 뮤지션
kathleenhanna.com

**세이디 바네트** Sadie Barnette
예술가
sadiebarnette.com

**애니타 로** Anita Lo
셰프, 레스토랑 경영자
annisarestaurant.com

**아리엘 알라스코** Ariele Alasko
목수, 가구 디자이너
arielealasko.com

## 감사의 말

아는 사람만 아는 얘기지만, 처음에 이 책은 거대한 DIY 백과사전으로 기획되었다. 계획을 전면 수정하여 내가 정말 만들고 싶었던, 영감을 주는 여성들에 대한 책을 펴낼 수 있었던 건 아티산 출판사의 발행인 리아 로넨 덕분이다. 내가 이 책에서 소개한 여성들을 믿듯 나를 믿어준 리아에게 감사한다.

'무언가를 해내려면 한 마을이 통째로 필요하다'라는 격언은 이 프로젝트에 꼭 들어맞는다. 경이로운 여성들을 섭외하기 위해 노고를 마다치 않은 카리 스튜어트, 에린 애벗 커크패트릭, 크리스티 페사그노, 사만다 한에게 깊이 감사한다. 아티산 출판사의 지속적인 지원에 감사한다. 쇼사나 굿메이저, 시빌 케저로이드, 앨리슨 맥기헌, 미셸 이셰이-코언, 레나타 디비아제, 낸시 머레이, 무라 도민코와 이 책이 세상에 나오도록 도운 모든 사람에게 감사한다.

주디 린든과 크리스틴 리가사에게도 감사한다.

켈리 켈러의 도움이 없었더라면 이 책은 만들어지지 못했을 거다. 그녀의 노력과 끈기, 인내심, 사랑이 이 책을 위압적인 할 일 목록에서 의미 있는 완성품으로 탈바꿈시켰다. 켈리에게 감사를 표한다.

사샤 이스라엘과 이 책을 함께 작업해서 얼마나 감사한지 이루 말할 수 없다. 그녀의 대단한 재능 덕분에 우리는 카메라 앞에서나 뒤에서나 집처럼 편안한 기분으로 사진 한 장 한 장을 즐겁게 찍을 수 있었다. 결과물은 내가 꿈꿨던 것보다도 훨씬 더 아름다웠다.

케이틀린 켈치와 〈디자인*스펀지〉팀 전원이 보내준 격려에 감사한다. 여러분과 일할 수 있어 어찌나 행운인지 모른다.

나를 언제나 지지해주는 부모님께 감사한다. 두 분께 사랑한다는 말을 전하고 싶다. 특히 특별 촬영에 도움을 주신 아버지께 감사한다.

시부모님 더그 터센과 로셸 터센에게도 감사한다. 두 분이 내 인생에 들어와서 행운이다. 두 분의 대단한 재능과 지도가 이 책에 보탬이 되었다.

줄리아, 호프, 윈키, 터크와 함께 보내는 하루하루에 깊이 감사한다. 나는 가족의 사랑 덕분에 더 열심히 일하고 큰 꿈을 꾸어야겠다는 동기를 부여받는다.

마지막으로 가장 중요한 이들, 이 책에서 이야기를 공유해준 모든 여성들에게 감사한다. 그들의 말은 내게 끝없는 영감을 불어넣었다. 이 책을 읽는 독자들에게도 내가 느낀 감동이 전해지기를! 기꺼이 집과 스튜디오를 공개해준 그들의 가족과 반려동물에게도 감사한다.

## 그레이스 보니

세계 각지의 크리에이티브 디자인을 소개하는 웹사이트, 〈디자인*스펀지Design*Sponge〉의 설립자다. 〈하우스&가든〉, 〈도미노〉, 〈크래프트 매거진〉 등에서 편집기자로 일하던 그는 2004년 〈디자인*스펀지〉를 창업했고 지금은 매일 200만 명이 방문하는 최고 인기 사이트로 키워냈다. 인테리어 디자인, DIY 노하우, 여행 가이드, 푸드 스타일링, 라이프스타일까지 아우르는 〈디자인*스펀지〉는 감각적인 디자인 아트워크와 창의적인 아이디어로 가득한 영감의 보물창고다. 예술가 커뮤니티를 지원하는 데 열정적인 그레이스 보니는 신진 디자이너를 위한 장학기금을 운영하고 있으며 창조성을 주제로 한 비즈니스 칼럼도 무료로 기고하고 있다. 그녀의 첫 번째 책인 〈갖고 싶은 집+꾸미고 싶은 집Design*Sponge at Home〉은 전미 베스트셀러가 되었고 이 책 〈독립 수업〉으로 또 한 번 베스트셀러 작가로 도약 중이다.

## 옮긴이

**최세희**는 국민대학교 영문학과를 졸업했다. 옮긴 책으로 〈렛미인〉, 〈예감은 틀리지 않는다〉, 〈사랑은 그렇게 끝나지 않는다〉, 〈깡패단의 방문〉, 〈에마〉, 〈우리가 볼 수 없는 모든 빛〉, 〈아트 오브 피너츠〉 등이 있으며, 아름다움으로 세상을 바꾼 여성 예술가를 소개하는 시리즈 '여성이 세상을 바꾸다'의 세 번째 책 〈아름다운 세상을 꿈꾸다〉에 저자로 참여했다.

**박다솜**은 서울대학교 언어학과를 졸업하고 삼성에버랜드에서 근무했다. 옮긴 책으로는 〈관찰의 인문학〉, 〈여자다운 게 어딨어〉, 〈원더우먼 허스토리〉, 〈그것은 정말 애국이었을까〉, 〈나는 뚱뚱하게 살기로 했다〉 등이 있다.